OS CICLOS DE APRENDIZAGEM

Sobre o Autor

Philippe Perrenoud

Sociólogo e professor na Faculdade de Psicologia e de Ciências da Educação da Universidade de Genebra. Seus trabalhos sobre as desigualdades e o fracasso escolar fizeram com que se interessasse pela diferenciação do ensino e, mais globalmente, pelo currículo, pelo trabalho escolar, pelas práticas pedagógicas, pela inovação e pela formação de professores.

Tem publicado pela Artmed Editora: *A pedagogia na escola das diferenças; A prática reflexiva no ofício do professor; Avaliação: da excelência à regulação das aprendizagens; Construir as competências desde as escolas; As competências para ensinar no século XXI; Ensinar: agir na urgência, decidir na incerteza; Pedagogia diferenciada: das intenções à ação; Dez novas competências para ensinar; Formando professores profissionais: quais estratégias? quais competências; A profissionalização dos formadores de educadores.*

P455c   Perrenoud, Philippe
        Os ciclos de aprendizagem: um caminho para combater o fracasso escolar / Philippe Perrenoud; trad. Patrícia Chittoni Ramos Reuillard. – Porto Alegre: Artmed, 2004.

   ISBN 978-85-363-0197-6

   1. Educação – Investigação educacional. I. Título.

   CDU 37.012

Catalogação na publicação: Mônica Ballejo Canto – CRB 10/1023

OS CICLOS DE APRENDIZAGEM
Um caminho para combater o fracasso escolar

PHILIPPE PERRENOUD

Tradução:
Patrícia Chittoni Ramos Reuillard

Consultoria, supervisão e revisão técnica desta edição:
Jaqueline Moll
Doutora em Educação. Professora na
Faculdade de Educação da UFRGS

Reimpressão 2007

2004

Obra originalmente publicada sob o título
Les Cycles d'Apprentissage
Une autre organisation du travail pour combattre l'échec scolaire
© Presses de l'Université du Quécec, 2002
ISBN 2-7605-1208-8

Capa:
Gustavo Macri

Preparação do original:
Joseane de Mello Rucker

Leitura final:
Osvaldo Arthur Menezes Vieira

Supervisão editorial:
Mônica Ballejo Canto

Editoração eletrônica
Art & Layout – Assessoria e Produção Gráfica

Reservados todos os direitos de publicação, em língua portuguesa, à
ARTMED® EDITORA S.A.
Av. Jerônimo de Ornelas, 670 - Santana
90040-340 Porto Alegre RS
Fone (51) 3027-7000 Fax (51) 3027-7070

É proibida a duplicação ou reprodução deste volume, no todo ou em parte,
sob quaisquer formas ou por quaisquer meios (eletrônico, mecânico, gravação,
fotocópia, distribuição na Web e outros), sem permissão expressa da Editora.

SÃO PAULO
Av. Angélica, 1091 - Higienópolis
01227-100 São Paulo SP
Fone (11) 3665-1100 Fax (11) 3667-1333

SAC 0800 703-3444

IMPRESSO NO BRASIL
PRINTED IN BRAZIL
Impresso sob demanda na Meta Brasil a pedido de Grupo A Educação.

Prefácio

A documentação disponível em língua francesa sobre a questão dos ciclos de aprendizagem no ensino fundamental* não é muito abundante. Esta obra, escrita pelo sociólogo Philippe Perrenoud, constitui, sem dúvida, uma contribuição inovadora e original sobre esse assunto. Acreditamos que este livro poderá tornar-se uma referência em matéria de ciclos de aprendizagem.

Um fio condutor percorre esta obra: o ciclo de aprendizagem (que se distingue nitidamente do ciclo de estudos) é, essencialmente, um meio de neutralizar o fracasso escolar dos alunos. Por oferecer uma grande latitude na organização do tempo, o ciclo de aprendizagem, aos olhos de Perrenoud, permite uma centralização maior na aprendizagem do que no ensino. Ele favorece a implantação e a perspectiva de olhares múltiplos e transversais sobre a trajetória de cada um dos alunos.

O autor insiste fortemente sobre o que constitui o início e a finalização de um ciclo de aprendizagem. No começo, constrói-se um grupo de pessoas que mantêm sua individualidade, seu julgamento e sua liberdade próprios, mas que aceitam trabalhar em conjunto para o êxito dos alunos; essa atitude culmina em uma equipe que entra em acordo e estabelece uma organização significante do trabalho.

O livro de Philippe Perrenoud propõe uma reflexão rica sobre as conseqüências do que a implantação de ciclos de aprendizagem supõe. Uma definição bem-precisa desse conceito deve ainda ser construída; esta obra fornece os elementos de base para isso. Poder-se-ia pensar que o importante, na análi-

---

*N. de R.T. Os prefaciadores se referem à escola elementar francesa, que corresponde a dois ciclos cujas faixas etárias são de 6 a 7 anos e de 10 a 11 anos.

se dessa questão, são os problemas ligados às modalidades de estruturação ou de descompartimentalização dos grupos de alunos. Perrenoud lembra que tais modulações são importantes, é claro, mas têm de emergir de uma reflexão aguda sobre o que professores e professoras podem propor a alunos para favorecer a progressão de suas aprendizagens.

Deste estudo, destaca-se uma concepção elevada e exigente do papel do professor ou da professora que trabalha em ciclos: uma preocupação em compartilhar e colaborar, um olhar crítico sobre o próprio trabalho e sobre o dos outros, uma aceitação do olhar dos outros sobre seu próprio ensino e um comprometimento na mudança das práticas. Compreender-se-á facilmente que aceitar esse extraordinário desafio supõe comprometer-se com uma formação contínua, mesmo que o contexto da estabilidade de equipes-ciclos seja sempre relativo.

Por fim, o livro de Philippe Perrenoud proporciona uma bela ocasião para fazer uma reflexão aprofundada sobre uma problemática que está no centro das reformas curriculares de inúmeros países (principalmente do Quebec). A visão certamente idealizada que ele propõe suscitará, sem dúvida, acalorados debates (basta pensar na duração dos ciclos de aprendizagem) e inúmeros questionamentos (é possível pensar na estruturação e no conteúdo dos programas de estudos).

Roger Delisle
Commission scolaire de La Capitale

Ginette Brisebois
Commission scolaire de la Rivière-du-Nord

Louise Lafortune
Université du Québec à Trois-Rivières

Sumário

Introdução 11

1 Um conceito definido muito diversamente 35
O fim da reprovação 36
O fim dos degraus anuais 38

2 Novos espaços-tempos de formação 41
Um meio de ensinar melhor 41
Objetivos de final de ciclo 43
Dispositivos de pedagogia diferenciada 45
Padronizar a duração de permanência em um ciclo 46
Repensar os métodos de aprendizagem 48
Uma autonomia profissional apoiada pelo sistema 49
Confiar um ciclo de aprendizagem a uma equipe pedagógica 50
Uma formação e um apoio institucional 52
Um processo negociado de inovação 52
O objetivo e o risco 53

3 Três condições para aprender 55
Situações não-ameaçadoras 55
   A miséria e a violência do mundo 56
   Medo na escola 58
   Medo da escola 59
Situações mobilizadoras 61
   A mobilização 61
   O sentido 62
   A implicação 63
   Uma oportunidade que não deve ser perdida! 64
Situações sob medida 64
   Uma didática sob medida 65
   Uma gestão de ciclo otimizada 66

4 Ciclos curtos ou ciclos longos: uma escolha estratégica 67
A tentação dos ciclos curtos 68
Passar de um programa a objetivos 69
Diferenciar melhor 71
Desenvolver a cooperação entre professores 72
Favorecer a prática reflexiva do ofício 74
A arte da reforma que não muda quase nada 75

5 O papel decisivo dos objetivos de final de ciclo 77
Um programa formulado em termos de objetivos:
mudança de vocabulário ou revolução didática? 78
Objetivos sim, mas de que tipo? 82
O justo nível de correspondência entre objetivos e
conteúdos do trabalho cotidiano 86
As finalidades, um canteiro de obras aberto 89

6 Objetivos comuns e percursos individualizados 91
Individualizar o tempo, uma solução tentadora,
mas impraticável 92
    Jogar com o número de anos? 93
    Jogar com o número de horas de presença na classe? 94
Redimensionar os objetivos 96
    Objetivos para todos 97
    Hierarquizar melhor os objetivos? 100

7 Individualização dos percursos e diferenciação
dos atendimentos 103
A individualização dos percursos como
simples conseqüência 104
Dispositivos razoavelmente flexíveis 107
Recursos raros: a quem dar a prioridade? 109

8 As três funções da avaliação em uma
escolaridade organizada em ciclos 113
A regulação das aprendizagens e dos percursos 114
Avaliação certificativa: uma obsessão prematura 120
Avaliar as possibilidade de aprendizagem de um aluno:
um desafio desde a escola de ensino fundamental 122

9 Informar os pais 125
O direito de saber 126
Não é informando os pais que se regulam as
aprendizagens dos alunos! 129
Uma via-crúcis? 131
Síntese periódica e interlocuções 133
O desafio: saber realmente mais do que os pais 136

10 Administrar um ciclo de aprendizagem em equipe 139
   A ação coletiva, garantia de uma eficácia maior 141
   Dispositivos mais flexíveis e mais diversificados 144
   Vários olhares sobre os alunos 146
   Idéias mais aprimoradas 147
   Uma visão comum dos objetivos e do
   acompanhamento dos alunos 149

11 Pode-se imaginar uma verdadeira responsabilidade
coletiva por um ciclo de aprendizagem? 151
   O individualismo é muito resistente 151
   Apelar para a imaginação jurídica 156
   "Seja realista: peça o impossível!" 159

12 A organização do trabalho em um ciclo 161
   Concepção e papel dos grupos de base e dos outros grupos 164
   Sistema de distribuição ótima dos alunos 171
   Eqüidade na divisão do trabalho entre professores 173

   Conclusão 177

   Referências bibliográficas 179

13 Trajetórias e desafios dos ciclos escolares no Brasil 189
   Elba Siqueira de Sá Barreto e Eleny Mitrulis

   O movimento dos anos de 1950 190
   Iniciativa das décadas de 1960 e 1970 195
   Os ciclos de alfabetização na transição democrática 198
   O bloco único no Rio de Janeiro 201
   Os ciclos nas respostas político-pedagógicas
   autodenominadas radicais 203
   O Panorama atual das escolas sob o regime de ciclos 207
   As propostas em curso nos estados de São Paulo e Ceará 212
   O Ponto de vista dos intelectuais contemporâneos 213
   A versão dos professores, pais e alunos 214
      O processo de implantação 215
      Condições de implementação 216
      Algumas questões relativas à avaliação 218
      A referência às séries, a certificação e a tensão
      entre processo e produto 222
   Considerações finais 225

   Referências bibliográficas 227

Os sistemas brasileiro e francês de educação: equivalência de níveis

Fonte: adaptado por Magda Soares.

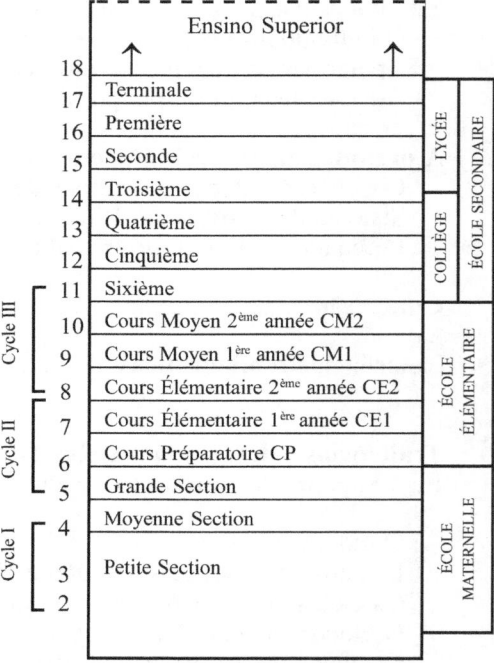

* Refere-se aos cursos técnicos de nível médio.

Introdução

O projeto de construir uma formação escolar que não seja uma sucessão de programas anuais não é uma idéia nova. Ela habitou a mente de inúmeros pedagogos por todo o mundo, conscientes do absurdo que é dividir aprendizagens fundamentais em etapas tão breves. Sem dúvida, não é por acaso que os mesmos pedagogos:
- privilegiam o desenvolvimento global da pessoa, de sua abertura para o mundo e de seu julgamento, considerados mais importantes do que o acúmulo de saberes;
- são sensíveis à diversidade das relações com o saber, das maneiras de aprender, dos ritmos de desenvolvimento, das identidades e das trajetórias dos indivíduos.

As escolas sem programas anuais se desenvolveram em escolas experimentais ou alternativas. Alguns sistemas educacionais instauraram aqui e ali, por meio de reformas particulares, ciclos de aprendizagem plurianuais durante um tempo e, depois, voltaram às etapas anuais.

O que há de novo, hoje em dia, é que inúmeros países se orientaram ou estão orientando-se para ciclos plurianuais em todo o sistema educacional, inclusive no ensino médio.*

Conseqüentemente, um certo número de problemas surge em larga escala e, portanto, em termos renovados. Não se trata mais de inventar uma organização atípica em uma escola alternativa, mas de conceber uma organização em ciclos para a totalidade do ensino fundamental, até mesmo para a totalidade da escolaridade de base.

---

*N. de R. T. O Capítulo 13 desta obra tratará especificamente da questão dos ciclos no sistema educacional brasileiro.

Isso permite, de certa forma, que sejam questionados os objetivos, os programas, as atividades didáticas, os manuais e outros meios de ensino, os modos de agrupamento dos alunos, a divisão das tarefas entre professores e sua coordenação, a orientação e o acompanhamento da progressão das aprendizagens, o modo e os momentos da certificação dos conhecimentos adquiridos, a seleção e a orientação no início e ao longo do ensino médio, o lugar dos pais.

A amplitude da mudança dependerá da concepção que se tem dos ciclos de aprendizagem. Essa concepção oscila entre dois extremos:

- No pólo mais conservador, quase nada muda na organização do trabalho, nos programas, nas práticas de ensino-aprendizagem, nas progressões, na avaliação; fala-se de ciclos plurianuais, os textos oficiais são escritos nessa linguagem, porém, na prática, operam as mesmas categorias mentais, cada um mantém sua turma e trabalha com um horizonte anual, os professores continuam a passar seus alunos para os colegas no final do ano; em certos casos, pratica-se até mesmo a reprovação dentro de um ciclo.
- No pólo mais inovador, os ciclos de aprendizagem são sinônimo de profundas mudanças nas práticas e na organização da formação e do trabalho escolar; é uma verdadeira inovação, que assusta uma parcela dos professores e dos pais e requer novas competências.

A organização escolar prevê, quase por toda parte, uma sucessão de *ciclos de estudos*. Pode-se definir um ciclo de estudos como uma série de etapas anuais formando um conjunto que apresenta uma certa unidade de concepção e de estruturação: os programas de cada ano do ciclo são do mesmo gênero, com grades de horário e recortes disciplinares análogos; demandam professores de mesmo estatuto; alunos e professores de um mesmo ciclo são freqüentemente reagrupados no mesmo prédio escolar. Na maioria dos países, distinguem-se um ciclo que precede a escolaridade obrigatória – o pré-escolar, a escola infantil ou maternal – e um, dois, até três ciclos de estudos para o ensino fundamental, seguidos de um ou vários ciclos cobrindo o fim da escolaridade obrigatória. Vêm, em seguida, diversos ciclos pós-obrigatórios, até os três ciclos universitários.[*] As denominações e a duração dos ciclos de estudos variam de um país a outro, o que não facilita as comparações internacionais.

---

[*] N. de T. Na França, a formação universitária se divide em três ciclos: primeiro ciclo (1º e 2º anos), segundo ciclo (3º e 4º anos) e terceiro ciclo (doutorado).

Nos sistemas educacionais que ainda praticam a reprovação, alguns pensam que basta proibi-la para transformar um ciclo de estudos em ciclo de aprendizagem. Essa proibição não se estende, em geral, ao ano final de um ciclo, mas, como parece difícil triplicar então os índices de reprovação, sua proibição durante o ciclo aumenta um pouco a fluidez das progressões. Na medida em que a reprovação é, com bastante freqüência, inútil, reduzi-la é sempre um progresso. Todavia, se for tomada nenhuma outra medida, as desigualdades reais entre alunos não podem senão aumentar, mesmo que não sejam dramatizadas. Não é mais possível, hoje em dia, satisfazer-se com uma simples supressão da reprovação, pois isso é apenas uma condição necessária de uma nova organização da escolaridade, fundada na pedagogia diferenciada* (Perraudeau, 1997; Perrenoud, 1997a).

Sem reivindicar o monopólio da definição dos ciclos de aprendizagem, defenderei aqui uma visão muito ambiciosa deles, até mesmo audaciosa. Sustentarei uma ruptura radical com as etapas anuais que leve à perda de sentido da própria noção de reprovação. Também combaterei a idéia de que os ciclos de aprendizagem são feitos para favorecer uma escolaridade em várias velocidades. Sustentarei, para tanto, que, em um ciclo de aprendizagem, todos os alunos têm o mesmo número de anos para atingir os objetivos de final de ciclo. Apostarei aqui em uma diferenciação que não incida sobre o tempo de formação, mas sobre o modo e a intensidade do acompanhamento pedagógico, o que leva a uma diversificação dos percursos de formação.

Irei defender, enfim, a idéia de que, dentro de um ciclo de aprendizagem plurianual, a orientação das progressões tem de caber aos professores, o que aumenta sua autonomia e suas responsabilidades individuais e coletivas no sentido de uma maior profissionalização. Por muito tempo, a maior parte dos sistemas educacionais impôs aos professores planos de estudos muito detalhados, que determinavam os conteúdos a serem ensinados mês por mês, até mesmo semana por semana: tais verbos, tais noções, tais regras. Progressivamente, foi ficando claro que esse recorte induzia uma pedagogia rígida e pouco favorável aos objetivos de alto nível, a uma abordagem construtivista da aprendizagem (Jonnaert e Vander Borght, 1999) e a uma concepção espiralar dos programas. Pouco a pouco, então, "depositou-se confiança" nos professores,

---

*N. de R. T. Duas obras anteriores do autor tratam com profundidade as questões relativas à abordagem das diferenças na escola e de suas relações com temas como avaliação, fracasso escolar e novas práticas pedagógicas. São elas *Pedagogia diferenciada* (Artmed, 2000) e *A pedagogia na escola das diferenças – fragmentos de uma sociologia do fracasso* (Artmed, 2001), recorrentemente mencionadas neste livro.

impondo-lhes somente programas anuais que lhes davam toda liberdade para organizar, como achassem melhor, a progressão para os objetivos ao longo do ano. Defenderei uma concepção dos ciclos de aprendizagem que estenda essa autonomia profissional a etapas plurianuais.

Isso suscitará as mesmas inquietações. Há cinqüenta anos, questionava-se a capacidade dos professores para planejarem sozinhos todo um ano letivo. Parecia muito arriscado dar-lhes tanta autonomia. Hoje em dia, surgem as mesmas dúvidas para se opor a etapas de vários anos. Acredito que os professores, de preferência em equipe, darão provas de que são, ao preço de novas competências (Perrenoud, 1999a),* capazes de planejar e de orientar as aprendizagens e sua progressão ao longo de vários anos.

Antes de analisar mais detalhadamente as dimensões e as implicações dessa concepção dos ciclos de aprendizagem, detenhamo-nos nas *razões* para considerar uma suposta mudança. Elas devem ser precisas e fortes para justificar o que, para muitos professores, representa uma reviravolta em suas práticas, quase uma nova profissão, com novas competências e também novas angústias.

ALGUMAS RAZÕES PARA INTRODUZIR "VERDADEIROS" CICLOS PLURIANUAIS

Com o *Groupe de pilotage de la rénovation de l'enseignement primaire à Génève* (GPR)** (1999a), vejo cinco razões para introduzir ciclos de aprendizagens plurianuais:

1. Etapas mais compatíveis com as unidades de progressão das aprendizagens.
2. Um planejamento mais flexível das progressões, uma diversificação das trajetórias.
3. Uma maior flexibilidade quanto ao atendimento diferenciado dos alunos, em diversos tipos de grupos e dispositivos didáticos.
4. Uma maior continuidade e coerência, ao longo de vários anos, sob a responsabilidade de uma equipe.
5. Objetivos de aprendizagem incidindo sobre vários anos, constituindo pontos de referência essenciais para todos e orientando o trabalho dos professores.

Retomemos esses cinco argumentos de maneira mais detalhada.

---

* N. de T. Grupo de orientação de renovação do ensino primário em Genebra.
** N. de R. T. *Dez novas competências para ensinar: convite à viagem* (Artmed, 2000).

Etapas compatíveis com objetivos de alto nível

A evolução dos programas durante a segunda metade do século XX deu uma ênfase crescente aos objetivos ditos de alto nível taxinômico. Desse modo, evoca-se a taxinomia de Bloom (1975),* que mostrava que, entre "saber as datas de certas batalhas" e "saber refletir de maneira autônoma", a escola perseguia objetivos muito díspares. É quase ponto pacífico, hoje em dia, que os objetivos de alto nível taxinômico são desafios de formação mais importantes e fazem parte de uma forma de "desenvolvimento durável" da pessoa. Se "aprender a aprender" e "saber documentar-se e se informar" figuram entre os objetivos de alto nível, aquele que atingir esses objetivos saberá facilmente encontrar a data de certas batalhas se um dia precisar disso. Ao passo que continuar sabendo, dez ou vinte anos mais tarde, uma série de datas aprendidas em aula não ajuda muito a tomar decisões ou a resolver problemas na existência.

A ruptura com o enciclopedismo, com a memorização de fatos e de regras, culmina nas orientações curriculares atuais para as competências que acentuam os saberes como recursos para compreender, julgar, antecipar, decidir e agir conscientemente.

Mesmo que houvesse um forte consenso sobre essas orientações – o que não é o caso! –, surgiria uma dificuldade maior: é mais fácil ensinar saberes do que levar o aluno a construir competências, é mais fácil também ensinar e avaliar saberes de baixo nível (memorização) do que de alto nível (raciocínio).

A proximidade dos prazos avaliativos não é a única imposição, mas pesa consideravelmente sobre as práticas de ensino. Em um ano letivo – o que representa, em geral, cerca de quarenta semanas, ou seja, no máximo 1200 horas de presença em aula –, um aluno pode assimilar dados, regras, noções particulares. Não pode, ao mesmo tempo, construir uma cultura científica ou histórica, aprender completamente a ler, a produzir textos, a raciocinar, a argumentar, a antecipar, a debater, a imaginar, a comunicar.

Os programas modernos dão conta disso e acentuam a *continuidade* das aprendizagens e seu caráter "espiralar": a maioria das aprendizagens mais importantes aparece várias vezes ao longo da formação, em níveis crescentes de complexidade e de abstração. Essa continuidade se choca, entretanto, com a divisão "vertical" do trabalho pedagógico: cada professor – salvo nas zonas

---

*N. de R. T. A taxinomia, definida etimologicamente como ciência da classificação, ocupou importante espaço no discurso pedagógico brasileiro no auge de sua expressão tecnicista nos anos 1970 e em parte dos 1980.

rurais – recebe os alunos por um ano e deve, durante esse período, realizar um avanço significativo das aprendizagens na ou nas disciplinas pelas quais é responsável. Ora, é mais fácil e tranqüilizador, ao final de um ano, fazer a lista das noções introduzidas e dos capítulos percorridos no "texto do saber" (Chevallard, 1991) do que descrever precisamente a progressão para certos domínios.*

Com efeito, não parece muito sério afirmar vagamente que "os alunos progrediram em sua capacidade de argumentação ou de cooperação", à medida que as regras, as noções, os conhecimentos bem-delimitados (tal teorema, tal século, tal país, tal obra) tangem ao que Paulo Freire denominava uma "pedagogia bancária": semana após semana, os alunos – para dizer a verdade, sobretudo os bons alunos! – armazenam conhecimentos e os creditam "em sua conta", assim como uma formiga acumula folhinhas. Isso tranqüiliza os pais, os alunos e os professores, de acordo com a máxima "O que está feito não precisa ser refeito". Marcam-se os elementos cobertos no programa do mesmo modo que se riscam artigos em uma lista de compras. Ao contrário, será que algum dia se deixou de aprender e de ensinar a ler, a imaginar, a raciocinar? E como, nessas áreas, atestar uma real progressão, quando é tão difícil distinguir sutilmente níveis sucessivos de domínio?

Os ciclos plurianuais não eliminam de forma definitiva a necessidade de avaliar regularmente as progressões, mas dispensam o professor de prestar contas sobre elas ao final de cada ano letivo, apenas para provar que fez seu trabalho e para não ser recriminado pelos pais, pela administração ou pelos colegas que vão acolher seus alunos no ano seguinte.

Não se trata de retardar indefinidamente o momento dos balanços, mas de "dar tempo ao tempo", permitir um desenvolvimento significativo dos conhecimentos e das competências nas áreas em que nada pode ser feito com pressa, muito menos segmentado em pequenas etapas. Em três ou quatro anos – e mesmo em dois –, podem-se observar progressos significativos nas diversas áreas que correspondem aos saberes de alto nível e às competências.

Individualização dos percursos de formação

Ao final de um ciclo de dois, três ou quatro anos, os professores apresentarão um balanço preciso dos conhecimentos adquiridos e das lacunas, pelo

---

*N. de R. T. Na Obra *Avaliação: da excelência à regulação das aprendizagens entre duas lógicas*. (Artmed, 1999), o autor se detém especificamente nestas questões.

menos para informar os pais e os professores que irão receber os alunos no ciclo seguinte. Seria, em contrapartida, esperando que, dentro do mesmo ciclo, os professores pudessem organizar-se como desejassem para gerir os percursos de formação e os ritmos de progressão para os objetivos de final de ciclo, sem serem obrigados a visar conhecimentos definidos ao final de cada ano, e também sem precisarem fazê-lo hoje em dia no final de cada mês ou trimestre. Isso não significa que balanços intermediários não seriam feitos nem que seriam mantidos secretos até o final do ciclo. Esses balanços são instrumentos de orientação dos percursos. Além disso, os pais, assim como os alunos, têm o direito de saber se as aprendizagens estão seguindo seu curso. O que desaparece, com os ciclos plurianuais, é o percurso imposto, com um calendário único e prazos de avaliação próximos. Essa é a condição de uma individualização dos percursos de formação (Bautier, Berbaum e Meirieu, 1993).

Dois ou, melhor ainda, três ou quatro anos é o tempo necessário para que a individualização dos percursos de formação seja praticável sem renunciar a levar todos os alunos ao domínio dos objetivos de final de ciclo. Esse é o verdadeiro desafio. É verdade que, aceitando deixar para trás a igualdade dos conhecimentos adquiridos, diversificar os percursos de formação é a coisa mais fácil do mundo. É desse modo que, no ensino médio, se individualizam os percursos de formação diferenciando os objetivos e os níveis de formação visados. Os alunos são orientados para habilitações ou combinações diferentes de níveis e de opções em diversas disciplinas. Não podem mais, então, ser comparados senão aos alunos com o mesmo itinerário. A diversificação dos percursos valida as diferenças.

Os ciclos de aprendizagem plurianuais visam a uma individualização mil vezes mais ambiciosa, que não incide sobre os projetos de formação nem sobre os domínios finalmente visados, mas unicamente sobre os caminhos que levam a isso. "Todos os caminhos levam a Roma", diz-se, às vezes, para significar que há vários itinerários legítimos para chegar ao mesmo lugar. Em um ciclo de aprendizagem plurianual, pelo menos como eu o concebo, todos os alunos supostamente vão a Roma, chegando mais ou menos ao mesmo tempo, mas não fazem necessariamente os mesmos trajetos. O trajeto aqui é uma metáfora para designar uma seqüência de experiências formadoras.

Desde já, acabemos com um mal-entendido: não estou falando de individualizar o ensino, mas os percursos de formação, ou seja, a seqüência de experiências formadoras vividas pelos alunos (Perrenoud, 1993a).* Quando viajantes

---

*N. de R. T. Referência ao Capítulo 5 da obra *A Pedagogia na escola das diferenças: fragmentos de uma sociologia do fracasso* (Artmed, 2001).

tomam o metrô, raramente estão sós, mas cada um segue seu próprio caminho. Encontram outros viajantes, fazem em sua companhia "um pedaço do caminho" e depois se separam serenamente quando seus itinerários divergem. Portanto, não se trata de transformar a escola em uma série de aulas particulares, muito menos de isolar cada aluno diante de uma tela. É a trajetória que é individualizada, não a relação pedagógica.

Como individualizar? A maneira mais evidente e a menos interessante é deixar a certos alunos quatro anos para percorrer um ciclo de aprendizagem de três anos, ao passo que outros poderão fazer o mesmo caminho em dois. O princípio é simples: todo mundo parte ao mesmo tempo; como alguns avançam mais depressa, chegam ao objetivo um ano na frente, enquanto aqueles que correm menos chegam um ano depois.

Contudo, essas medidas de prorrogação ou de redução da passagem em um ciclo não são repetíveis. É impossível prorrogar sistematicamente por um ano a passagem em cada ciclo para os alunos mais lentos, ou reduzi-la sistematicamente em um ano para os alunos mais rápidos, pois, dentre os alunos de mesma idade, alguns terminariam o ensino obrigatório aos 11-12 anos, e outros, aos 19-20 anos, o que seria humana e economicamente indefensável. Os estudos sobre o atraso escolar mostram, aliás, que a mera prorrogação da escolaridade não produz muitos efeitos e, em todo caso, jamais restabelece a igualdade dos conhecimentos adquiridos (Crahay, 1996, 1997). Acrescentemos que, em nossa sociedade, os mesmos conhecimentos não têm o mesmo valor aos 14 ou aos 19 anos!

Defenderei a idéia de que a individualização dos percursos só passa a ser interessante se renunciarmos jogar com o número de anos, para modular essencialmente o modo e a intensidade do atendimento pedagógico e didático dos alunos. A partir dessa perspectiva, não se pode dissociar a individualização dos percursos dos dispositivos de pedagogia diferenciada que tornam possível essa modulação.

Resta encontrar a maneira de individualizar as trajetórias para chegar, durante o mesmo número de anos, aos mesmos domínios fundamentais. Os ciclos plurianuais não pretendem resolver sozinhos esse problema, mas estendem os prazos, o que ao menos autoriza considerar uma diversificação dos percursos e dos atendimentos dos alunos. De fato, em um único ano letivo, a diversificação dos percursos permanece necessariamente muito limitada: mal começa e já é hora de fazer os alunos convergirem para os objetivos de final de ano. Um pastor desiste de dispersar seu rebanho quando sabe que deverá reuni-lo novamente: não vale a pena, os resultados esperados não justificam o trabalho e os riscos corridos. Portanto, todo mundo "permanece junto". Um professor age da mesma forma.

Os ciclos de dois anos e, melhor ainda, de três ou quatro anos, permitem considerar a diversificação dos percursos sem a preocupação de sua convergência imediata para os objetivos comuns. Não vamos imaginar, entretanto, que seja possível em um ciclo de quatro anos, por exemplo, preocupar-se com o avanço de todos para os objetivos de final de ciclo apenas nos três últimos meses do quarto ano! A individualização dos percursos, com objetivos semelhantes, por definição, é um campo de tensão, quando se está absolutamente decidido a não ceder nada dos objetivos finais. Estender os prazos deveria atenuar a "decoreba", pois não poderia eliminar toda tensão, já que o tempo global de formação permanece contado. Esse é um desafio maior para a escola.

Multiplicidade e flexibilidade dos dispositivos de diferenciação

A terceira razão para escolher ciclos plurianuais é que eles tornam possíveis dispositivos de diferenciação mais ambiciosos. Entende-se diferenciar, aqui, em um sentido preciso: colocar cada aluno, sempre que possível, em uma situação de aprendizagem ótima. Uma situação ótima tem sentido, é mobilizadora e, ao mesmo tempo, adaptada ao nível do aprendiz.

O fracasso escolar nasce, em larga medida, do que Bourdieu (1966) chamou de "indiferença às diferenças". A escola trata todos os alunos como iguais em direitos e em deveres, ao passo que eles estão muito desigualmente dispostos e preparados a tirar partido de uma formação padrão. Alguns já sabem ler quando chegam à escola, outros estão bem longe disso. Isso não impede o sistema educacional de fixar para eles os mesmos objetivos, dentro dos mesmos prazos. O mínimo seria, então, diferenciar o atendimento dessas crianças. A reprovação é uma diferenciação rudimentar, que degrada a auto-imagem e se mostra globalmente pouco eficaz. O apoio pedagógico é um dispositivo um pouco mais convincente, mas que intervém quando as dificuldades de aprendizagem já estão instaladas e apela para atores externos; professores de apoio, ortopedagogos ou outros profissionais especializados no auxílio aos alunos em dificuldade.* A pedagogia diferenciada somente assume seu verdadeiro sentido quando se instala na aula, no dia-a-dia, e se torna o interesse de todos os professores (Perrenoud, 1995a, 1997a).**

---

*N. de R. T. No caso da realidade brasileira, os psicopedagogos e os psicólogos cumprem, em geral, essa função.
**N. de R.T. Respectivamente: *A pedagogia na escola das diferenças: fragmentos de uma sociologia do fracasso* (Artmed, 1996) e *Pedagogia diferenciada: das intenções a ações* (Artmed, 2000).

Essa forma de pedagogia não é impossível no âmbito de um único ano letivo, desde que se dê provas de uma grande engenhosidade pedagógica e didática. Todavia, é mais fácil organizar grupos de necessidades, de níveis, de projetos, de apoio e de diversos módulos dentro de uma equipe pedagógica responsável por um conjunto de alunos de idades diferentes. Imaginemos uma equipe de quatro professores coletivamente responsáveis por cerca de 100 alunos de 8 a 12 anos. Esses profissionais podem então jogar com competências diversas e dispor de quatro espaços de trabalho, o que permite criar dispositivos variados, assumir efetivos desiguais, alternar grupos homogêneos e grupos heterogêneos.

Não vamos esconder, entretanto, que isso exige dos professores novas competências de organização do trabalho, de gestão dos espaços-tempos e dos grupos, com ferramentas adequadas de orientação e de avaliação. As virtudes de um ciclo de aprendizagem plurianual só irão manifestar-se, portanto, quando uma equipe pedagógica tiver dominado a complexidade do sistema e as dificuldades da cooperação profissional.

Um sistema que ultrapassou a fase do ativismo e das experiências em todos os sentidos encontrará um ponto de equilíbrio entre autonomia individual e cooperação, assim como entre instalação duradoura dos alunos em um grupo estável e redistribuição frenética de todos os alunos entre diversos dispositivos.

Uma vez alcançado um funcionamento econômico, a diferenciação jogará com a distribuição dos alunos entre diversos grupos, com as atividades propostas em cada um deles, bem como com uma regulação interativa individualizada no interior de cada atividade, de cada situação didática.

Continuidade e coerência ao longo de vários anos

A divisão vertical do trabalho obriga os alunos, particularmente nas cidades, a se adaptarem todo ano a novos professores que têm outro jeito de agir, outras exigências, uma outra concepção da aprendizagem e do ofício de aluno.

Mesmo que uma certa diversidade dentro da formação seja, sem dúvida, proveitosa para os alunos que não têm dificuldades de aprendizagem, ela tem muitos efeitos perversos para aqueles que sofrem para perceber o que a escola espera deles e quais são as regras do jogo. Mal compreenderam e já são incitados a adotar outras atitudes e outras táticas: com determinado professor, os alunos podem fazer todas as perguntas que quiserem, com outro, são censurados; um professor valoriza a cooperação e a partilha dos recursos, já outro, a competição e o segredo; um deles dá extrema importância aos temas, o outro os julga inúteis e quase não os solicita; um tem normas muito precisas para tudo, o outro, uma tolerância muito maior às diferenças; um trata os alunos como iguais, o outro mantém uma relação fortemente assimétrica; um cria um clima caloroso e confiante, o outro, uma atmosfera de terror e de suspeição. Sem falar das divergências entre professores quanto aos conteúdos, métodos, contrato didático, modo de avaliar, relações com os pais.

Como se achar nesse caleidoscópio? Isso fica mais difícil ainda porque essas diferenças são negadas ou minimizadas pela instituição, ainda que os alunos e seus pais sintam diária e, às vezes, dolorosamente essa experiência.

Se um ciclo de aprendizagem é confiado a uma verdadeira equipe, essas descontinuidades e incoerências deveriam reduzir-se, os alunos teriam de passar alguns anos com regras do jogo e estilos pedagógicos relativamente estáveis, gastando sua energia mais para aprender do que para se adaptar, de ano em ano, às particularidades mutáveis e contraditórias dos professores.

O trabalho em equipe também obriga cada um a explicitar e a negociar objetivos de final de ciclo, o que atenua as diferenças que se devem a concepções das finalidades da instrução e ao que se encontra no cerne dos programas.

Referências e bússolas

A referência aos mesmos objetivos durante vários anos permite um verdadeiro "ensino estratégico", no sentido de Tardif (1992), uma distinção mais clara entre objetivos, conteúdos e dispositivos. Passa-se de uma cultura profissional do implícito ("Eu me compreendo") e do oral a uma cultura do explícito, do documento de trabalho, da discussão e da negociação de um acordo sobre os pontos de divergência.

Os alunos e seus pais podem, igualmente, perceber melhor o que está em jogo e, portanto, mobilizar-se sobre o que vale a pena. Com a condição, evidentemente, de que a escola e os professores façam um esforço considerável de comunicação no momento e na continuidade em que se instalam os ciclos.

OBSTÁCULOS E DILEMAS

Cabe ressaltar que a concepção ambiciosa dos ciclos defendida neste livro encontra uma série de obstáculos e de dilemas. Quase todos suscitam um debate e, às vezes, algumas polêmicas. Na minha concepção, os mais cruciais são os seguintes:

1. A questão dos objetivos de final de ciclo.
2. A questão dos pontos de referência durante o ciclo.
3. A questão do tempo efetivo de permanência em um ciclo.
4. A questão da avaliação.
5. A questão da autonomia dos estabelecimentos.
6. A questão do trabalho de equipe.
7. A questão dos agrupamentos de alunos.
8. A questão das competências.

Esses temas serão retomados de maneira sistemática no corpo da obra. Serão apenas esboçados aqui para mostrar a extensão do trabalho a fazer.

A questão dos objetivos de final de ciclo

Para os sistemas educacionais,* os ciclos são a oportunidade de passar, enfim e de maneira que se pode esperar irreversível, de uma lógica de programa (o que os professores supostamente ensinam) a uma lógica de objetivos (o que os alunos supostamente aprendem e sabem afinal).

Se os objetivos de final de ciclo são bem concebidos, é desnecessário traduzi-los em um programa. É verdade que certos objetivos visam a saberes definidos, mas sem prescrever a ordem de sua aquisição. Outros objetivos podem ser trabalhados por meio de conteúdos variados que não precisam, portanto, ser padronizados.

Se não se conseguir, no momento de implantar ciclos de aprendizagem plurianuais, deixar para trás um programa, o mínimo seria não conceber esse programa como a adição de vários programas anuais preexistentes. Ora, isso é tentador, uma vez que o trabalho já está feito, os meios de ensino são concebidos dentro dessa lógica, os pais, os alunos e os professores estão em terreno conhecido. Mas, então, de que serve introduzir os ciclos de aprendizagem?

Para assumir todo seu sentido, os ciclos de aprendizagem exigem uma "ruptura" com as etapas anuais e, portanto, com os programas correspondentes. Para operar essa ruptura, é preciso evidentemente que os objetivos de final de ciclo não permaneçam vagas finalidades e que descrevam com bastante

---

*N. de R. T. É interessante inscrever o conjunto das reflexões de Perrenoud no contexto de transição paradigmática vivido pelas "formas" modernas, entre elas a escola. Trata-se, então, de um processo de reinvenção dos modos de organização do tempo, do espaço e do trabalho na instituição escolar. Mais do que uma reforma, suas reflexões podem levar-nos a processos de recriação institucional.

precisão as aprendizagens e o nível de domínio visados, sem serem excessivamente fragmentados. Fala-se, hoje, de objetivos-núcleo, de bases de competências, entretanto esses conceitos ainda não estão estabilizados.

Uma parte da credibilidade dos objetivos de final de ciclo se deve às ferramentas de avaliação das progressões individuais e de estabelecimento de balanços intermediários. Ninguém pode administrar uma progressão ao longo de um ano e, mais ainda, de vários anos, sem dispor de pontos de referência, de trajetórias típicas, de limiares identificáveis na construção dos conhecimentos e das competências. Insistir sobre os objetivos de final de ciclo não dispensa da criação de pontos de referências mais próximos. Isso não justifica nem a manutenção de um programa tradicional nem um recorte das progressões padrões por ano letivo.

A questão dos pontos de referência durante o ciclo

Ter objetivos não obriga a retornar às errâncias da "pedagogia por objetivos", versão simplificada e ilusória do *mastery learning* de Bloom (1972, 1979). Não se trata, em um ciclo plurianual, de tentar atingir os objetivos de final de ciclo uns após os outros, particularmente se eles visarem a competências ou a conhecimentos complexos.

Os objetivos de final de ciclo, longe de substituírem uns aos outros durante o ciclo, serão perseguidos paralelamente. Mesmo quando se adotar uma organização modular, um mesmo objetivo será retomado em vários níveis, em mais de um módulo. Deve-se, então, conceber os objetivos como sendo avenidas ou linhas complementares e freqüentemente entrecruzadas de progressão das aprendizagens durante todo o ciclo.

Deve-se, então, ordenar etapas nessas progressões. Em um sistema educacional que funcione em ciclos, convém pôr à disposição dos professores "balizas", objetivos intermediários e outros pontos de referência que permitam planejar as aprendizagens e orientar as progressões de mês em mês, de ano em ano. Essas referências são instrumentos de orientação. É importante não reintroduzir por esse viés objetivos de final de ano ou passagens obrigatórias tão impositivas quanto em uma formação estruturada em anos de programa.

A questão do tempo efetivo de permanência em um ciclo

Essa questão já foi esboçada. Ela deve ser definida de forma clara no momento em que se implantam os ciclos plurianuais, pois o funcionamento pedagógico dos mesmos, assim como suas imposições de avaliação serão muito diferentes, até mesmo contraditórios, conforme se estabelecer que, em regra, todos os alunos passarão o mesmo número de anos em um ciclo ou, ao contrário, que os mais rápidos serão autorizados a pular um ano, e os mais lentos, a fazer um ano a mais. Vê-se imediatamente que, se a duração da passagem for individualizada, a avaliação irá tornar-se objeto de todas as pressões para justificar a diminuição ou a prorrogação da duração padrão. No caso oposto, ela deverá enfrentar um outro desafio: propor a cada aluno a trajetória mais fecunda para ele, de modo a otimizar o uso do tempo que resta até o final do ciclo.

A questão da avaliação

Em uma abordagem sistêmica, não se pode fazer da avaliação um objeto à parte (Perrenoud, 1993b, 1998a).* Freqüentemente se diz que o que é avaliado desenha "o verdadeiro programa". O que a avaliação diz das aprendizagens e de sua progressão, feliz ou decepcionante, é o primeiro motivo de inquietação dos pais e de mobilização dos alunos.

É necessário, então, ter o cuidado de adaptar a avaliação à lógica dos ciclos, não subestimar as expectativas dos pais ou da administração, mas dar prioridade absoluta aos instrumentos de regulação das aprendizagens e de orientação dos percursos de formação.

A questão da autonomia dos estabelecimentos

É necessário, sem dúvida, que o sistema educacional normatize a extensão dos ciclos e seus objetivos, assim como decida a questão da duração de passagem em um ciclo e a da cooperação profissional e da responsabilidade dos professores.

Quanto ao resto, dever-se-ia deixar os professores envolvidos livres para organizar o trabalho como quiserem durante o ciclo, do mesmo modo que se aprendeu progressivamente a confiar neles para estruturar as tarefas e as progressões durante o ano letivo. Essa autonomia deveria estender-se aos instrumentos de avaliação e de comunicação com os pais; o sistema educacional

---

*N. de R. T. O autor discute a abordagem sistêmica da mudança especificamente no Capítulo 9 da obra *Avaliação: da excelência à regulação das aprendizagens entre duas lógicas* (Artmed, 1999).

teria de estabelecer mais um grupo de tarefas do que um boletim típico. Já se imaginam as controvérsias que isso levantará!

A questão dos agrupamentos de alunos e da divisão do trabalho entre professores faz parte dessa autonomia, com a condição de que não autorize o retorno clandestino às práticas de outrora: cada um com seu ano, cada um com seus alunos e o mínimo de cooperação!

A questão do trabalho de equipe

Um ciclo plurianual perde largamente seu interesse se cada professor que nele trabalha desejar apenas uma coisa, encontrar-se em *sua* turma, "único mestre a bordo com seus alunos".

Entre o individualismo integral e a fusão total em um coletivo, qual o ponto de equilíbrio? Qual a autonomia ótima de cada um em relação à equipe, em matéria de contrato e de procedimentos didáticos, de relação pedagógica, de exigências e de métodos de avaliação?

A questão dos agrupamentos de alunos

O problema é duplo:
- Com que tipos de agrupamentos se deve jogar, em termos de funções, de efetivo, de composição de duração?
- Como administrar razoavelmente a repartição dos alunos entre esses agrupamentos, de modo a otimizar as situações de aprendizagem propostas a cada um, princípio de base de uma pedagogia diferenciada?

A avaliação formativa intervém dentro de cada agrupamento constituído, como instrumento de regulação interativa das aprendizagens. Em suas variantes proativa e retroativa (Allal, 1988), ela desempenha um papel central na repartição dos alunos entre grupos e atividades paralelas.

A questão das competências profissionais

Organizar o trabalho e orientar progressões ao longo de vários anos, cooperar, administrar dispositivos de diferenciação e percursos individualizados, praticar uma avaliação a partir de critérios relacionada a objetivos e regular processos de aprendizagem: trata-se de competências que não são hoje plenamente asseguradas pela formação inicial dos professores. Precisa-se, portanto, fazê-la evoluir e implantar formações contínuas em harmonia com o funcionamento esperado dos ciclos plurianuais.

PLANO DA OBRA

Esta obra dá continuidade às reflexões sobre os ciclos de aprendizagem e sua organização modular desenvolvidos em *Pedagogia diferenciada: das intenções à ação* (Perrenoud, Artmed 2000). Esse livro já apresentava a introdução de ciclos plurianuais como uma das condições estruturais de uma pedagogia diferenciada eficaz. Os ciclos não passam, entretanto, de um meio, suas virtudes são potenciais, resta realizá-las. Criar ciclos sem nada mudar nos funcionamentos pedagógicos e didáticos, na avaliação, na concepção dos objetivos, na cooperação entre professores, pode agravar as desigualdades, devido à própria dilatação dos prazos.

É por essa razão que este livro coloca a própria idéia de ciclo no centro da discussão, relacionando-a constantemente, porém, a outros componentes essenciais do sistema: o currículo, a avaliação, a organização do trabalho, os dispositivos de diferenciação, as abordagens didáticas, a cooperação profissional, os projetos de estabelecimento, a formação dos professores.

De 1998 a 2001, publiquei uma dezena de artigos sobre essas questões em *L'Éducateur*, a revista do sindicato dos professores da Suíça romanda (SER). Em um contexto de reformas escolares orientadas simultaneamente para as competências e para os ciclos plurianuais, parecia-me útil esclarecer o conceito de ciclo plurianual, explicitar as razões de avançar nessa direção e identificar alguns dos obstáculos previsíveis. A França introduzira ciclos já em 1989, mas sem levá-los até o fim. Dez anos mais tarde, ela não fazia mais disso um tema de debate ou de investigação. A Bélgica, o Quebec, vários cantões suíços decidiam introduzir ciclos de dois anos, às vezes de maneira precipitada, sem bases conceituais sólidas e sem um grande questionamento sobre o sentido dessa inovação, provavelmente porque a reforma do currículo os preocupava mais. Uma vez que os ciclos já existem, não se torna tardio investir nessa estrutura de maneira mais ambiciosa e refletida, até porque ela pode evoluir. Se os ciclos estão em projeto, é mais importante ainda debater sua concepção e o que se espera deles.

A partir de 1994, eu me envolvi fortemente, por outro lado, em uma ampla renovação do ensino fundamental em Genebra. A criação de ciclos de aprendizagem plurianuais era uma das principais hipóteses de trabalho, mas, embora outros sistemas fixassem *a priori* sua duração e objetivos, o procedimento genebrino convidou cerca de trinta escolas voluntárias a testar a hipótese de ciclos plurianuais, sem estabelecer de antemão sua duração e sua organização de trabalho (Gather Thurler e col., 1999). Isso devia culminar, em 1999, após inúmeros debates, múltiplas tentativas em diversas direções e um consenso bastante amplo dos professores envolvidos, na proposta de criar dois ciclos de aprendizagem de quatro anos cada para substituir as oito etapas anuais do ensino fundamental. As autoridades escolares finalmente adotaram essa proposta, que está concretizando-se no momento em que concluo este livro. Parece, infelizmente, que se avança para uma visão fortemente mitigada dos ciclos plurianuais:

- renunciando a uma verdadeira responsabilidade coletiva dos professores e à criação de equipes pedagógicas que assumam o funcionamento de um ciclo, substituindo essa opção cooperativa pela noção vaga de "acompanhamento colegial";
- enfraquecendo o vínculo entre ciclos plurianuais e pedagogia diferenciada, uma maneira de despolitizar a introdução dos ciclos, de colocá-la mais sob a égide da modernização do que da democratização;
- limitando o espaço dos pais, verdadeiros interlocutores durante a fase de exploração, principalmente pela renúncia a introduzir conselhos de estabelecimento;
- normatizando a avaliação, insistindo bem mais sobre a informação aos pais do que sobre os instrumentos de regulação das aprendizagens e dos percursos;
- acentuando os objetivos e o componente curricular dos ciclos, a ponto de parecer uma redescoberta da pedagogia por objetivos, embora eles sejam apenas instrumentos;
- perdendo a oportunidade de desenvolver a autonomia dos estabelecimentos por ocasião da implantação dos ciclos.

Essas limitações atestam a reduzida audácia das estratégias de inovação, a pouca confiança depositada nos professores, o medo da administração de perder o controle da organização do trabalho ou de precisar dialogar com equipes ou estabelecimentos.

Certas opções ainda são incertas:
- Deve-se respeitar a liberdade dos professores para organizar seu trabalho de modo diferente de um estabelecimento a outro, principalmente em termos de agrupamento dos alunos?
- Deve-se adotar uma política clara sobre a duração da permanência dos alunos em um ciclo de quatro anos?

- Deve-se encontrar fórmulas originais de coordenação dentro dos estabelecimentos?

Minha proposta não é analisar aqui o que está em jogo em Genebra nem, aliás, me debruçar detalhadamente sobre outros sistemas educacionais. As idéias que defendo neste livro se referem, em parte, ao imenso trabalho de experimentação e de concepção feito de 1994 a 1999, mas eu não poderia dizer que sua realização atual me convence sob todos os aspectos. Minha proposta não é, portanto, dar um sistema particular como exemplo. A concepção dos ciclos apresentada aqui não é efetivada em nenhum lugar e repousa, em parte, em hipóteses plausíveis de trabalho, mas que não foram verificadas em larga escala.

Em uma época em que os sistemas educacionais francófonos e alguns outros se orientam para ciclos de aprendizagem plurianuais, o papel dos pesquisadores é suscitar idéias antes que as práticas se fixem, trabalhar para a explicitação de uma concepção coerente dos ciclos para equilibrar tanto quanto possível os desvios administrativos e os acordos pragmáticos entre os diversos grupos de atores.

Os ciclos podem representar um progresso importante na democratização do ensino, assim como no avanço para pedagogias ativas e construtivistas. Podem também não mudar nada de essencial e até mesmo agravar as desigualdades.

O que fará a diferença? Os atores, as relações de força, mas também a clareza e a pertinência de suas idéias, o caráter sistêmico de sua abordagem, a inteligência de suas estratégias de mudança, sua tolerância à desordem provisória e à diferença.

Este livro almeja provocar o debate. Ele toma partido sobre algumas opções, a meu ver, essenciais: a extensão dos ciclos, a responsabilidade coletiva, a avaliação. Referi-me, várias vezes, às idéias da renovação genebrina, para a qual contribuí largamente de 1994 a 1999, durante o período de exploração. Todavia, as idéias sugeridas aqui são de minha única responsabilidade em sua formulação atual.

A concepção dos ciclos de aprendizagem desenvolvida na presente obra não é nem uma descrição de um sistema existente nem um modelo ideal que possa ser implantado tal qual. Trata-se, antes, de elementos que cada um poderá buscar, seja para definir ciclos em escala de um sistema educacional, seja para organizar concretamente o trabalho em ciclos dentro de um estabelecimento ou de uma equipe, seja para planejar formações.

É difícil encontrar uma única lógica de exposição de um conjunto de idéias que formam sistema. A ordem dos capítulos ilustra um itinerário possível na complexidade, aquele que me pareceu mais sensato. Eis suas etapas.

O propósito do primeiro capítulo, *Um conceito definido muito diversamente*, é compreender por que o conceito de ciclo de aprendizagem é tão vago. Em um "albergue espanhol",* só se encontrava, dizem, o que se levava. Os ciclos plurianuais são da mesma ordem. Além de uma idéia geral – criar vínculos mais fortes entre etapas anuais consecutivas –, cada um constrói a noção de ciclo como bem entende. Entre um simples enfraquecimento da reprovação e uma ruptura radical com as etapas anuais, o conceito flutua. Sem dúvida, isso tem seu proveito: o consenso global sobre os ciclos desaba assim que se colocam os pingos nos is! No entanto, é preciso assumir esse risco, pois ciclos introduzidos graças a um mal-entendido não podem constituir um progresso.

O Capítulo 2, *Novos espaços-tempos de formação*, propõe, portanto, uma concepção global dos ciclos articulada em nove teses:

1. Um ciclo de aprendizagem é apenas um meio para ensinar melhor e para lutar contra o fracasso escolar e as desigualdades.
2. Um ciclo de aprendizagem só pode funcionar se os objetivos de formação visados ao final do percurso estiverem claramente definidos. Eles constituem o contrato para os professores, alunos e pais.
3. É importante desenvolver nos ciclos plurianuais vários dispositivos ambiciosos de pedagogia diferenciada e de observação formativa.
4. A duração de passagem em um ciclo deve ser padrão, para forçar a diferenciar por meio de outras dimensões além do tempo e para não favorecer uma reprovação disfarçada.
5. Um espaço-tempo de formação de vários anos só pode atingir seus objetivos se os procedimentos e as situações de aprendizagem forem repensados nesse âmbito.
6. Dentro de um ciclo, os professores se organizam livre e diversamente. O sistema lhes propõe instrumentos a título *indicativo*: balizas intermediárias, modelos de organização do trabalho e de agrupamento dos alunos, instrumentos de diferenciação e de avaliação.
7. É desejável que um ciclo de aprendizagem seja confiado a uma equipe pedagógica estável que se responsabilize por ele coletivamente durante vários anos.
8. Os professores têm de receber uma formação, um apoio institucional e um acompanhamento adequados para construir novas competências.

---

* N. de R. T. Pequenos hotéis muito comuns, por exemplo, para acolher peregrinos nos caminhos que conduzem a Santiago de Compostela (Espanha).

9. A busca de um funcionamento eficaz em ciclos é uma *longa caminhada*, que deve ser considerada como um processo negociado de inovação, que se estende por vários anos.

Essas nove teses são consideradas como dadas em toda a seqüência da obra.

O capítulo 3, *Três condições para aprender*, lembra o que deveria ser uma evidência: a estrutura não basta, ela não passa de uma maneira de tornar possíveis e fecundas as interações didáticas e, mais globalmente, a relação pedagógica. Defenderei – isso não tem nada de original, mas deve estar sempre presente em nosso espírito – ciclos que criem situações:
- que não ameacem a identidade, a segurança, a solidariedade dos aprendizes;
- que tenham sentido, sejam mobilizadoras e provoquem uma atividade na qual os aprendizes se envolvam pessoal e duradouramente;
- que solicitem o sujeito em sua zona próxima de desenvolvimento e de aprendizagem.

A radiografia das condições de trabalho e das situações de aprendizagem nas quais são colocados diariamente os alunos me parece o critério decisivo de avaliação de um sistema educacional, em particular, quando não se podem esperar dez ou vinte anos para avaliar os conhecimentos adquiridos pelos alunos ao final de sua trajetória escolar.

No Capítulo 4, *Ciclos curtos ou ciclos longos: uma escolha estratégica*, pronuncio-me por ciclos de mais de dois anos, condição, a meu ver, de uma verdadeira individualização dos percursos de formação. Uma equipe pedagógica hesitará em assumir o risco de deixar os alunos avançarem em itinerários diferentes se ela tiver que fazer com que convirjam rapidamente para objetivos comuns. Dois anos é melhor do que os 8-9 meses de um único ano letivo, mas talvez ainda seja muito curto.

Há uma segunda razão para privilegiar ciclos longos: eles favorecem uma ruptura clara com os modos atuais de organização do trabalho escolar. De fato, é tentador considerar um ciclo de dois anos como um "longo" ano letivo, mantendo o modo de programação dos conteúdos, o tipo de gestão de classe, a progressão síncrona dos alunos e uma avaliação comparativa. A organização do trabalho em um ciclo de dois anos também pode assemelhar-se perfeitamente ao que se observa nas turmas em que coexistem alunos de idades diferentes, turmas que, conforme os países, são denominadas de vários cursos, várias divisões ou graus múltiplos.

O Capítulo 5, *O papel decisivo dos objetivos de final de ciclo*, define o que teria de ser o contrato principal dos professores que trabalham em ciclos:

permitir a um número máximo de alunos atingir os objetivos de final de ciclo. Para isso, "fazer o melhor", empregando instrumentos e idéias postos à disposição pelo sistema educacional, mas sem ter que atingir objetivos intermediários em uma determinada data, nem ter que submeter as progressões a um programa oficial.

Nem todos concordam que os objetivos substituam o programa. O fato de a instituição ser exigente sobre os objetivos e deixar aos profissionais, em contrapartida, a maior autonomia quanto à escolha das estratégias para alcançá-los vai contra a tradição burocrática, mas também se choca com as ambivalências dos professores: ser livre, mas, de preferência, sem assumir total responsabilidade. Conformar-se ao trabalho prescrito oferece o imenso conforto de não ter contas a prestar senão sobre o respeito às prescrições, não sobre as aquisições dos alunos.

No Capítulo 6, *Objetivos comuns e percursos individualizados*, tento mostrar que jogar com o número de anos de escolaridade leva a um impasse, que não se deve reinventar a reprovação aumentando o período de permanência nos ciclos, mas encarar o problema de um outro ângulo, o da intensidade e da qualidade do atendimento pedagógico. O que leva a retomar a questão da discriminação positiva e das missões da escola pública.

O Capítulo 7, *Individualização dos percursos e diferenciação dos atendimentos*, sustenta que a individualização é uma mera conseqüência lógica de uma adaptação das tarefas e das situações de aprendizagem aos alunos. Em outras palavras, as estratégias e os dispositivos de pedagogia diferenciada vêm primeiro, a individualização dos percursos decorre disso. Isso não impede que se imaginem itinerários típicos, mas os ciclos não visam a colocar cada aluno, de saída, na trilha que lhe convém.

O Capítulo 8, *As três funções da avaliação em uma escolaridade organizada em ciclos*, retoma, no âmbito dos ciclos plurianuais, as três funções da avaliação estabelecidas por Cardinet (1983a). A avaliação é:

- *preditiva,* quando permite orientar para uma formação;
- *certificadora,* quando atesta conhecimentos consolidados para terceiros;
- *formativa,* quando contribui para otimizar os processos de ensino-aprendizagem, seja de maneira interativa, durante uma tarefa, seja guiando a atribuição dos alunos a atividades ou a grupos.

Essas distinções estão longe de serem claras para todos, e a pertinência das três funções não é logo demonstrada em uma escolaridade organizada em ciclos plurianuais. A meu ver, deve-se evitar qualificar de "certificador" qualquer balanço de final de ciclo e, mais ainda, qualquer balanço intermediário dos conhecimentos adquiridos. A certificação só tem sentido quando o aluno deixa a escola ou, a rigor, a escola obrigatória. Até então, o formativo é prioritário, o que não exclui os balanços, pelo menos para saber como os alunos estão progredindo e qual a distância a percorrer até os objetivos de final de ciclo.

Quanto à avaliação "preditiva", recorre-se a ela, em geral, a propósito de critérios que subentendem as decisões de seleção ou de orientação entre diversas formações. Poder-se-ia, evidentemente, ampliar a noção a qualquer avaliação prospectiva ou "proativa" (Allal, 1988) e falar, portanto, de avaliação preditiva sempre que for preciso fundamentar uma decisão de atribuição de um aluno a esse ou aquele "tratamento pedagógico", por exemplo, um grupo de necessidades ou um módulo. Parece-me mais claro falar, então, de avaliação formativa, considerando que essa avaliação faz parte de um processo de ensino-aprendizagem em curso que ela serve para regular.

O Capítulo 9, *Informar os pais*, denuncia a hipertrofia dos boletins escolares que os ciclos plurianuais podem reforçar, a qual culmina na idéia de uma avaliação feita especificamente *para* informar os pais. Defenderei uma prioridade dada à avaliação formativa, posta a serviço da regulação das aprendizagens e dos percursos, mas da qual o professor pode tirar informações para transmitir aos pais. É importante, então, que estes entrem no jogo e não pervertam as observações formativas as interpretando como prognósticos prematuros de êxito ou de fracasso. O grau de seletividade do sistema é, a esse respeito, decisivo: se os prazos são próximos e a seleção, feroz, é difícil pedir aos pais que fiquem serenos e não se preocupem com o êxito de seus filhos. Informá-los passa, conseqüentemente, mais por um trabalho de explicação e por um diálogo contínuo do que por magníficos boletins escolares periódicos padronizados em escala nacional.

É necessário tudo fazer para que o esforço de informação aos pais ou à administração não esgote as energias consagradas a avaliar e que ele não tome indevidamente o lugar da avaliação formativa. A dissociação entre informação aos pais e regulação das aprendizagens se choca com inúmeros obstáculos, principalmente porque certos pais não tomam a informação que lhes é destinada como uma síntese periódica de uma observação formativa contínua, mas como a formulação antecipada do balanço de final de ciclo, até mesmo de final de ensino fundamental, com todos os temores relativos a isso. É por essa razão que a instituição empurra formalmente o certificado para o final da escolaridade obrigatória e se consagra a não assimilar os balanços intermediários, mesmo os de final de ciclo, a uma certificação, "interna" ou "informal".

O Capítulo 10, *Administrar em equipe um ciclo de aprendizagem*, desenvolve a idéia de que criar ciclos sem avançar decisivamente na cooperação profissional é, no mínimo, uma perda de oportunidade, talvez uma fonte de fracasso. Um dos limites das pedagogias diferenciadas é que, no melhor dos casos, cada um tenta "em seu canto" resolver problemas que o ultrapassam, que são anteriores à sua intervenção e exigem acompanhamento no final. Não basta "descompartimentalizar", discutir sobre os alunos, se cada professor permanecer essencialmente em sua classe.

Constituir uma equipe pedagógica não obriga a ensinar, de mãos dadas, centenas de alunos reunidos em uma imensa sala. É preciso pensar em equipes restritas, de 4-5 professores, que assumam uma centena de alunos do mesmo ciclo e repartam entre si as tarefas e os grupos de comum acordo. Nos grandes estabelecimentos, nada impede criar equipes paralelas dentro do mesmo ciclo, equipes não muito extensas, o que possibilita reuniões informais e regulações rápidas. Uma equipe de 4-5 pessoas demanda, certamente, uma coordenação, mas não exige um "chefe de equipe". Uma equipe desse tamanho dispõe de muitos espaços, recursos, competências, idéias para conceber dispositivos flexíveis e diversificados. Precisemos que a cooperação não se opõe absolutamente à divisão do trabalho, desde que a equipe mantenha o controle. Os professores que trabalham em equipe podem jogar com todas as dimensões das pedagogias de grupo (Meirieu, 1989a e b)* e dividir as tarefas a seu modo, conforme sua concepção da eqüidade, das necessidades e das competências.

O Capítulo 11, *Pode-se imaginar uma verdadeira responsabilidade coletiva por um ciclo de aprendizagem?*, continua a reflexão em um plano jurídico. Cooperar não é fácil, a decisão comum encerra conflitos, tomadas de poder, crises. Quando não se tem um chefe para arbitrar em caso de divergências, deve-se conceber outros mecanismos que evitem a paralisia ou o retraimento de cada um em seu feudo. Nesse capítulo, exploro a idéia de uma maior responsabilidade coletiva dos professores.

Em uma profissão tão individualista, essa idéia pode parecer insensata. Aceitar o desafio daria aos alunos, todavia, uma chance de serem atendidos de modo coerente ou contínuo pelo menos durante a duração de um ciclo, se possível além, no âmbito de um projeto de estabelecimento. Mesmo sabendo que nos chocamos com uma herança pesada e que a evolução será lenta, é tempo de levantar claramente o problema.

---

*N. de R. T. Philippe Meirieu é recorrente referência no pensamento do autor. É Doutor em Letras e Ciências Humanas e diretor do Instituto de Ciências e Práticas de Formação e de Educação na Universidade Lumière-Lyon L, onde também leciona. Duas de suas obras estão publicadas pela Artmed: *Aprender... sim, mas como?* (1998) *A pedagogia entre o dizer e o fazer: a coragem de começar* (2002).

O Capítulo 12, *A organização do trabalho em um ciclo*, examina alguns aspectos estratégicos da organização do trabalho em um ciclo confiado a uma verdadeira equipe. Nele são debatidos a concepção e o papel dos grupos de base e dos outros grupos e modos de trabalho disponíveis, assim como a questão do sistema de agrupamento ótimo dos alunos. Esse capítulo também considera as condições de uma certa eqüidade na divisão das tarefas entre professores.

A conclusão lembra que os ciclos de aprendizagem plurianuais, na sua concepção mais ambiciosa, ainda não passam de promessa e levantam um grande número de questões difíceis, mas também permitem esperar alguns progressos na luta contra o fracasso escolar, ao mesmo tempo que aceleram o processo de profissionalização do ofício de professor e favoreçam o desenvolvimento de novas competências.

Ficou claro que o essencial da obra concerne prioritariamente à *escola de ensino fundamental*. Deve-se reservar um tratamento distinto ao pré-escolar? Não creio. É verdade que a freqüência à escola não é obrigatória antes da idade legal, o que autoriza as crianças a entrarem em ordem dispersa no ciclo das primeiras aprendizagens. Um ciclo de aprendizagem plurianual digno desse nome, que administre percursos diversificados, não terá, entretanto, nenhuma dificuldade em acolher crianças em qualquer momento da formação. Além disso, o pré-escolar desenvolveu métodos de organização do trabalho que o preparam muito bem ao funcionamento em ciclo. Nele também há preocupação com a pedagogia diferenciada, há muito tempo, pela força das coisas. Quanto ao currículo, ele é, nesse nível da formação escolar, fortemente orientado para competências de alto nível e objetivos de desenvolvimento (Perrenoud, 2000c), o que encaixa bem com objetivos para dois anos. Conseqüentemente, não farei do pré-escolar um caso particular, a não ser para dizer que ele é, sem dúvida, o ciclo de estudos mais próximo de uma lógica de ciclo de aprendizagem.

O ensino médio levanta um problema bem diferente. Nele são introduzidos ciclos de aprendizagem em vários países, mas a fragmentação da formação escolar em inúmeras disciplinas estanques, a força dos programas anuais e a sacrossanta grade de horário complicam enormemente a cooperação profissional e a busca de novas formas de organização do trabalho. Para estender a presente reflexão ao nível médio, é preciso, pois, considerar reagrupamentos de disciplinas em campos mais amplos, verdadeiros objetivos plurianuais, novas formas de avaliação. Portanto, as propostas formuladas neste livro só podem ser transpostas com cautela e levando em conta restrições suplementares...

Um conceito definido muito diversamente

A idéia de ciclo de aprendizagem está longe de admitir uma definição estável. Ela é mais como um albergue espanhol: nele se encontra o que se leva. Para uns, um ciclo de aprendizagem se define pura e simplesmente pela supressão ou limitação drástica da reprovação dentro de um ciclo de estudos, cuja estrutura permanece inalterada.

De acordo com uma definição mais ambiciosa, um ciclo de aprendizagem poderia servir de quadro integrador e de ponto de apoio a uma evolução do ofício de professor, dos programas e das formações escolares, da avaliação e da luta contra as desigualdades.

Em todos os casos, trata-se, em geral, de partir de um ciclo de estudos existente e de reordená-lo. Um ciclo de estudos é concebido aqui como uma seqüência de séries (ou níveis) anuais formando um todo. Um estabelecimento escolar agrupa geralmente os alunos que freqüentam o mesmo ciclo de estudos. Existe, dentro de um ciclo de estudos, uma certa unidade de concepção dos objetivos, das disciplinas, dos programas e dos modos de ensino. As professoras e os professores têm uma formação e um estatuto homogêneos, dependem da mesma direção e do mesmo regulamento. Pertencer a um ciclo de estudos é, para eles, uma forma de identidade, às vezes, de orgulho. Para os alunos e suas famílias, a progressão de um ciclo de estudos para o seguinte marca as grandes etapas da escolaridade. No interior do ciclo de estudos, as séries anuais levam os alunos da entrada à saída.

Um ciclo de aprendizagem poderia, a rigor, não passar de uma expressão em moda para designar um ciclo de estudos. Seria muito barulho por nada, mesmo que nunca seja insignificante enfatizar a aprendizagem em vez do estudo ou do ensino. Proponhamos uma definição mínima, que marque a diferença: um ciclo de aprendizagem é um ciclo de estudos no qual não há mais reprovação.

Isso merece o desvio? Sem dúvida. Todavia, deve-se ir mais longe, pois a simples supressão da reprovação não acaba com o fracasso escolar, e os ciclos de aprendizagem apresentam muitas outras facetas interessantes na perspectiva de uma pedagogia diferenciada.

O FIM DA REPROVAÇÃO

Nos últimos trinta anos, os sistemas educacionais se esforçaram para limitar as reprovações, pelo menos no ensino fundamental. Elas ainda existem, entre 2 e 5%,* conforme as séries e as regiões. Nessa luta contra o atraso escolar, iniciada há mais de trinta anos (Roller e Haramein, 1961), os ciclos de aprendizagem podem aparecer como o passo seguinte: tornar a reprovação impossível ou raríssima dentro de um ciclo de estudos.

A reprovação tem uma eficácia muito limitada, conforme mostram as pesquisas em todos os países (Allal e Ntamakiliro, 1998; Allal e Schubauer-Leoni, 1992; Crahay, 1996, 1997, 1998; Paul, 1996). Muitos professores não querem acreditar (Pini, 1991; Burdevet, 1998), mas isto é um fato: a reprovação em uma série raramente coloca aquele que foi reprovado em igualdade com os alunos mais jovens entre os quais ele se encontra no ano seguinte.** Hoje se sabe que reprovar um aluno duas ou três vezes durante sua escolaridade não é uma solução, e isso passou a ser excepcional. O magro ganho registrado em termos de nível escolar tem um alto preço, pois a reprovação afeta a auto-imagem de um aluno e o seu valor aos olhos dos outros, o seu atraso escolar (defasagem entre idade real e idade "normal") torna-se uma deficiência no momento de qualquer decisão posterior. Com resultados escolares próximos, a idade faz a diferença.

A reprovação não permite aumentar sensivelmente a homogeneidade das turmas. Todo professor sabe bem que, seja como for, recebe um grupo heterogêneo no início de cada ano letivo e que alguns dos alunos que não foram reprovados nem por isso dominam os conteúdos do programa, consequentemente, logo terão dificuldades. Para assegurar uma grande homogeneidade das turmas, talvez se devesse reprovar um terço de uma turma, o que seria intolerável. Reduzem-se então os índices de reprovação a menos de 5%. A

---
*N. de R. T. Esses dados referem-se à experiência do autor em países europeus e no canadá.
**N. de R. T. No clássico estudo sobre *Psicogênese da língua escrita*, publicado no Brasil (Artmed, 1985), Emilia Ferreiro e Ana Teberoski já apontaram a ineficácia da reprovação para a qualificação do aluno e do sistema escolar.

questão é saber, então, em uma turma de 20-25 alunos, quem será a "vítima do ano". Há turmas em que nenhum aluno é reprovado; em outras, dois o são, excepcionalmente mais. Se levarmos em conta a disparidade dos níveis das turmas, isso quer dizer que, para um aluno fraco, há um risco muito menor de reprovação em uma turma fraca do que em uma turma forte. Alguns estudos belgas (Grisay, 1984) mostram que, se uma prova padronizada substituísse as avaliações internas em cada turma, uma parte daqueles que são reprovados seriam aprovados e vice-versa. A reprovação se mostra não somente inútil, mas injusta! Portanto, tem total fundamento suprimi-la ou limitá-la severamente, porque não é uma resposta eficaz e equânime às dificuldades de aprendizagem.

Contudo, seu simples desaparecimento não bastará para eliminar o fracasso escolar (Perrenoud, 1996b). Não transformar as dificuldades escolares em reprovações tampouco as suprime. Devem ser buscadas, então, outras respostas à heterogeneidade.

Precisa-se, para isso, introduzir ciclos de aprendizagem? Hutmacher (1993) mostrou que, quando o professor acompanha seus alunos durante dois anos ou mais, a reprovação desaparece *de facto*, sem ter sido oficialmente proibida. Pode-se concluir disso que um professor reprova, antes de tudo, em função das expectativas supostas de seus colegas: ele não quer ser recriminado por ter "deixado passar" um aluno fraco demais. Poder-se-ia temer que essa tolerância fosse compensada por um índice de reprovação duas vezes maior ao final do segundo ano. Não é o caso.

Essa não seria a solução mais simples? A generalização de classes de séries múltiplas ou de vários cursos poderia, se fosse decidida com essa intenção, levar a uma forte diminuição da reprovação. Correntes nas regiões rurais,* essas classes quase desapareceram com as concentrações urbanas. A divertida reviravolta de uma organização que simboliza o passado da escola prefigurando agora seu futuro! A existência de equipes pedagógicas coerentes possibilitaria obter a mesma continuidade no atendimento.

Para suprimir a reprovação, não se mostra necessário, portanto, instituir ciclos de aprendizagem. Certos países do norte da Europa tornaram a reprovação algo excepcional e não apresentam mais dificuldades do que outros, conforme revela a Finlândia, que encabeça a pesquisa PISA (OCDE, 2001). Em outras culturas apegadas à reprovação (Crahay, 1998), a criação de ciclos de aprendizagem talvez seja uma condição necessária para ultrapassar essa dificuldade:

---

*N. de R. T. No Brasil, essas classes se denominam "multisseriadas", ainda são comuns nas zonas rurais e se caracterizam pela unidocência para o atendimento de duas a cinco séries.

- é uma medida positiva, ao passo que a supressão da reprovação parece privar, sem outra compensação, de um meio de reduzir um pouco a heterogeneidade;
- ela cria uma solidariedade institucional entre professores do mesmo ciclo e os incita fortemente à coerência e à continuidade pedagógicas;
- é uma estrutura aberta, que permite evoluir progressivamente para uma descompartimentalização das séries e para o atendimento coletivo dos alunos.

Não é, portanto, absurdo criar ciclos de aprendizagem apenas para suprimir a reprovação, mas existem outras razões, mais fundamentais, mais ambiciosas.

O FIM DOS DEGRAUS ANUAIS

A escolaridade é uma escada cujos degraus são anuais. Nem sempre foi assim (Giolitto, 1983), mas se tornou a norma no século XX, de modo que temos dificuldade para imaginar uma outra organização. Em sua versão mais audaciosa, os ciclos de aprendizagem questionam essa estruturação da formação escolar em anos de programa.

Eles não dão as costas à idéia de que é preciso definir degraus. Na escala de uma escola alternativa, pode-se organizar a escolaridade, senão sem balizas, pelo menos sem etapas fixas. No ensino público, essas etapas se impuseram em uma lógica burocrática, mas também com a intenção de transparência, de eqüidade, de mobilidade. Elas permitem, com os programas e os manuais, uma relativa padronização da escolaridade, além da diversidade dos estabelecimentos e dos professores.

Os ciclos de aprendizagem não rompem com essa lógica. Eles apenas desenham degraus mais altos, menos numerosos, que um aluno transpõe em dois, até mesmo três ou quatro anos. Isso parece *a priori* menos "natural" do que um recorte anual, separado pelas férias de verão. Mas por que, então, não levar em conta os outros períodos de férias? Um programa trimestral até o Natal,* um outro até as férias da Páscoa e um terceiro até o verão, isso não lembra nada? Em certos países, houve um tempo em que a escolaridade era

---

* N. de. T. Na Europa, o ano letivo começa em setembro e termina em junho. Em julho e agosto acontecem as férias de verão; na maioria dos países, os alunos têm, ainda, pequenas férias em novembro, em fevereiro e na Páscoa.

organizada em trimestres. Por que, então, não imaginar um programa mensal? Não parece, todavia, que a escola tenha chegado a repetir meses ou trimestres...

Sem dúvida, o recorte da formação escolar não deixa de ter vínculos com a imagem da construção dos saberes corrente em um sistema em um dado momento de sua história. Quando se concebia a escolaridade como uma acumulação de noções, funcionar em programas anuais, até mesmo trimestrais ou mensais, não incomodava. Era até mesmo tranqüilizador saber qual verbo trabalhar em novembro ou em março. Fazia-se "uma coisa depois da outra", viravam-se, na ordem e no ritmo certos, as páginas do texto do saber, separando o final de um capítulo por meio de uma prova de controle.

As etapas mensais e mesmo trimestrais desapareceram com os novos programas dos anos de 1970 e 1980, que já insistiam sobre objetivos de final de ano e deixavam aos professores a responsabilidade de planejar sua progressão dentro desse espaço-tempo. Hoje em dia, isso já é habitual, os pais se espantam cada vez menos que não se estude a mesma noção na mesma semana em turmas paralelas. Muitas vezes lhes foi explicado que o importante era que as noções fossem estudadas antes do final do ano, que a ordem e o momento de seu aparecimento não eram mais sincronizados. Os jovens professores nem mesmo desconfiam que há menos de cinqüenta anos poderia ter-lhes sido imposta detalhadamente uma progressão mês por mês. Uma autonomia que parecia inconcebível se tornou evidente.

Propondo degraus plurianuais, os ciclos de aprendizagem criam uma nova ruptura, que suscita as mesmas inquietações. Se eles se instituírem, pode-se apostar que, em algumas décadas, parecerão tão "naturais" quanto os degraus anuais que conhecemos. Ficar-se-á surpreso com o fato de que se tenha pensado em encerrar as aprendizagens em etapas tão curtas. Porém, para chegar a isso, é preciso abandonar o conhecido e avançar para um sistema sobre o qual muitos professores, responsáveis escolares e, evidentemente, pais se perguntam como diabos ele poderia funcionar. Eles só irão querer e poder enfrentar o risco da mudança se perceberem excelentes razões para definir hoje degraus plurianuais.

A supressão da reprovação não me parece nem a única nem a melhor dessas razões. O importante é encontrar o espaço-tempo de formação que permita simultaneamente:
- um planejamento e uma gestão "inteligentes" das aprendizagens;
- uma luta eficaz contra as desigualdades por meio de uma pedagogia diferenciada.

Por que seria mais inteligente definir degraus plurianuais? Porque a concepção das aprendizagens continua a evoluir, enfatizando cada vez mais a construção de campos conceituais e de competências que são objetivos de formação a longo prazo. Um recorte mensal ou trimestral convinha, sem dúvida, a programas muito nocionais: uma série de palavras, de fatos, de regras, de datas, de verbos a memorizar. Se os sistemas educacionais ampliaram o mandato ao trimestre, depois ao ano, foi porque os objetivos pouco a pouco privilegiaram aprendizagens mais fundamentais e, ao mesmo tempo, porque os professores adquiriram as competências necessárias para gerir de maneira autônoma prazos mais dilatados.

Esse movimento não está concluído. A introdução de ciclos é um passo a mais nesse caminho, fundando-se na constatação de que os objetivos perseguidos hoje pela escola se adaptam cada vez menos a prazos anuais. Um ano letivo conta, de fato, menos de 40 semanas de aula, sendo que algumas delas não são propícias ao estudo, ao passo que poucas aprendizagens fundamentais podem ser planejadas ao longo de menos de dois anos, tanto em matemática quanto em língua materna ou em outras disciplinas.*

Veremos que essa concepção mais ampla dos ciclos de aprendizagem nos leva a refletir sobre novos "espaços-tempos" de formação, sobre seus objetivos e sua gestão, sobre os dispositivos de pedagogia diferenciada e de avaliação formativa que eles permitem e exigem, enfim, sobre o trabalho dos professores em equipe.

---

*N. de R. T. Na trilha aberta pela reflexão curricular que a obra de P. Perrenoud suscita, pode-se agregar o conjunto de reflexões contemporâneas que progressivamente implodem a rigidez da divisão disciplinária imposta ao conhecimento. O pensamento de Edgar Morin contribui para essa perspectiva.

Novos espaços-tempos de formação

2

Quem quiser suprimir a reprovação e descompartimentalizar as séries anuais investirá os ciclos de aprendizagem plurianuais dessa esperança. Em certos sistemas, isso já representa um avanço maior. Em outros, atribuir-se-ão aos ciclos maiores ambições. Neste livro, os ciclos de aprendizagem são concebidos e defendidos como novos "espaços-tempos de formação", que favoreçam presumidamente uma maior igualdade na escola por meio de:

- uma pedagogia diferenciada, baseada em uma avaliação formativa;
- percursos diversificados de formação.

A meta é que todos os alunos atinjam os objetivos no final da formação escolar ao mesmo tempo, mas, se necessário for, tomando caminhos diferentes.

Este capítulo propõe um primeiro desenvolvimento desses elementos, sob a forma de nove teses já mencionadas na introdução. Cada uma delas será brevemente enunciada e comentada, para sugerir primeiramente uma visão global. Um ciclo de aprendizagem é um sistema de trabalho que tem de ser considerado em todos seus componentes. Os temas mais cruciais serão retomados de maneira mais aprofundada em outros capítulos.

As teses que seguem não pretendem expressar uma definição ortodoxa dos ciclos. Cada um pode concebê-los à sua maneira, pois a idéia é bastante geral e possibilita diversas interpretações. O importante é se situar e afirmar claramente o que se espera dos ciclos, sem o quê dificilmente se poderá discutir sobre eles.

UM MEIO DE ENSINAR MELHOR

Tese 1: Um ciclo de aprendizagem é apenas um meio para ensinar melhor e lutar contra o fracasso escolar e as desigualdades. Instaurar ciclos não é um fim em si. Não passa de um meio para atingir melhor os objetivos da formação, oferecendo-se novos espaços e tempos de trabalho. Resta estruturá-los de modo eficaz, justo, legível e de comum acordo.

A implantação de uma estrutura não tem, por si mesma, nenhum efeito mágico. Ela apenas torna possíveis novas práticas. Encoraja e autoriza a construir dispositivos de ensino-aprendizagem mais diversificados e audaciosos do que aqueles que cada professor emprega sozinho em sua turma durante o ano letivo. Resta conceber e operacionalizar esses novos dispositivos, que incidem principalmente sobre o agrupamento dos alunos, o planejamento didático ao longo de vários anos, a divisão do trabalho entre os professores, a avaliação e a regulação das progressões individuais, a informação aos pais e a concertação com eles.

O desenvolvimento de ciclos de aprendizagem exige mais imaginação pedagógica e organizacional do que a gestão de um programa anual, não somente devido à novidade dessa forma de trabalho, mas também porque orientar progressões diversificadas durante vários anos, gerir diversos tipos de agrupamentos de alunos e compartilhar o trabalho de maneira flexível tornam mais complexa a tarefa de cada um. Em uma escola estruturada em séries, cada professor toma sozinho as decisões relacionadas, no ensino médio, à sua disciplina e, no ensino fundamental, ao conjunto das disciplinas. Aos alunos que não atingiram os objetivos, ele propõe ou impõe apoio ou reprovação. Em um ciclo de aprendizagem plurianual, não se pode esperar o final do percurso para fazer balanços formativos e opções estratégicas (Tardif, 1992), que devem ter o acordo da equipe. Isso requer muitas competências da parte dos professores.

Muitos deles expressam o temor de ver aumentarem as variações porque, em um ciclo plurianual, alguns alunos poderiam mais facilmente "escapar da chuva". No final do ciclo, sofreriam graves lacunas e uma imagem depreciada de si mesmos, pelo fato de suas dificuldades não terem recebido um atendimento rápido. Esses temores não são absolutamente absurdos. Se for mal administrado, se deixar os alunos "ao abandono" – não voluntariamente, mas devido a uma gestão aproximada das progressões e a um otimismo infundado sobre as virtudes do tempo que passa –, um ciclo de aprendizagem pode provocar um aumento dos fracassos e das desigualdades.*

Por essa razão, só podem comprometer-se em um funcionamento em ciclos professores capazes de trabalhar em equipe para planejar progressões didáticas ao longo de vários anos, antecipar e identificar os problemas, dividir as tarefas, intro-

---

*N. de R. T. Cabe aqui um alerta sobre a recorrente confusão no meio educacional brasileiro entre essa postura de ampliação do tempo/espaço da aprendizagem e a denominada "progressão automática" que propicia a conclusão de determinados graus de ensino sem saberes fundamentais.

duzir regulações necessárias. É o equivalente do que cada um faz em sua classe, mas a responsabilidade de um espaço-tempo mais amplo exige novas competências. Estas se construirão, em parte, a partir da experiência, mas convém favorecer esse processo tanto por meio de ações de formação direcionadas à gestão de ciclos quanto por meio de modalidades de trabalho favoráveis a uma prática reflexiva,* principalmente por meio dos projetos de estabelecimento e de um funcionamento em equipe.

Os ciclos cumprirão ou não suas promessas em função do que os atores farão com eles. O que chama a atenção para o fato de que sua implantação não é o desafio maior. O essencial incidirá sobre as competências e as forças investidas para fazê-los funcionar otimamente.

OBJETIVOS DE FINAL DE CICLO

Tese 2: Um ciclo de aprendizagem só pode funcionar se os objetivos de formação visados no final do percurso forem claramente definidos. Eles constituem o contrato de base para os professores, alunos e pais.

Não se pode tornar o ensino mais eficaz sem saber exatamente a que aprendizagens se visa. Por muito tempo, os programas estabeleceram o que era necessário ensinar, subentendendo que os alunos deviam dominar os saberes que o professor dispensara. Esse implícito autoriza definições muito desiguais das exigências no final do ano, tanto em termos de concepção da excelência quanto do nível de domínio julgado suficiente. É por essa razão que os novos planos de estudos descrevem cada vez com mais freqüência os domínios que os alunos deveriam construir dos conteúdos a serem tratados em aula. A tarefa não é simples, sobretudo em um programa em "espiral": terminou o tempo em que se abordavam certas noções em determinada idade e depois não se voltava mais a elas, considerando-as adquiridas. Hoje em dia, a maioria dos objetivos vale para todo o período de formação, mesmo que se trate de conhecimentos. Quanto às competências, que são cada vez mais enfatizadas, como seria possível dissociá-las umas das outras? O que dizer de uma escola onde se aprendesse a escutar dos 6 aos 8 anos e se expressar dos 8 aos 10?

É cada vez mais difícil e arbitrário definir etapas anuais. Desse modo, certos programas de matemática se ordenam em um único objetivo: *aprender*

N. de R. T. Nesse sentido, vale a pena a leitura de outra obra de P. Perrenoud denominada *A prática reflexiva no ofício de professor: profissionalização e razão pedagógica* (Artmed, 2002).

a resolver problemas. Pode-se imaginar a impossibilidade de distinguir oito patamares anuais na construção dessa competência. No máximo, podem-se ordenar as noções a serem mobilizadas e aumentar progressivamente a complexidade e a diversidade dos problemas. Do mesmo modo, aprender a se comunicar, raciocinar, observar, cooperar não pode ser facilmente dividido em fatias anuais.

Os ciclos de longa duração simplificam parcialmente esse problema, pois autorizam a dividir a formação em apenas alguns grandes patamares. Incitam, em contrapartida, uma referência mais constante aos objetivos de final de ciclo ou a certas balizas intermediárias, pois essas são progressivamente as únicas bússolas de que dispõem os professores para orientar progressões individualizadas.

De modo ideal, os professores responsáveis por um ciclo plurianual deveriam ter os objetivos finais em mente e propor constantemente situações de aprendizagem próprias à progressão de cada aluno rumo aos domínios visados. Nos ciclos longos (três ou quatro anos), parece útil, entretanto, dispor de pontos de referência intermediários, desde que não induzam obrigações de resultados nem fundamentem nenhuma seleção durante o ciclo! O contrato dos professores consiste em levar o maior número possível de crianças ao domínio dos objetivos de final de ciclo. Cabe a eles planejar as progressões de modo a darem conta do tempo requerido para cada uma delas. Formadores, conselheiros pedagógicos, pesquisadores podem e devem propor instrumentos de orientação das progressões, mas nenhum representante da administração escolar deveria envolver-se nos balanços intermediários, do mesmo modo que, hoje em dia, ninguém intervém mais durante o ano letivo, salvo em caso de disfunção notória ou de pedido de auxílio.

Oferecer pontos de referência continua sendo uma operação delicada. Se os didáticos da matemática fizessem de um problema o emblema do que tem de saber resolver uma criança de 8 anos, poderiam temer que, devido à intenção de fazer bem feito, certos professores, encorajados pelos pais, instaurassem uma forma de treinamento dos alunos para resolver variantes desse problema típico. Tal "decoreba" iria de encontro à construção de uma competência que supõe uma adaptação a situações variadas e cuja configuração não dita imediatamente as operações a efetuar.

Cabe ao sistema educacional dar pontos de referência que engendrem menos efeitos perversos, por exemplo, associando aos objetivos de final de ciclo um *corpus* substancial de problemas, de tarefas ou de situações emblemáticas do nível buscado, meio-termo entre referências tão abstratas que não servem para nada – por exemplo, "saber compreender um texto narrativo simples" –, e referências tão precisas que encerram o trabalho em uma tarefa modelo e encorajam a "decoreba".

DISPOSITIVOS DE PEDAGOGIA DIFERENCIADA

Tese 3: É importante desenvolver nos ciclos plurianuais vários dispositivos ambiciosos de pedagogia diferenciada e de observação formativa.

Suprimir a reprovação evita efeitos de rotulação, a perda de um ano sem grande compensação, a ruptura com os colegas de aula. Todavia, renunciar à reprovação sem tomar outras medidas não leva a um milagre, salvo quando isso responde a uma dificuldade temporária, ligada, por exemplo, a um relacionamento infeliz com um professor ou a uma fase difícil da vida. Em todos os outros casos, as variações vão-se agravar se não se fizer nada.

Trabalhar em ciclos não tem efeito próprio, isso somente viabiliza uma ação educativa coerente em longa duração. Não se poderia, portanto, separar os ciclos de duas noções análogas, mas distintas; a pedagogia diferenciada e a individualização dos percursos de formação. A segunda é, de certo modo, uma conseqüência lógica da primeira.

Diferenciar é propor a cada aluno, sempre que possível, uma situação de aprendizagem e tarefas ótimas para ele, mobilizando-o em sua zona de desenvolvimento próximo (Perrenoud, 1995a).* Fácil de falar! É preciso dispor de instrumentos de observação formativa para intervir nas situações de aprendizagem, assim como para fazer, conscientemente, um aluno passar de uma situação à outra, mais adequada, com mais sentido e regulação, mais fecunda para ele. Além disso, é necessário conceber, animar e enquadrar essas situações, o que requer competências didáticas bem-desenvolvidas. Ora, hoje em dia, mesmo quando um professor tem tempo para atender tranqüilamente um único aluno – como acontece, em parte, com o apoio pedagógico –, nem sempre tais competências estão presentes.

Trabalhar em equipe harmoniza forças e competências, sem que seja necessário, também aqui, esperar prodígios disso. Enquanto tal, o trabalho em equipe não aumenta as forças de enquadramento dos alunos, mas permite reparti-las diferentemente, dentro de uma divisão e uma organização do trabalho mais flexível. Em uma equipe, várias pessoas podem trabalhar juntas com um

---

*N. de R. T. *A pedagogia na escola das diferenças: fragmentos de uma psicologia do fracasso* (Artmed, 2001).

grupo maior, funcionando como pessoas-recurso que desempenham papéis diferenciados. Ou, então, uma delas pode trabalhar uma manhã com poucos alunos, em um grupo de necessidades, ao passo que outra atenderá uma oficina ou projetos que exijam uma presença menor ou de outro tipo.

Diferenciar é, então, jogar com os grupos de diversos tipos: grupos de aprendizagem, de necessidades, de níveis, de projetos (Meirieu, 1989b, 1990). Alguns serão "multi-idades", outros "monoidades", uns tão homogêneos quanto possível, outros voluntariamente heterogêneos. Esses grupos não passam de meios para propor situações ótimas para cada um.

Uma situação ótima para um aluno não o é certamente para todos. Se cada aluno seguir sua própria trajetória, indo de uma situação ótima à outra, seu percurso será individualizado *de facto*. A individualização dos percursos de formação não é, conseqüentemente, senão uma resultante da diferenciação. A individualização dos percursos de formação não tem nada a ver com o que se chama, às vezes, de "ensino individualizado" para designar uma forma de tutela. A diferenciação não exclui momentos de tutela, mas não é nem possível nem necessário fazer da escolaridade uma seqüência de lições particulares.

A individualização dos percursos de formação tira o sentido da comparação permanente entre alunos. Não se pode avaliar cada aluno senão em referência a seu ponto de partida, ao caminho percorrido e à distância que o separa dos objetivos. Por conseqüência, dar uma nota não tem mais nenhum interesse! Apenas os balanços formativos têm utilidade, auxiliando a reorientar as atividades e as progressões de cada um dos alunos.

No espaço e no tempo de uma classe, podem-se dar passos nesse sentido, ao preço de uma engenhosidade e de uma energia consideráveis. Um ciclo de aprendizagem permitirá ir mais longe e não bater imediatamente na parede.

PADRONIZAR A DURAÇÃO DE PERMANÊNCIA EM UM CICLO

Tese 4: A duração de passagem em um ciclo deve ser padrão para forçar a diferenciar a partir de outras dimensões além do tempo e para não favorecer uma reprovação disfarçada.

Quando se pensa em um ciclo de aprendizagem plurianual, a primeira idéia que vem à mente é que se instaura uma escola com várias velocidades, que permite aos alunos que têm facilidade atravessar o ciclo mais depressa do que os outros e que segura os alunos "que têm dificuldade" um ano a mais. Essa louvável intenção poderia levar da peste ao cólera. As crianças que são reprovadas ou que enfrentam grandes dificuldades no sistema atual chegarão ao final do ciclo sem atingir os objetivos se nenhuma medida de diferenciação for tomada no início do processo. Isso criaria, portanto, uma tentação de não deixá-las ir para o ciclo seguinte, recriando uma reprovação disfarçada (Allal, 1995).

Como as mesmas causas produzem os mesmos efeitos, um aluno lento continua assim e seria, então, potencialmente suscetível de levar em cada ciclo um ano a mais do que os alunos médios. Toda organização em ciclos pode apenas limitar essa possibilidade, ao menos tanto quanto com as reprovações múltiplas em uma formação estruturada em etapas anuais. Pode-se, por exemplo, decidir que um aluno não poderia "beneficiar-se" mais de uma vez em sua carreira de uma passagem prolongada em um ciclo. O que fazer, então, ao final dos outros?

Apesar da intuição comum, a dilatação da permanência em um ciclo não é um bom meio de lutar contra as desigualdades. Isso deveria permanecer uma solução excepcional, justificada, por exemplo, em caso de ausência prolongada ou de problemas do desenvolvimento. Na Suíça, o cantão* de Vaud, que introduziu ciclos de aprendizagem de dois anos, pretendia limitar a 1% a proporção de alunos que passassem um ano a mais no ciclo. De modo simétrico, um ciclo de aprendizagem não tem o objetivo de permitir aos alunos rápidos ganhar alguns anos avançando mais depressa. Sem renunciar a substituições justificadas por circunstâncias particulares, é mais coerente não contar com o tempo de escolarização como recurso de diferenciação (*Groupe de pilotage de la rénovation*, 1998b).

Os ciclos oferecem, paradoxalmente, uma oportunidade de romper, de uma vez por todas, com a idéia de que, para diferenciar, basta "dar tempo ao tempo". O gato do desenhista belga Philippe Gelück resume bem esse problema: "Se eu andar dentro do meu ritmo, eu não ando!".

Diferenciar não é respeitar o ritmo de cada um, é propor-lhe constantemente situações à sua medida, para que avance tão depressa quanto possível, entre passivismo e obstinação pedagógica. Meirieu afirma:

> Seria perigoso viver a diferenciação como uma maneira de quebrar, dobrar qualquer dinâmica coletiva, ou de individualizar como uma maneira de "respeitar" as diferenças e encerrar as pessoas nisso. Quanto a mim, eu "não respeito" as diferenças, digo isso com muita simplicidade, eu dou conta das diferenças...

---

*N. de R. T. Forma suíça de divisão territorial a qual corresponde uma estrutura administrativa.

O que é completamente diferente. Isso quer dizer que, se alguém não consegue aceder ao pensamento abstrato, por exemplo, não vou entrar em uma posição que consiste em dizer "Eu respeito sua diferença, ele não consegue aceder ao pensamento abstrato, portanto, não lhe forneço senão pensamento concreto". Eu dou conta das diferenças, isto é, eu levo em conta o nível em que ele está, mas vou ajudá-lo a progredir (Meirieu, 1995).

É provável que nem todos os alunos consigam dominar os objetivos de um ciclo ao final do tempo padrão. É melhor enviá-los ao ciclo seguinte, continuando a trabalhar intensivamente com eles, mais do que sonhar em recriar uma diferenciação dos tempos de escolarização. Essa interdição não terá efeito mágico, mas obrigará a recolocar os dispositivos de diferenciação sobre o ofício até que se encontre o meio de fazer com que cada aluno aprenda no mesmo ritmo, pelo menos nas áreas de competências e de conhecimentos mais cruciais.

REPENSAR OS MÉTODOS DE APRENDIZAGEM

Tese 5: Um espaço-tempo de formação de vários anos não pode alcançar seus objetivos a não ser que os métodos e as situações de aprendizagem sejam repensados nesse âmbito.

Um ciclo permite conceber e orientar as progressões ao longo de vários anos. Não é evidente, em contrapartida, que seja necessário, *ipso facto*, ensinar e fazer com que se aprenda diferentemente. O funcionamento em ciclos não impõe isso enquanto tal. Complexa, sua implantação e sua gestão podem absorver a energia dos professores e desviá-los por um certo tempo de uma reflexão didática aprofundada.

Somente a vontade de lutar contra o fracasso e de diferenciar pode levá-los novamente a ela. Quando se recusa firmemente prolongar o tempo de escolarização dos alunos menos favorecidos, a única solução é tornar a pedagogia mais eficaz para eles, conseqüentemente, repensar, otimizar, densificar, regular melhor as situações e os métodos de aprendizagem que lhes são propostos.

A evolução já iniciou, sob o impulso da pesquisa em didática das disciplinas e dos trabalhos sobre a aprendizagem, a metacognição, o erro, a relação com o saber. Dispõe-se de pistas, em torno das atividades de pesquisa, dos problemas abertos, do trabalho por meio de situações-problema, dos métodos de projetos, da aprendizagem cooperativa. Os professores formados nesse sentido podem continuar a dar lições e exercícios quando for eficaz, acrescentando, ao mesmo tempo, novas cordas ao seu arco.

Estamos às vésperas de um grande avanço? É melhor pensar que a melhoria dos métodos de ensino-aprendizagem se dará mais por meio de um progresso contínuo do que por uma descoberta repentina. Os ciclos não dão a resposta, apenas tornam a questão mais aguda e incitam a nela trabalhar de modo mais intensivo e coordenado. Resta apoiar essa evolução por meio de ações de formação e projetos de estabelecimento coerentes que mantenham um equilíbrio entre, de um lado, a concepção e a animação de situações, de seqüências e de dispositivos didáticos e, de outro, as competências mais transversais de gestão dos agrupamentos de alunos e de organização do trabalho em um ciclo.

UMA AUTONOMIA PROFISSIONAL APOIADA PELO SISTEMA

Tese 6: Dentro de um ciclo, os professores se organizam livre e diversamente. O sistema lhes propõe instrumentos a título indicativo: balizas intermediárias, modelos de organização do trabalho e de agrupamento dos alunos, instrumentos de diferenciação e de avaliação.

Os sistemas educacionais levaram quase um século para confiar nos professores no que diz respeito à condução da classe, ao planejamento didático, aos modos de agrupamento dos alunos e aos métodos de trabalho. Essa confiança não é total, já que algumas administrações escolares ainda normatizam os meios de ensino e exercem uma forte pressão em favor de métodos ditos oficiais. Entretanto, os professores gozam de uma liberdade crescente e assumem as responsabilidades correspondentes no âmbito de um ano letivo. Aprenderam a usar essa liberdade e não têm mais medo dela. Não gostariam, sob hipótese alguma, de voltar à época em que lhes era prescrito um programa mensal, nem mesmo ao plano de estudos trimestral. Eles se organizam, buscam em sua experiência, sua formação ou seus meios de ensino, os seus instrumentos para um planejamento anual sensato. Pode-se pedir a eles que prestem contas sobre o modo como administram o tempo, mas não se pode mais controlá-los sobre as formas verbais ou as operações que supostamente deveriam ter trabalhado com seus alunos no mês de novembro...

Os ciclos representam uma extensão do espaço-tempo pelo qual um professor é responsável e cuja responsabilidade compartilha com uma equipe. Para deles extrair todos os benefícios potenciais, deve-se soltar as amarras e encontrar novas balizas. Devido ao horror ao vazio e sob a influência da angústia do desconhecido, essa evolução poderia encorajar uma regressão a um controle mais autoritário, que teria efeitos desastrosos. Importa, ao contrário, transpor e estender à escala de um ciclo a autonomia concedida aos professores no espaço da classe, ao mesmo tempo:

- porque os ciclos ainda têm de ser parcialmente inventados e porque é preciso multiplicar os lugares de reflexão;
- porque as condições e as forças locais, a começar pelo número de alunos, favorecem ou impedem certos funcionamentos.

Um professor sozinho com sua turma pode inovar a cada ano para atingir os objetivos. Do mesmo modo, os professores responsáveis por um ciclo devem poder fazer evoluir sua organização em função de uma análise da distância entre as expectativas e os resultados. O sistema educacional tem de absolutamente assumir o risco de não impor modelos de funcionamento que não deixem nenhuma autonomia aos estabelecimentos e aos professores. Isso não impede, bem ao contrário, que se façam propostas. Os professores não fazem questão de reinventar a roda, querem apenas poder escolher. As autoridades escolares e os especialistas são exortados a romper com a fantasia de uma normatização das práticas, colocando à disposição idéias e instrumentos.

Em compensação, é lógico que se implantem novas maneiras de os professores darem conta de sua ação profissional, tanto individualmente quanto em equipe. Os profissionais e os estabelecimentos deveriam, sem ficar na defensiva, poder explicitar e justificar suas escolhas e relacioná-las aos objetivos da formação.

CONFIAR UM CICLO DE APRENDIZAGEM A UMA EQUIPE PEDAGÓGICA

Tese 7: É conveniente que um ciclo de aprendizagem seja confiado a uma equipe pedagógica estável, coletivamente responsável por ele durante vários anos.

Na França, onde os ciclos existem no papel desde 1989, subsiste com bastante freqüência uma divisão vertical do trabalho: dentro do mesmo ciclo, no final do ano letivo, os alunos mudam de turma, e um outro professor se encarrega deles. Isso não é muito diferente da estruturação em níveis anuais (pequenas e grandes seções de maternal, curso preparatório, curso elementar 1 e 2, curso médio 1 e 2),* aos quais os professores franceses ainda fazem

---

*N. de T. No ensino fundamental francês, a escola maternal se subdivide em pequena, média e grande seções (respectivamente aos 2, 3 e 4 anos), sendo sucedida por um ano de curso preparatório (aos 5 anos). Dos 5-6 aos 10 anos o aluno é atendido pela escola elementar, que se subdivide em curso elementar e curso médio.

referência dez anos depois da introdução dos ciclos de aprendizagem nos textos oficiais. Nesse caso, parece normal que cada um dos intervenientes sucessivos espere receber alunos "preparados a seguir seu ensino".

Convém que o sistema confie à mesma pessoa ou à mesma equipe a responsabilidade por todo o trajeto em um ciclo, sob pena de reinventar as séries. Sua lenta erosão (Rouiller, 1998) só pode ser atenuada pela manutenção de uma sucessão de atendimentos autônomos.

Restam, então, ao menos duas fórmulas: confiar os alunos a um único professor durante toda a permanência no ciclo ou constituir uma equipe, no mínimo, uma dupla. Em um sistema educacional que introduz ciclos de dois anos, os professores podem continuar a trabalhar sozinhos. Esse modelo já permite progressões mais flexíveis e diversificadas. Ele pode funcionar de duas maneiras:
- ou cada professor recebe alunos de mesma idade no início do ciclo e os acompanha por toda a duração do ciclo;
- ou várias faixas etárias coexistem em sua turma, com uma renovação pela metade em cada ano, os mais velhos passando para o ciclo seguinte, enquanto os mais jovens começam o ciclo.

A imensa vantagem dessa fórmula é não atingir o individualismo dos professores. Por que não ficar nisso? Porque, reduzido a seus próprios meios, um professor não utiliza senão uma parte das vantagens trazidas pelos ciclos. Permanece confinado nas quatro paredes de sua sala e administra em paralelo todas as atividades. Um atendimento coletivo dos alunos de um ciclo autoriza dispositivos mais ricos e diversificados. Por exemplo, uma equipe de quatro professoras ou professores que se encarrega de cerca de 80-90 alunos de quatro faixas etárias pode construir, para uma parte do programa, uma arquitetura modular ou um funcionamento por grupos de projetos ou de necessidades, o que é quase impossível sozinho em uma turma.

É óbvio que nem todos os professores estão prontos e formados para trabalhar em equipe desse modo. Impor-lhes isso seria o pior de tudo. É preciso, portanto, ao menos durante um período bastante longo de transição, renunciar a normatizar os ciclos sob o ângulo do trabalho de equipe. Pode-se avançar para uma grande co-responsabilidade coletiva pelos alunos sem, no entanto, privar cada professor de sua própria turma, nem multiplicar os outros grupos. Mesmo em um sistema modular ou de gestão integrada (Perrenoud, 1997a),* uma parte do tempo continuaria a se passar em um grupo-classe estável ao longo de todo o ano.

---

*N. de R. T. *Pedagogia diferenciada: das intenções à ação* (Artmed, 2000).

UMA FORMAÇÃO E UM APOIO INSTITUCIONAL

Tese 8: Os professores devem receber uma formação, um apoio institucional e um acompanhamento adequados para construir novas competências.

A formação inicial e contínua pode, desde já, desenvolver certas competências que serão pertinentes nos ciclos, por exemplo, em torno da observação formativa, do trabalho em equipe, dos dispositivos de diferenciação ou das situações didáticas.

Isso não basta, é necessária uma formação específica. É evidente que não se podem formar os professores para atuar em ciclos "no papel". Ninguém aprende a nadar em um livro. Certos problemas surgirão a partir da experiência e demandarão, então, a construção das competências correspondentes. É importante, no entanto, que cada um, antes de se comprometer, possa construir uma representação clara do tipo de ciclos a implantar, dos obstáculos prováveis, dos modos mais promissores de organização do trabalho.

A seguir, é preciso:
- que a formação contínua esteja à escuta dos professores e desenvolva novas ofertas assim que as necessidades apareçam;
- que a estrutura de enquadramento apóie os professores em inovação de todas as maneiras imagináveis;
- que um dispositivo específico de acompanhamento seja implantado durante vários anos.

Essas três formas de apoio são complementares e tangem a grupos distintos: os formadores, os administradores escolares e diversos outros conselheiros sem estatuto hierárquico.*

UM PROCESSO NEGOCIADO DE INOVAÇÃO

Tese 9: A busca de um funcionamento eficaz em ciclos é uma longa caminhada a ser considerada como um processo negociado de inovação, que se estende por vários anos.

Os ciclos de aprendizagem ainda não são realidades atestadas em larga escala. Existem e existiram escolas sem séries (Allal, 1995), muito difíceis de

---

*N. de R. T. Na obra *Ensinar: agir na urgência, decidir na incerteza* (Artmed, 2001), o autor discute diferentes estratégias para essa reorganização do trabalho no âmbito da instituição escolar.

comparar entre si e com as formações estruturadas em séries. É verdade que os ciclos de aprendizagem foram introduzidos na França pela lei de orientação de 1989, mas mal estão começando a ser operacionalizados, devido às alternâncias políticas e à resistência dos atores. A Bélgica se lança a isso ao mesmo tempo que a Suíça romanda e o Quebec.

Portanto, não é possível, hoje em dia, entregar "pronto para usar" um modelo de organização em ciclos que já tenha dado provas de eficiência. A menos que se espere uma quinzena de anos, observando o que se passa com os outros, um sistema educacional não tem outra escolha senão inovar de modo controlado, identificando os obstáculos, afastando-se progressivamente das rotinas familiares, para não criar nenhum risco para os alunos.

A introdução de ciclos de aprendizagem não é uma medida isolada, ela se inscreve em uma abordagem global, em processo de "mutação" do sistema educacional. Esse processo deveria estender-se bem além da fase inicial, durar de cinco a dez anos, se quisermos aprender com a experiência.

O OBJETIVO E O RISCO

As nove teses que acabam de ser rapidamente enunciadas e justificadas mereceriam uma argumentação mais desenvolvida. Pareceu necessário apresentá-las brevemente, mas em conjunto, pois um ciclo de aprendizagem é um sistema em que cada componente remete aos outros.

Para além dos mal-entendidos, que podem ser resolvidos, resta, sem dúvida, uma questão de fundo: deve-se atribuir aos ciclos de aprendizagem ambições tão grandes? Não poderíamos contentar-nos em instaurar ciclos de dois anos que se pareceriam com séries um pouco "dilatadas", como quando se derruba uma parede entre duas peças adjacentes sem ter que reconstruir toda a casa?

Ciclos menos ambiciosos assustarão menos os pais e os professores. A escola poderia "modernizar-se" sem reviravolta. Contudo, a modernização jamais é um fim em si. Importa, sobretudo, tornar o sistema educacional mais eficaz, particularmente para os alunos que, hoje, não saem dele com todos os conhecimentos e as competências necessários. As crianças e os adolescentes que aprendem e avançam em quase qualquer sistema pedagógico não justificam tal agitação. As reformas devem simplesmente não as prejudicar. São os outros alunos, os 20% com grandes dificuldades, mas também os "40% do meio da turma" (Levine, 1996), que justificam a mudança. Se os ciclos não se detiverem no fracasso escolar, podemos perguntar-nos se o objetivo vale o risco.*

Faz quase um século que grandes pedagogos propõem uma "escola sob medida" (Claparède, 1973). Por que são tão pouco ouvidos? Por que a organização da escolaridade é tão difícil de transformar? Sem dúvida, porque outras questões sobrepujam, às vezes, a perseguição dos objetivos de formação. Os responsáveis administrativos querem poder pedir e prestar contas e temem a complexidade, a diversidade e a mudança, freqüentemente percebidas como fatores de desordem. Os professores precisam, como todo mundo, de uma certa estabilidade e não estão prontos a abandonar hábitos e dispositivos pedagógicos que, em sua opinião, já provaram que servem. Os alunos e os pais não gostam muito de mudança. A organização atual da escolaridade é familiar a todos que conhecem seus defeitos, ao passo que construir ciclos parece uma aventura. Nem todos os atores da escola estão prontos a retomar seus modos de trabalho. O porquê da tentação dos pequenos passos e do aparecimento de ciclos que se parecem "como duas gotas d'água" a séries anuais dilatadas.

Essa seria a única maneira de chegar a eles? Nas empresas, a reestruturação é permanente, em função da evolução das tecnologias, dos saberes, dos produtos, dos mercados, das alianças e das ocasiões. Pode-se lamentar que essa flexibilidade seja guiada, antes de tudo, pela busca do lucro e que deixe tantos trabalhadores para trás. Isso justifica que a escola, serviço público, tenha tanta dificuldade em questionar sua própria organização do trabalho, sabendo que nem todos os alunos atingem os objetivos da formação de base? Um serviço público pode evoluir de maneira mais tranqüila e negociada, mais humana, do que o setor privado, mas não a ponto de não manifestar nenhuma lucidez na avaliação de seus efeitos, nenhuma audácia na concepção das reformas e nenhuma coragem quando se trata de exortar firmemente uns e outros a renovar suas representações e suas práticas, a se formar, a se profissionalizar.

A partir desse ponto de vista, a introdução progressiva e inteligente de ciclos de aprendizagem plurianuais poderia ser, para além das virtudes pedagógicas e didáticas esperadas, uma formidável alavanca de transformação da cultura e das competências profissionais.

---

*N. de R. T. Dados do Instituto Nacional de estudos Pedagógicos (INEP), apontam para o ano de 2000 no ensino fundamental brasileiro: 21,7% de repetentes e 41,5% de alunos cursando séries defasadas em relação à sua idade, sendo 43,8% masculino e 39,6% feminino. (fonte: http://www.edudatabrasil.inep.gov.br).

Três condições para aprender

3

Espaço-tempo de formação, cuja duração e funções podem ser definidas de maneiras muito diferentes: um ciclo de aprendizagem leva a uma reflexão intensiva sobre as estruturas, os dispositivos, os calendários, os espaços e os tempos de formação e a organização do trabalho.

Ante essa complexidade, não é pequeno o risco de perder de vista o essencial: a razão de ser da escola é fazer aprender, todo o resto é apenas meio. Os ciclos não têm nenhum interesse se não possibilitam colocar um maior número de alunos, mais freqüentemente, em melhores condições para aprender.

São muitas essas condições. Eu me limitarei a três grandes categorias. Para aprender, é preciso encontrar-se tão freqüentemente quanto possível:

- em uma situação que não ameace a identidade, a segurança, a solidariedade dos que aprendem;
- em uma situação mobilizadora, que tenha sentido e que provoque uma atividade na qual o aprendiz se envolva pessoal e duradouramente;
- em uma situação que solicite o sujeito em sua zona próxima de aprendizagem (menor desequilíbrio possível, obstáculo transponível).

Essas diversas condições são igualmente necessárias. Retomemos uma a uma, tentando mostrar como os ciclos podem contribuir para realizá-las se forem deliberadamente concebidos e geridos para esse fim.

SITUAÇÕES NÃO-AMEAÇADORAS

Ninguém aprende se tem medo. Medo de bombas ou de atentados, mas também, mais banalmente, medo de ser ridicularizado, humilhado ou agredido.

Quando as ameaças vêm de fora, a escola só pode tentar criar um espaço protegido. Outros medos e outras angústias têm suas raízes na própria escolaridade. Não se pode tratá-las da mesma maneira.

A miséria e a violência do mundo

Em uma parte do planeta, perigos pairam sobre toda a população. Guerras entre nações, guerras civis, ondas de atentados ou genocídios devastam algumas regiões do mundo. Isso não predispõe ao ensino. Acontece o mesmo quando uma catástrofe ecológica ameaça: erupção vulcânica, inundação, furacão, tremor de terra, grande poluição, importante desastre industrial. Ou ainda, quando uma epidemia dizima uma região, até mesmo um continente inteiro.

Outros perigos concernem somente a uma parte da população, vítima de discriminações étnicas ou religiosas, exposta a diversas formas de perseguições policiais (dissidentes, resistentes, minorias) ou de terrorismo proveniente de movimentos fanáticos.

Esses perigos não impedem a continuação da vida cotidiana, mas o medo não poupa nem os adultos, pais ou professores, nem as crianças. Raramente nos perguntamos como fazem uns para ensinar, outros para aprender nesses cantos do mundo onde a vida não é garantida, onde um míssil, um grupo de combate ou um desastre natural podem interromper a aula. As crianças judias iam à escola, sob o nazismo, assim como as crianças de Londres em 1940, as de Tel Aviv ou de Bagdá mais recentemente, entre dois ataques aéreos.

As sociedades desenvolvidas, desde a Segunda Guerra, protegeram-se desses perigos. Temos, por isso, a imagem de uma escola tranqüila, parecendo a Irlanda ou a ex-Iugoslávia regressões a um passado bárbaro. A insegurança continua sendo a quota do Terceiro Mundo, mesmo que os acontecimentos de setembro de 2001 mostrem que os países desenvolvidos não estão ao abrigo.

Isso significa que, nas sociedades que vivem na democracia e na paz, preservadas das catástrofes naturais e das grandes epidemias, os estudantes se sentem seguros? Há em todas as classes, ou em quase todas, algumas crianças cuja vida não é tranqüila por razões menos globais:

- Algumas são maltratadas, abusadas, aterrorizadas por seus pais, por outros adultos ou crianças ou adolescentes de seu ambiente, inclusive na escola (extorsões, perseguições). A violência não foi erradicada de nossas sociedades, talvez até mesmo esteja reconquistando terreno.

- Outras temem que sua família seja expulsa, que seus pais se separem, que um deles perca seu trabalho, entre em depressão, suicide-se, drogue-se, torne-se alcoólatra ou tenha complicações com a Justiça; outras, ainda, compartilham com seus pais a angústia da exploração, da violência urbana, da pobreza, da mudança do mundo, da perda de referenciais, da doença, da morte, da dificuldade de viver.

A escola não é responsável pela miséria e pela violência do mundo, nem pelos medos que a acompanham. Em compensação, ela não pode ignorá-los e deve compreender que uma parte das crianças que vem à escola não está "espontaneamente" em condições de aprender. Pode-se adaptar para elas as exigências e as tarefas, a fim de não aumentar muito sua carga. Mais ativamente, pode-se tentar fazer da escola uma espécie de oásis onde os medos são "suspensos", deixados no vestiário como os agasalhos, para serem apanhados na saída. O ser humano é bastante complexo para viver, às vezes, como um esquizofrênico, esquecer ou pôr entre parênteses o que o corrói por dentro. Isto é, às vezes, sua salvação. Da parte da escola, é necessário que os professores se dêem o direito, encontrem as palavras e tomem as medidas que convêm, que são da ordem da relação, do clima, da palavra e do não-verbal. Os professores envolvidos em estruturas de acolhida ou de classes especiais têm o hábito de tomar a seu cargo crianças vítimas da guerra ou de outros tormentos. Eles sabem que reconstituir "um lugar onde renascer" (Bettelheim, 1975), um lugar onde se tem o direito de viver e de ser "si-mesmo", é mais importante que o programa. Não é verdade que as crianças que vivem dramas mais "comuns" e mais ocultos tenham sempre direito às mesmas atenções em classes em que o trabalho escolar prevalece sobre os sentimentos.

Uma organização em ciclos de aprendizagem não oferece, *ipso facto*, uma resposta mais adequada a esses alunos. Permite, contudo, uma reflexão em grupo sobre esses problemas. Essa reflexão pode autorizar e encorajar cada um a reconhecer que certos alunos não estão em situação de aprender e a parar de lhes propor tarefas insignificantes, para lhes oferecer respostas adequadas.

De certo modo, um espaço-tempo de formação mais amplo que uma série torna possíveis estruturas de acolhida integradas, leves, efêmeras. Pode-se imaginar que cada dia uma equipe de ciclo chegue, por um momento, a oferecer um espaço de expressão ou de retorno às fontes aos alunos que, por uma ou outra razão, não estejam em situação de aprender, porque não vão bem. Alguns o conseguiriam ocasionalmente, outros, quase todos os dias, durante um período agitado ou solitário de sua vida.

Medo na escola

A escola não poderia apartar-se do mundo. Em compensação, é responsável pelos medos que tolera ou cria em seu seio.* Ela jamais foi um lugar inteiramente pacífico. A "guerra dos botões" é tão antiga quanto a infância, e a escola não pode "policiar" as crianças bastante rápida e eficazmente para suspender em seu recinto todas as brigas, perseguições e outras violências cotidianas entre elas. Deve, certamente, tomar medidas de segurança para evitar os dramas, desde a proibição das facas e das armas de fogo até a vigilância dos espaços propícios à barbárie, os corredores, os pátios, as garagens de bicicletas, por exemplo.

Além dessas medidas preventivas ou repressivas, a resposta é evidentemente educativa, no mais amplo sentido. De uma parte, concerne à gestão dos grupos, dos horários, dos espaços, das circulações. A escola-quartel (Oury e Pain, 1972) cria a violência por excesso de controle social, mas o laxismo pode ter os mesmos efeitos no estabelecimento ou na sala de aula.

A criação de ciclos de aprendizagem demanda uma nova análise das fontes da violência na própria organização da vida cotidiana. Quando os alunos estão constantemente juntos, sob o olhar do professor, no espaço fechado de uma sala de aula, o controle social é intenso e pode provocar extravasamentos compensatórios no caminho da escola ou no recreio. Espaços-tempo de formação mais amplos podem atenuar o controle social e a pressão do grupo sobre as pessoas, enfraquecendo, assim, a violência "reativa". Ao mesmo tempo, a complexidade e a mobilidade dos agrupamentos podem oferecer uma certa impunidade a provocadores de desordens. Convém, portanto, que, ao implantar ciclos, se tenha o cuidado de não aumentar a insegurança vivida pelos alunos mais angustiados ou mais suscetíveis de serem vítimas nas relações de força entre crianças. A instituição de locais de debate, de conselhos de classe ou de ciclo, de "pequenos parlamentos" em nível de estabelecimento é evidentemente um caminho mais sedutor que os dispositivos disciplinares (Perrenoud, 2000f). Entretanto, a sabedoria manda jogar com todas as possibilidades e limitar, inclusive por razões ligadas à aprendizagem, a parcela de incerteza e de indistinção na organização dos tempos e dos espaços de trabalho.

---

*N. de R. T. Como leitura complementar, considerando-se a complexidade desse tema, sugiro o livro do Prof. Rafael Yus, da Universidade de Granada (Espanha): *Educação integral: uma educação holística para o século XXI* (Armed, 2002).

Medo da escola

Os professores prefeririam acreditar que a escola é tão somente o receptáculo impotente da miséria e da violência da sociedade, das famílias, do mundo econômico. Infelizmente, alguns alunos têm medo da escola ou têm medo por causa dela.

- Alguns temem as reações de seus pais às avaliações e os comentários que vêm da escola. Os professores não são, então, a fonte direta da ameaça. Talvez nem sempre eles tenham imaginação psicológica e sociológica suficiente para perceber que uma nota ruim, uma punição, uma repreensão no boletim – "Não é bastante atento" – podem provocar reações desmedidas nos pais inquietos, ou naqueles cuja violência verbal ou física é o único modo de tratar a "má conduta" dos filhos. Ciclos mal-compreendidos podem agravar a insegurança de uma parte dos pais e avivar tais reações. É, todavia, é o diálogo família-escola que precisa ser desenvolvido globalmente, com uma consciência mais aguda das diferenças culturais na representação dos riscos, das faltas e das sanções. Uma pedagogia mais ativa e uma avaliação sem notas deveriam auxiliar, em um ciclo, a dissipar certos medos.
- Outras crianças não temem os golpes ou as advertências dos outros, mas a solicitação excessiva ou uma angústia desmesurada de sua família. Seus deveres são controlados, "as palavras da semana" são ditadas várias vezes, faz-se da casa uma escola (cálculo mental, conjugação), preparam-se os exames com elas. Os ciclos, pelo menos no início, poderiam agravar essas respostas obsessivas e perseguidoras, aumentando a angústia de uma parte dos pais à idéia de que eles dominam menos ainda o êxito escolar de seus filhos, por não entenderem bem o funcionamento de um ciclo de aprendizagem plurianual. Razão a mais para explicar cada vez mais que "o melhor é o inimigo do bem" (Perrenoud, 1998b) e que o pior seria, para os pais, querer resgatar a escola de sua infância, quando os programas, a avaliação e a organização do trabalho mudaram, bem antes dos ciclos, mas também com os ciclos e por causa deles.
- Para algumas crianças, o medo da escola é inicialmente uma questão entre elas, o saber e os professores. Não é que sejam maltratadas ou ameaçadas, é que elas levam tão a sério as tarefas escolares que se sentem constantemente em falta, ameaçadas por não saber, por não se lembrar, por fazer mal, por se enganar, em suma, por não estar à altura das exigências dos outros. Quando saber torna-se uma obsessão, quan-

do se recusa a própria idéia de não dominar perfeita e rapidamente tudo o que se supõe ter aprendido, a vida se torna um inferno; e um dia de escola, um percurso do combatente. A escola pode alimentar esse perfeccionismo e o medo patológico do erro. Enquanto o erro permanecer uma falta, um sinal de preguiça, de desatenção culposa, de má vontade ou de falta de inteligência, em vez de um instrumento para ensinar (Astolfi, 1997), os alunos mais angustiados terão boas razões para desenvolver seu perfeccionismo. Os ciclos de aprendizagem são construídos a partir da idéia de que as aprendizagens jogam com o longo prazo na assimilação de alguns conhecimentos fundamentais, na construção de competências mais importantes. Não valorizam, portanto, a quantidade de exercícios corretos ou a perfeição do produto, mas a compreensão e a assimilação do saber, o treinamento para sua mobilização em situação complexa. Essa atitude fundamentalmente correta em relação ao que se sabe hoje da aprendizagem pode, contudo, aumentar a angústia de uma parte dos alunos, aqueles que o "produtivismo" tranqüiliza, os que necessitam fazer mais do que os outros e se comparar constantemente a seus vizinhos, em tarefa igual, para terem a consciência tranqüila. Cumpre, pois, trabalhar regularmente com os alunos (e com os pais) sobre a relação com o saber e sobre as representações da aprendizagem. A escola não cria – ou não cria sozinha – uma relação obsessiva com o êxito, mas tem a responsabilidade de desarmá-lo progressivamente, porque ele impede de aprender quando a construção de saberes e das competências demanda distância, jogo, curiosidade, cooperação, mais que um trabalho obstinado, solitário e sem falhas.

- Por fim, algumas crianças não vivem serenamente a escola porque se sentem ameaçadas pelas expectativas dos professores, pelas tarefas, pelas condições de trabalho. Restam professores sádicos e assustadores, outros que aterrorizam os alunos involuntariamente porque são severos, frios, irônicos ou de uma exigência inflexível. Pode ser que o trabalho de equipe seja às vezes uma alavanca de mudança, especialmente para os professores que não se dão conta do efeito que produzem. O problema principal, contudo, não me parece da ordem das atitudes negativas de certos professores, mas dos efeitos não-dominados da organização do trabalho. É difícil para um professor imaginar que, quando solicita que todos tragam para a aula, no dia seguinte, um objeto insólito, esse pedido suscite em algumas crianças, até mesmo na família, um verdadeiro pânico; difícil imaginar que um aluno possa fugir da escola simplesmente porque não sabe mais a que grupo deve dirigir-se; difícil ainda avaliar que uma situação-problema pode criar angústias metafísicas ou vivos conflitos interpessoais. Em razão da complexidade da organização do trabalho, mas também das pedagogias ativas e diferenciadas que invocam, os ciclos plurianuais de aprendizagem podem mergulhar certos alunos em situações difíceis e paralisantes, sem que os professores se dêem conta disso imediatamente. Quando se domina a complexidade e se tolera uma parcela importante de distúrbio temporário, é difícil imaginar o que vivem os alunos que não têm visão de conjunto e são confrontados com tarefas acima de suas possibilidades, ou são colocados em grupos cuja razão de ser eles não percebem.

Sob esses diferentes aspectos, os ciclos de aprendizagem não podem fazer milagres. Paradoxalmente, porque podem agravar as coisas, têm também a oportunidade de melhorá-las, obrigando a tomar consciência de riscos que, em uma organização em séries anuais, são banalizados ou passam despercebidos.

SITUAÇÕES MOBILIZADORAS

Para aprender, é preciso realmente se encontrar em uma situação mobilizadora, que tenha sentido e provoque uma atividade na qual o aprendiz se envolva pessoal e duradouramente? Se todo mundo estivesse convencido disso, a escola funcionaria diferentemente. Vivemos ainda por modelos que associam as aprendizagens escolares ao trabalho, à paciência, à perseverança, até mesmo ao sofrimento e ao tédio. Não é inútil, portanto, voltar a esses temas, ainda que hoje eles pareçam arrombar portas abertas.

Os ciclos de aprendizagem, só por sua simples criação, não suscitam situações e aprendizagem mais mobilizadoras ou com mais sentido. Sua virtude é dupla:

- obrigar a voltar a questões fundamentais e a confrontar em grupo as respostas de uns e de outros;
- oferecer espaços-tempo de trabalho mais favoráveis a certos procedimentos didáticos.

Examinemos os três componentes fixados – a mobilização, o sentido e a implicação – sob esse duplo aspecto.

A mobilização

A mobilização está no princípio de toda pedagogia ativa: aprende-se fazendo. Isso não significa que seja necessário a qualquer preço se empenhar em uma atividade visivelmente orientada a um resultado, como a construção de uma figura, a resolução de um problema ou uma operação de classificação. Menos ainda que seja preciso, a qualquer preço, efetuar um procedimento de projeto.

A mobilização é, de início, uma tensão em direção a um objetivo, que pode ser da ordem da compreensão, da integração cognitiva, da relação entre dados e idéias, da construção de hipóteses, da busca de explicações, sem efeitos visíveis, ainda menos concretos. Sem dúvida, essas operações da mente exigem um certo nível de abstração, portanto, o acesso ao pensamento formal, e uma capacidade de concentração em idéias, que têm como único suporte imagens mentais ou notas em uma folha, um quadro ou uma tela. As crianças pequenas se mobilizam inicialmente em ações mais concretas. Entretanto, o essencial não está no nível de abstração, mas na tensão em direção a um objetivo. Sem ela, o sujeito não se põe em movimento e não tem, chance alguma de ser confrontado com os limites daquilo que ele domina e, conseqüentemente, nenhuma razão forte para aprender.

O sentido

Na escola, os alunos incessantemente são postos em movimento, todavia isso ocorre freqüentemente porque eles não têm escolha. Ou, mais exatamente, porque o outro lado da alternativa custaria muito mais caro para eles; recusar regularmente as tarefas determinadas pelos professores é entrar em uma quebra-de-braço da qual poucos alunos saem ilesos. Eles atingem, às vezes, seus fins, mas à custa de uma estigmatização, de advertências, de punições, de encaminhamento à orientação educacional, até mesmo de um atendimento psicológico ou psiquiátrico.

Não se pode dizer que trabalhar para ter paz seja desprovido de sentido, mas esse sentido tem a ver com um cálculo: evitar o pior. Os alunos aprendem bem rapidamente que mais vale, em uma organização impositiva, fingir trabalhar do que entrar em luta aberta contra o sistema. Aprender o ofício de aluno (Perrenoud, 1994a) é aprender a usar de astúcia, a trabalhar "só o que é preciso para não ter aborrecimentos", a se colocar "no piloto automático". Isso é o suficiente para fazer mais ou menos corretamente os exercícios e os deveres que o professor dá. A mobilização não implica, então, uma verdadeira adesão ao projeto de formação, menos ainda às aprendizagens visadas.

Pode-se aprender verdadeiramente dessa maneira? Pode-se, sem dúvida, assim, garantir notas suficientes, como um trabalhador se assegurar um salário mínimo em uma empresa. Uma mobilização tão superficial não tem efeitos senão sobre as tarefas de memorização ou de treinamento. Não se pode compreender, apropriar-se dos saberes, construir competências, sem se questionar, refletir por si mesmo, se investir fortemente na tarefa. É preciso um nível mais elevado de mobilização, somente possível se o conteúdo da tarefa ou de seus objetivos forem mobilizadores em si mesmos, se suscitarem curiosidade, desejo, desafio, adesão pessoal, prazer. O sentido não é então extrínseco, ligado a um cálculo, mas intrínseco. O aluno "entra no jogo", trabalha sem se dar conta disso, sem poupar seu tempo e seus esforços, para si e não para a escola, para os professores ou para os pais.

Csikszentmihalyi (1990, traduzido por Barth, 1993, p. 155) associa a plenitude do sentido à "experiência ótima" caracterizada por:

1. Uma atividade com todas as chances de êxito; essa atividade é estruturada, apresenta um certo desafio e exige *competências*.
2. A atividade exige uma *concentração* profunda que absorve e canaliza a atenção.
3. Essa concentração se torna possível, porque a atividade tem um *objetivo preciso* e bem compreendido.
4. A atividade dá lugar a *um* feedback *imediato,* uma vez que se sabe quando o objetivo é atingido, tendo a atividade um sentido em si mesma.
5. Atua-se com envolvimento completo, mas sem realmente sentir o esforço como algo doloroso.
6. Não se fica *mais consciente das preocupações* e das frustrações da vida cotidiana.
7. Tem-se o *sentimento de exercer um controle* sobre sua ação (e não de ser controlado por ela, como no caso de uma dependência, qualquer que seja).

Csikszentmihalyi acrescenta que "a combinação desses elementos se traduz por um sentimento profundo de bem-estar tão gratificante que só o fato de poder senti-lo justifica um grande dispêndio de energia".

Seria irrealista esperar que todos os alunos estejam sempre mergulhados em um estado tão ótimo. Mesmo os mais inspirados criadores têm momentos sem nenhuma atividade. Resta tender para esse ideal.

A implicação

É relativamente fácil suscitar a curiosidade e o desejo. As verdadeiras dificuldades se apresentam quando o aluno encontra os primeiros obstáculos. Por um lado, os alunos que não aprendem entram facilmente, até mesmo com entusiasmo, em qualquer tarefa à primeira vista sedutora ou divertida, por exemplo, uma charada. Lamentavelmente eles a abandonam também com facilidade logo que avaliam que a tarefa os coloca diante de seus limites, que vai ser preciso que trabalhem, perseverem e até aprendam para triunfar. Ora, o tempo passado sobre o trabalho é um dos melhores avalistas de uma aprendizagem. Um fogo de palha não substitui uma lenta combustão!

Não basta, portanto, sensibilizar, motivar, provocar o desejo, fazendo brilhar as vantagens do mistério ou da vontade de domínio. As situações que subentendem uma aprendizagem têm de manter o empenho inicial, a despeito dos obstáculos, ou melhor ainda, graças a eles. O que supõe não só um elevado grau de envolvimento, mas uma ótima relação entre a adesão a um objetivo e os recursos intelectuais do sujeito.

Uma oportunidade que não deve ser perdida!

Trabalhar em ciclos não leva espontaneamente a uma reflexão sobre as tarefas e as situações, do ponto de vista do sentido. Se a equipe da *Maison des Trois Espaces* (1993) é sensível a esse aspecto, é porque trabalha com alunos em grande dificuldade e pesquisa tanto nas pedagogias novas quanto em uma organização em ciclos. O mesmo ocorre nas escolas em inovação: se os ciclos não se conjugam com um interesse pelos métodos ativos e com uma sensibilidade à questão do sentido, é muito possível que se encontrem nesses novos espaços-tempo de formação as mesmas atividades convencionais que nas classes organizadas por séries anuais.

Isso seria uma oportunidade perdida, porque os ciclos permitem trabalhar mais facilmente por situações-problema, em módulos centrados em objetivos delimitados, ou desenvolver procedimentos de projetos em grupos de idades mistas reunidos em torno de um tema, até mesmo na escala do ciclo inteiro. Trabalhar com vários adultos, em diversos tipos de grupos, multiplicando os procedimentos, aumenta, em princípio, as chances, para todos os alunos, de encontrar "o calçado para seu pé", desde que não se dissocie a reflexão sobre os dispositivos e a engenharia de formação de uma reflexão didática sobre o sentido das atividades e dos saberes.

SITUAÇÕES SOB MEDIDA

Sentir-se em segurança é a base de toda aprendizagem complexa. Mobilizar-se, construir sentido e ficar envolvido é uma segunda condição. Isso não será suficiente se as tarefas não solicitarem cada pessoa, tão freqüentemente quanto possível, em sua "zona próxima de aprendizagem".

Eu arrisco esse conceito paralelo ao de "zona de desenvolvimento proximal" (Vygotsky, 1985, 1997) para associar uma fórmula a uma constatação banal: só se combatem seriamente os obstáculos transponíveis. Se o aluno recebe uma missão impossível, vai renunciar logo que se der conta dela, quase sempre muito depressa. Se lhe é proposta uma tarefa que domina, ele se desempenhará contrariado ou com prazer, conforme seu caráter, mas não aprenderá nada, ou simplesmente avançará um pouco mais rapidamente, um pouco mais seguro da resolução do problema.

Aqui nos encontramos no miolo da pedagogia diferenciada já evocada e à qual voltaremos mais adiante. Limitemo-nos a apontar duas dificuldades maiores: a primeira é conceber tarefas ótimas para um aluno, a segunda, conseguir isso para a maior parte deles.

Uma didática sob medida

Não se pode, diz Meirieu (1990, 1995), adaptar a tarefa ao aluno inteiramente *a priori,* pois é quando ele é confrontado concretamente com o problema que se pode identificar o que obstaculiza seu êxito e, sobretudo, sua compreensão. É necessário, portanto, desfazer-se da fantasia do teste prévio, que divide permanentemente os alunos em níveis bem-contrastados e referenciados, requerendo cada um desses níveis tarefas de uma complexidade bem-definida. Evidentemente, é necessário que as tarefas correspondam aos conhecimentos anteriores e ao nível de desenvolvimento dos alunos: uma criança não pode compreender a divisão antes da adição nem assimilar a noção de fração ou de subjuntivo com oito anos. Esses ajustes elementares dependem, em princípio, dos programas e dos objetivos específicos de uma série ou de um ciclo. Dentro de um ciclo, podem-se distinguir ainda etapas e níveis. Em um grupo globalmente homogêneo, não é mais o nível geral de desenvolvimento ou de aquisição que faz a diferença, mas o vínculo específico entre o capital de conhecimentos, a relação com o saber e a tarefa. O verdadeiro desafio é então o de conceber uma diferenciação interna.

É aí que intervêm a imaginação didática e a capacidade de observação. Deve-se propor para cada aluno uma tarefa tão plausível quanto possível e observar o que acontece. Não é simples perceber rápida e seguramente se a tarefa é ótima. Se não o for, é ainda mais difícil compreender a causa disso; em outras palavras, quais são os obstáculos para o aluno. Isso requer um procedimento metacognitivo e um referencial didático bastante minuciosos. Em seguida, é necessário imaginar ou uma organização da situação, ou uma orientação para uma tarefa bem-diferente. Não é fácil saber quando a obstinação metodológica pende para a obstinação pedagógica. Nem inventar constantemente estratégias didáticas adequadas.

Uma gestão de ciclo otimizada

Frente a um só aluno, dispondo de todo o tempo desejado, de condições satisfatórias de trabalho, a otimização das situações didáticas não é evidente, mesmo para um professor que tem uma excelente formação em didática, em metacognição e em observação formativa. Ora, esses critérios estão longe de ser preenchidos na realidade escolar cotidiana. A criação de ciclos não modifica a relação entre número de professores e número de alunos. Ora, quanto mais diferencia, mais um professor deve multiplicar os raciocínios em um tempo limitado, sem ter necessariamente todas as competências requeridas, uma vez que elas continuam, em grande parte, sendo desenvolvidas em formação inicial e contínua.

Daí a importância de dispositivos e de uma organização do trabalho que otimize o uso dos recursos e a divisão das tarefas. A questão é simples: como instaurar um sistema de acompanhamento e de decisão que faça com que cada aluno seja posto o mais freqüentemente possível na melhor das situações para ele? Essa questão não tem hoje nenhuma resposta satisfatória, mas permite avaliar, sob esse ângulo, qualquer organização do trabalho.

Ciclos curtos ou ciclos longos: uma escolha estratégica

4

Considerando-se que um ciclo de aprendizagem é um espaço-tempo de formação que supostamente permite atingir objetivos definidos em um tempo dado, nada impediria de imaginar um ano escolar comum como um ciclo de aprendizagem. Isso, contudo, aumentaria a confusão. Ao falar de ciclos, entenderemos aqui ciclos plurianuais de aprendizagem, propostos como figura alternativa à organização clássica da escolaridade em etapas de um ano.

Um ciclo de dois anos já é plurianual. Em inúmeros países, essa duração parece razoável. Todavia, certos sistemas educacionais adotam ou têm em vista ciclos de três ou quatro anos. Em última análise, nada impede de imaginar um ciclo único de oito anos que abranja o pré-escolar e o ensino fundamental. Não há nenhuma duração mágica, tudo depende do que se espera de um ciclo de aprendizagem, da audácia inovadora de que se dá provas, dos acordos feitos entre a organização em etapas anuais da qual se vem e a organização em ciclos anuais que a substitui. O tamanho das escolas e o modo de cooperação esperado entre professores também desempenham um papel. Resta examinar os argumentos em questão e pôr em dúvida a evidência que orienta freqüentemente para ciclos de dois anos.

Antes de mais nada, impõe-se uma pergunta: é necessário que a extensão dos ciclos seja regulamentada na escala do sistema? Por que não se deixaria cada estabelecimento decidir sobre isso, em função de seu projeto, de sua dimensão e das possibilidades de colaboração entre os professores em exercício? Essa fórmula sedutora, que valoriza a autonomia dos estabelecimentos (Perrenoud, 2001d), parece-me, todavia, dificilmente praticável, em razão:

- de uma parte, do investimento requerido para determinar objetivos de final de ciclo; uma escolha feita no nível do sistema educacional libera as escolas de um trabalho difícil que pode dividi-las;

- de outra, da dificuldade de assegurar a mobilidade geográfica dos alunos entre escolas que dividem o mesmo curso de maneiras diferentes.

Qualquer que seja, então, a extensão instituída dos ciclos, particularmente se forem curtos, pode-se, em contrapartida, desejar que o sistema autorize os estabelecimentos a reagrupar dois ciclos sucessivos em um ciclo mais longo, em função, notadamente, do número de alunos e da capacidade dos professores para dirigir coletivamente a progressão de cada um por vários anos.

Inversamente, pode-se desejar que cada sistema educacional que adota ciclos longos deixe às escolas autonomia suficiente para que possam estruturá-los ao menos provisoriamente em duas etapas, desde que conservem uma visão global e uma responsabilidade compartilhada dos percursos dos alunos.

Mesmo que preserve uma certa flexibilidade, a duração dos ciclos adotada pela escala de um sistema educacional nacional ou regional tornar-se-á a referência oficial para cada estabelecimento. Essa escolha tem, portanto, um alcance estratégico.

A TENTAÇÃO DOS CICLOS CURTOS

Um sistema educacional pode ser tentado a privilegiar a fórmula dos ciclos de dois anos, por várias razões:
- Parece ser a fórmula que se distancia menos de um funcionamento anual conhecido; é, portanto, a mais segura tanto para os professores e pais quanto para as autoridades escolares.
- Essa fórmula não exige refazer previamente os planos de estudo; pode-se contentar-se em associar dois programas anuais sucessivos e extrair deles objetivos de final de ciclo.
- É a fórmula mais compatível com os meios de ensino existentes, que são difíceis de renovar rapidamente, por razões econômicas.
- Trabalhar com prazo de dois anos fica mais facilmente compatível com uma avaliação clássica, mesmo com notas.
- Os professores não precisam desenvolver novíssimas competências de programação das aprendizagens e de gestão das progressões.
- Pode-se facilmente continuar a trabalhar em um grupo-classe tradicional, confiando os alunos ao mesmo professor durante dois anos.
- A introdução de ciclos de aprendizagem não impõe uma cooperação maior dos professores.

Contudo, toda medalha tem um reverso:
- Os ciclos de dois anos não favorecem uma abordagem por competências e dispensam a reformulação do currículo em termos de objetivos fundamentais.
- Não estimulam a criação dos dispositivos originais da pedagogia diferenciada e de individualização dos percursos de formação.
- Passam ao lado de uma formidável oportunidade de desenvolver a cooperação profissional.
- Não distanciando os professores de seus modos habituais de funcionamento, eles não impulsionam uma prática reflexiva intensiva e duradoura.

Os sistemas educacionais privilegiam muitas vezes as soluções menos difíceis para não comprometer as reformas. Pode-se questionar se este é sempre um bom cálculo: introduzir ciclos não é um fim em si nem um progresso mágico. É tão-somente um desvio estrutural para melhor atingir os objetivos da escolaridade. A questão não é, então, saber se os ciclos curtos são mais simples ou se provocam menos medo, mas se representam um real passo à frente.

Sugiro considerar os ciclos de dois anos como um primeiro passo para a individualização dos percursos de formação, inscrevendo-os deliberadamente em uma estratégia de prazo mais longo. Para avançar progressivamente para ciclos mais longos, é preciso, porém, compreender por que os ciclos curtos podem levar a que se ignorem transformações essenciais.

PASSAR DE UM PROGRAMA A OBJETIVOS

Em alguns cantões suíços, os anos letivos outrora iam de Páscoa a Páscoa. Quando todos entraram em acordo para que o ano escolar fosse do fim de agosto ao início de julho, os sistemas que deviam adaptar-se, para assegurar a transição, decretaram a título excepcional um "ano longo", da Páscoa a julho do ano seguinte, ou seja, cerca de doze meses de trabalho efetivo, em vez de oito ou nove. O funcionamento da escola foi mudado por causa disso? De modo nenhum: os professores se limitaram a acomodar a programação de modo a "manter" alguns meses suplementares. Por fim, "fez mais do mesmo", e se agiu certo, visto que se tratava de uma operação única.

Seria mais enfadonho se um ciclo de aprendizagem de dois anos funcionasse como um "longo ano instituído". Somando ambos, dois anos escolares representam aproximadamente 18 meses de trabalho, descontadas as férias. Essa dilatação não exige uma forte ruptura com os modos habituais de planejamento e de desenvolvimento no currículo. Mediante um curto período de adaptação, qualquer professor poderá somar dois anos escolares sem, por isso, modificar radicalmente sua concepção do planejamento, da gestão de classe, da condução das progressões, da avaliação.

Esse sistema aliás existe nas zonas rurais onde, não raro, um professor conserva seus alunos dois anos ou mais. Em alguns sistemas, encontram-se essas práticas na cidade, quando o número de alunos não permite constituir classes de tamanho padrão, agrupando alunos de mesmo nível. Hutmacher (1993) mostrou que a taxa de reprovação tendia para zero, uma vez que o professor que acompanha seus alunos não precisa temer o julgamento eventual de um colega sobre o nível deplorável deles no início do ano seguinte.

Se, da introdução de ciclos de aprendizagem plurianuais, o sistema educacional não espera nada além de uma forte diminuição das reprovações, escolher ciclos de dois anos permite atingir esse objetivo sem preocupar demais os pais e os professores. A gestão do tempo e a orientação das aprendizagens são apenas pouco modificadas, e os professores transferem bem rapidamente seu *savoir-faire* para esse novo espaço-tempo, certamente um pouco mais amplo, mas que não difere de um ano escolar, a ponto de causar uma crise em seus hábitos. Vemos nos sistemas que introduziram ou introduzem esses ciclos curtos: isso não passa despercebido, há um momento de inquietação, ajeitam-se um pouco as práticas, depois, tudo volta à ordem.

Isso ocorre ainda mais porque se fica apegado a um ensino orientado mais por programas do que por objetivos: basta reunir dois programas anuais para fazer um só, e se acabou. Podem tornar-se mais flexíveis certas progressões. Pode-se adiar um determinado conteúdo para o ano seguinte, apressar um outro, em função dos alunos que se tem e das atividades desenvolvidas. Por fim, fazer o que já se faz, sendo menos incomodado.

Ao longo de dois anos, trabalhar por competências e objetivos-núcleo não é indispensável. Pedir aos professores que avancem nesse sentido parecerá, então, uma imposição arbitrária. Quase não se nota que a construção de competências seja melhor em dois anos do que em um. Do mesmo modo, organizar a construção de saberes em torno de objetivos-núcleo não se impõe e pode até complicar as coisas. Parece mais simples folhear uma a uma as páginas do "texto do saber" (Chevallard, 1991).

Se por acaso se quiser, por ocasião da implantação de ciclos, transformar a natureza do currículo, trabalhar por competências (Perrenoud, 1997b)* e

---

*N. de R. T. *Construir as competências desde a escola* (Artmed, 1999).

objetivos-núcleo (GPR, 1999a), impõe-se uma ruptura mais nítida. Um ciclo longo, de quatro anos, por exemplo, aumenta as chances de transformar as práticas de modo que os professores trabalhem verdadeiramente em função dos objetivos do ciclo e de uma gestão rigorosa das progressões (Perrenoud, 1997a e c), em uma constante contagem regressiva e em uma perspectiva estratégica (Tardif, 1992), mais do que avançando passo a passo em um programa, com fluxos estendidos, ao sabor de uma grade de horário semanal invariável. Quando se tem três ou quatro anos pela frente, fica evidente que é preciso parar de empilhar anos e tentar administrar a progressão das aprendizagens em referência aos objetivos de final de ciclo. Só essa orientação garantida pelo objetivo autoriza percursos de formação realmente individualizados.

Esse desafio, didático e organizacional, exige também uma mudança nas formas de avaliação (GPR, 1999e), o que pode certamente causar medo. A dificuldade de avaliar em função de objetivos de final de ciclo, em vez de comparar os alunos entre si, basta, às vezes, para explicar o apego a ciclos curtos, cuja gestão pode amplamente se fundamentar nas rotinas do ofício, adquiridas ao longo dos programas atuais.

DIFERENCIAR MELHOR

A introdução de ciclos de aprendizagem não é um fim em si, é um arranjo estrutural que supostamente facilita a diferenciação do ensino. Um ciclo curto apresenta, nesse sentido, menos interesse. Primeiro, porque é mais simples, portanto bastante tentador, no quadro de ciclos curtos, confiar a cada professor seu grupo-classe. Com certeza, importa que o grupo seja de idades variadas em vez de uma mesma idade. Mas, em todos os casos, encontram-se os limites da ação de um professor sozinho com seus alunos. Além do apoio extraclasse de um outro professor, os dispositivos de diferenciação vão buscar, em um leque restrito, compatível com a gestão do grupo por uma só pessoa: sustentação integrada, trabalho em alternância com subgrupos, método do "plano de trabalho semanal" com diferenciação dos contratos, deveres "à la carte", ensaios de ensino mútuo, dispositivos autocorretivos. O interesse dos ciclos é criar um espaço-tempo de formação mais amplo, mobilizando vários professores para criar outros dispositivos de diferenciação, mais potentes, grupos de níveis, de necessidades, de projetos ou módulos (GPR, 1999b; Perrenoud, 1997a, 1999d; Wandfluh e Perrenoud, 1999).

Ademais, em um ciclo curto, os prazos ficam bastante aproximados e limitam as possibilidades de individualização das trajetórias de formação. Os responsáveis por um ciclo curto sabem que, em dezoito meses de trabalho, têm de fazer com que todos os alunos vençam uma etapa significativa no curso. A tentação de uma progressão uniforme é, pois, quase tão viva quanto o programa de um ano.

Para "dar tempo ao tempo", para aceitar trajetórias diversificadas, sem perder a esperança de atingir os objetivos comuns, para individualizar verdadeiramente os percursos de formação, é preciso uma margem suficiente, sem a qual se ficará imediatamente tomado pela angústia do "tempo que passa" e pela obsessão do "tempo que resta".

Outros argumentos militam igualmente por ciclos mais longos:

- Para construir competências por meio dos projetos, das pesquisas, das situações abertas, complexas, múltiplas, deve-se ter a certeza de que essa aposta positiva não será perdida, porque no momento em que o processo inicia, já se deve rompê-lo para manter os prazos.
- Para instaurar dispositivos complexos de ensino-aprendizagem, deve-se poder implantá-los por um certo tempo, fazê-los funcionar, esperar que produzam efeitos, efetuar regulações.
- Para reconciliar certos alunos com a escola, trabalhar a relação com o saber e o sentido, em vez de entregar-se à obstinação pedagógica, é necessário ter tempo para tomar atalhos e (re)construir bases.

Dois anos, é claro, já é melhor que um só, mas ainda é um pouco curto para desenvolver estratégias de diferenciação eficaz.

DESENVOLVER A COOPERAÇÃO ENTRE PROFESSORES

Os professores permanecem ainda hoje, em grande parte, "combatentes solitários". Ciclos longos são mais propícios a um trabalho em equipe. Primeiro, por razões demográficas: nas escolas que contam em torno de 25 alunos por classe de idade, um ciclo de dois anos reuniria cinqüenta alunos e mobilizaria apenas dois professores em tempo integral. Estes últimos poderiam trabalhar em dupla, mas isso não criaria uma real dinâmica de grupo. Pesando tudo, aliás, a passagem a ciclos de quatro anos duplica, em cada estabelecimento, o número de alunos que pertencem ao mesmo ciclo.

Todavia, não basta reunir um grande número de alunos para superar a tentação do individualismo (Gather Thurler, 1994, 1996, 2000a e b).* Mesmo

---

N. de R. T. Em *Inovar no interior da escola*, Monica Gather Thurler (Artmed, 2001) apresenta densa reflexão sobre a organização do trabalho e a cultura profissional dominante no estabelecimento escolar.

que haja, em um estabelecimento, cem ou duzentos alunos pertencentes ao mesmo ciclo, é pouco provável que os professores sejam espontaneamente levados, em quatro ou em oito, a assumirem juntos a responsabilidade por eles.

Se o sistema não associar deliberada e firmemente a gestão dos ciclos a uma maior cooperação profissional, serão observadas, com certeza, como hoje, descompartimentalizações mais ou menos audaciosas. Certas equipes irão constituir-se voluntariamente, investindo, infelizmente, uma parte de sua energia para "sobreviver" em um ambiente que não é previsto para esse efeito, lutando a cada ano, por exemplo, contra modalidades de gestão do pessoal, que conhecem apenas indivíduos e não concedem privilégio algum às equipes.

Julgando-se que o trabalho em equipe é necessário para aumentar a eficácia do ensino, os ciclos longos parecem também uma excelente ocasião de transformar o ofício nesse sentido.

Resta dizer por que se pode desejar que os professores cooperem mais. Podem-se adiantar várias razões. A cooperação é:
- uma fonte de coerência e de continuidade do atendimento aos alunos;
- a condição de uma divisão do trabalho mais leve e mais móvel, permitindo construir e fazer evoluir dispositivos de pedagogia diferenciada;
- uma garantia de pluralismo no modo de ver as crianças e suas famílias;
- uma fonte de imaginação didática em favor dos alunos em dificuldade ou marginalizados;
- uma condição para manter um ponto de orientação pedagógico, em uma escola, para além dos movimentos das pessoas e dos altos e baixos da moral de cada um;
- um motor de formação contínua comum e de "profissionalização interativa" (Gather Thurler, 1996, 2002a);
- um "lugar onde renascer" ou, ao menos, uma pequena comunidade na qual se busca a coragem de analisar sua prática e de inovar;
- uma base de construção de um estabelecimento como "federação de equipes", o que importa quando se sabe da dificuldade de constituir um corpo docente numeroso como ator coletivo.

Instituir ciclos de três ou quatro anos não basta, entretanto, para garantir que os professores trabalharão em equipe! A França dá um exemplo disso: os ciclos de três anos introduzidos pela lei de orientação de 1989 podem funcionar com três professores individualistas, conservando cada um seus alunos durante um ano, para passá-los a um colega no fim do ano. Todos visam aos mesmos objetivos de final de ciclo, inscritos nos textos, mas isso não exige nenhum acordo forte, visto que esses objetivos são sempre declinados em três programas anuais. Fica-se no modelo de uma "linha de montagem", encarregando-se cada posto de trabalho de uma nova etapa do "tratamento". Nem a letra nem mesmo o espírito dos textos franceses impõem o trabalho em equipe.

Um sistema que visa a introduzir ciclos de aprendizagem deveria decidir se o acréscimo da cooperação profissional é para ele uma estratégia importante. Na afirmativa, ciclos longos parecem mais favoráveis à transformação dos "combatentes solitários em membros de equipe solidários", coletivamente responsáveis pelos alunos de um ciclo.

FAVORECER A PRÁTICA REFLEXIVA DO OFÍCIO

É inegável que administrar sozinho um ciclo de dois anos é mais fácil que administrar em equipe um ciclo de quatro anos. Mas a questão é: é interessante voltar o mais rapidamente possível a rotinas, ainda mais rapidamente porque se ficará pouco afastado do que já se faz e que se negociará apenas consigo mesmo?

Ao longo das décadas e das experiências decepcionantes, os sistemas educacionais aprenderam que as reformas escolares raramente trazem uma solução definitiva a problemas complexos, cujos dados mudam com a evolução constante dos costumes, dos alunos, das famílias, das tecnologias, dos saberes. Philippe Meirieu, muitas vezes, convidou a uma meditação sobre esta constatação: lá onde a escola fez reformas periódicas, a medicina faz progressos continuamente... Se reformas são necessárias, é porque só o poder organizador pode modificar os programas e as estruturas. Mas se sabe hoje que só são decisivas as "mudanças do terceiro tipo" que concernem às representações, às competências e às práticas (Perrenoud, 1990). Estruturas e programas podem somente favorecer a transformação das práticas pedagógicas! As reformas só modificam a escola se elas têm efeitos duradouros de formação e de profissionalização dos professores. A formação é entendida aqui no sentido amplo: tomada de consciência, construção de novas representações e competências, evolução dos modos de fazer. Quanto à profissionalização,* importa, deve-se dizer, que ela repouse no debate e na construção comum.

Pode-se esperar dos ciclos longos que eles obriguem a repensar uma parte das evidências constitutivas do ofício e induzam mais fortemente uma "prática reflexiva" (Schön, 1994, 1996; Perrenoud, 2001), que se pode desejar tão pouco solitária quanto possível.

---

*N. de R. T. Nesse sentido, veja a reflexão apresentada por P. Perrenoud e colegas no livro *Formando professores profissionais: quais estratégias? quais competências?* (Artmed, 2001).

A ARTE DA REFORMA QUE NÃO MUDA QUASE NADA

Em certos sistemas, a criação de ciclos de aprendizagem plurianuais está muito banalizada. Tudo se passa como se fossem instituídos ciclos, porque os outros sistemas o fazem ou têm isso em vista. Mais vale, então, escolher ciclos curtos e insistir na continuidade das práticas. O cúmulo da prudência (ou da demagogia) seria dizer aos professores: "Em certo sentido, vocês já trabalham em ciclos sem saber, ficando às vezes com seus alunos por mais de um ano, atendendo classes em vários níveis, praticando certas descompartimentalizações, ou uma avaliação mais formativa, perseguindo objetivos amplos. Por fim, nada de novo sob o sol, não há com o quê se inquietar!".

Porém, se "já se faz isso", como compreender o sentido de uma reforma? Em uma sociedade na qual o imobilismo parece arcaico, quando a mudança causa medo e suscita múltiplas resistências, não é pouca a tentação de inventar uma magnífica síntese: *a reforma que não muda quase nada.**

Receita da reforma que não muda quase nada

- Tome as palavras da moda, misture-as de modo um pouco original.
- Faça-as escorrerem gota a gota, de maneira que os atores possam continuar, com outras palavras, a fazer o que já fazem.
- Disponha um enfeite que mascare o imobilismo aos olhos dos profanos, mas que os profissionais decodificarão com um suspiro de alívio.
- Sirva rapidamente, para que o *soufflé* não murche, porque se veria, então, que ele é oco.

A partir dessa perspectiva, os ciclos curtos parecerão verdadeiramente uma síntese feliz. Eles modernizam sem mudar radicalmente os hábitos, sem dividir demais o corpo docente e os pais, sem dar muito mais poder aos grupos e aos estabelecimentos, sem ameaçar o enquadramento.

Os ciclos longos serão, em um primeiro momento, menos eficazes, precisamente porque exigem novas competências e novos funcionamentos coletivos. Suas potencialidades só irão manifestar-se progressivamente, uma vez

---

*N. de R. T. Essa síntese parafraseia, em certo sentido, a máxima da hipocrisia: "É preciso que tudo mude para que tude fique como está".

identificados e resolvidos diversos problemas novos. O campo de trabalho tem de permanecer aberto. É o que causa medo. Este é, no entanto, o verdadeiro interesse das reformas: encarar os verdadeiros problemas, enfrentar os mais importantes dilemas do ofício (Woods, Jeffrey, Troman e Boyle, 1997), o que não pode ser feito senão a longo prazo, por meio de um paciente trabalho profissional, baseado na pesquisa, na formação, no acordo, com a orientação negociada com a inovação (Gather Thurler, 2000c e d; Perrenoud 1999e). Tudo isso é o que as reformas de estrutura podem desejar, sem decretá-lo, e que as políticas de educação deveriam sustentar com perseverança, sem mudar de ponto de orientação ao primeiro obstáculo...

Em suma, a extensão dos ciclos não é apenas uma questão de pedagogia e de organização, mas também é um bom indicador da vontade política de mudar a escola. Os ciclos de aprendizagem plurianuais são apenas meios de ressituar os problemas e as soluções para inventar uma escola mais eficaz. Para que esse desvio estrutural justifique a desordem que provoca, não basta que ele seja aceitável. É preciso ainda que ele crie um desequilíbrio ótimo, que ponha os atores em movimento e em pesquisa, que solicite o sistema em sua "zona de desenvolvimento proximal". No debate sobre a extensão dos ciclos se afrontam duas concepções da mudança. O fracasso relativo das reformas escolares durante estas últimas décadas deveria levar a pensar diferentemente aquelas que estão por vir: uma reforma não é senão um tempo forte de um processo contínuo, ela levanta alguns ferrolhos estruturais, o verdadeiro trabalho se passa acima e abaixo da decisão, por meio do acordo, da formação, do acompanhamento do processo durante anos. Para ir nesse sentido, é necessário construir estratégias de mudança a longo prazo. Pode-se inscrever a escolha da duração dos ciclos nessa lógica.

O papel decisivo dos objetivos de final de ciclo

Os conteúdos plurianuais ensinados em um ciclo de aprendizagem não teriam de ser definidos por simples justaposição de programas anuais, porque então a dilatação dos prazos não terá modificado em nada o percurso padrão de formação. Nada impede de partir de programas existentes, que resultam freqüentemente de um trabalho sério, mas com a condição de repensá-los em função da duração de cada ciclo e do conjunto da formação escolar "colocada em ciclos".

A verdadeira mudança consiste, todavia, em substituir objetivos de final de ciclo nos programas. Essa substituição não é impossível em uma formação estruturada em graus anuais. Alguns sistemas educacionais o tentaram. Contudo, ela não se torna inteiramente plausível senão quando cada aluno tem vários anos à sua frente para atingir os objetivos.

Além disso, é necessário saber:
- fazer claramente a distinção entre programa e objetivos de formação;
- não se perder em um dédalo de objetivos atomizados, visar a objetivos-núcleo, em termos de conhecimentos, de capacidades, de atitudes e de competências;
- encontrar o exato nível de correspondência entre conteúdos, tarefas e objetivos;
- desenvolver instrumentos de gestão de percursos de formação individualizados, para que os objetivos favoreçam a diferenciação;
- adaptar a avaliação formativa e certificativa e a gestão das progressões individuais aos objetivos de final de ciclo;
- servir-se dos objetivos como instrumento coletivo de uma equipe e chave de uma justa divisão do trabalho entre os professores;
- comunicar o essencial dos objetivos aos alunos e aos pais e se servir disso como instrumento de diálogo.

Cada um desses temas mereceria amplos desdobramentos. O importante aqui é considerá-los juntos, visto que só uma abordagem sistêmica fará dos objetivos um instrumento de planejamento e de regulação da formação a curto, médio ou longo prazo antes de uma outra maneira de escrever programas.

UM PROGRAMA FORMULADO EM TERMOS DE OBJETIVOS: MUDANÇA DE VOCABULÁRIO OU REVOLUÇÃO DIDÁTICA?

Em inúmeros países, os programas escolares evoluíram e especificam objetivos de aprendizagem antes de simples conteúdos a serem tratados durante um ano letivo. Eles insistem menos sobre o que os professores devem ensinar e explicitam, ao contrário, o que se supõe que os alunos aprendam.

Entretanto, conforme a maneira como os objetivos são definidos, essa evolução pode limitar-se a uma mudança de vocabulário. O bom senso sugere que, quando se ensina alguma coisa, é sem dúvida para que os alunos aprendam. Poder-se-ia, portanto, interpretar cada conteúdo como um objetivo, acrescentando obsessivamente: o objetivo é que os alunos dominem esse conteúdo. Quando um programa prescreve ensinar a concordância do particípio passado ou a fórmula do cálculo da área do paralelogramo, seria realmente um progresso fixar objetivos como "dominar a concordância do particípio passado", ou "saber calcular a área de um paralelogramo"? Hameline (1979) já prevenia contra a "simples 'renovação' dos conteúdos", que consiste em tomar os elementos do programa mais convencional e preceder cada elemento do "Abre-te Sésamo..." da pedagogia por objetivos, "ser capaz de...".

No entanto, correndo o risco de parecer enfático, essas formulações lembram que o contrato do professor é fazer aprender. Percorrer o programa não é um fim em si, se, no fim do caminho, inúmeros alunos não construíram os saberes correspondentes. De que serve um guia que leve ao cume da montanha somente os seus clientes mais "bem-dotados", enquanto a maioria ficou na beira do caminho? Ora, isso só não é óbvio no melhor dos mundos! É extremamente difícil fazer com que todos os alunos aprendam, ao passo que todo professor organizado e conscencioso é capaz de percorrer um programa.

A avaliação dos professores, quando feita, refere-se, em geral, bem mais ao respeito ao programa do que aos conhecimentos adquiridos dos alunos. Sem dúvida, porque é difícil impor uma "obrigação de resultados", impossível e injusto exigir de cada professor a mesma eficácia, quando as classes que seguem o mesmo programa são muito diferentes. Sabe-se, por exemplo, que, em certos bairros, quase todas as crianças sabem ler no primeiro ano da escola obrigatória, ao passo que, em outros bairros da mesma cidade, a maior parte das crianças não sabe ler, na mesma idade, e o conseguirão com dificuldade, freqüentemente em mais de um ano.

Além do mais, a avaliação padronizada dos conhecimentos dos alunos privilegia objetivos nocionais ou algoritmos, cujo domínio é fácil de avaliar, e subestima, pela razão inversa, objetivos de alto nível taxinômico como o pensamento crítico ou a argumentação. Enquanto esses problemas não estiverem resolvidos, os professores recusarão, com razão, ser avaliados pelos conhecimentos de seus alunos.

Essa ausência de obrigação formal de resultados é uma razão a mais para evidenciar o contrato "moral" do professor que não consiste em "percorrer o programa", mas em fazer tudo o que pode para permitir que todos os alunos se desenvolvam e construam os conhecimentos e as competências visados. Por isso, "terminar o programa" não deveria ser suficiente para que um professor tivesse a consciência tranqüila.

Insistir sobre os objetivos de final de ciclo não trará, a partir desse ponto de vista, nada de novo àqueles que visam há tempo fazer aprender, em vez de virar as páginas do plano de estudos. Não é inútil, contudo, que a instituição escolar diga ainda mais claramente que essa é a missão de todos, ainda que haja algum paradoxo em exigir um trabalho sem exercer um controle preciso sobre seu cumprimento.

Essa insistência sobre as aprendizagens não deveria mascarar uma outra mudança de perspectiva: como seu nome indica, um programa não define somente um conjunto de conteúdos, mas ele os ordena em etapas sucessivas. Durante décadas, as autoridades escolares prescreveram essas etapas, declinando o programa anual mês por mês, até mesmo semana por semana, ao menos em alguns países de forte tradição burocrática e centralizadora. Ao longo das décadas, o programa anual se tornou uma descrição da matéria a ser desenvolvida, tendo os professores uma liberdade crescente quanto à maneira de construir a progressão.

Entretanto, mesmo quando a organização escolar desiste de impor uma programação-padrão, espera de cada professor que ele defina e respeite sua própria programação, honrando o conjunto dos conteúdos prescritos e se assegurando de que ele conseguirá percorrer o todo em um ano. Poucos sistemas educacionais resistem, aliás, à tentação de publicar um "programa aconselhado",* que é, às vezes, "muito fortemente aconselhado". Na falta disso, os manuais escolares se

---

*N. de R. T. No imaginário de inúmeros professores brasileiros, ainda persistem a presença das listagens de "conteúdos mínimos" reavivada por leituras tecnicistas dos parâmetros curriculares nacionais criados e propostos pelo governo federal na segunda metade dos anos 1990. Além disso os próprios livros didáticos têm ditado os programas a serem desenvolvidos.

encarregam de sugerir progressões tanto mais pregnantes quanto coerentes com exercícios e outros meios de ensino-aprendizagem propostos.

Toda programação é um pára-angústia bem como uma real segurança. A própria natureza de alguns saberes impõe uma ordem "lógica". Quanto ao resto, os manuais, as metodologias, a tradição pedagógica propõem itinerários que "já deram suas provas". Para se afastar dos caminhos balizados, é preciso muita energia, gosto pelo risco, um desejo feroz de independência ou boas razões didáticas. Para ir de uma cidade a outra, a maior parte dos motoristas não se interessa em inventar um itinerário original quando os mapas e os painéis rodoviários propõem itinerários garantidos. Assim como os motoristas, muitos professores adotam os itinerários aconselhados para os grandes deslocamentos, mesmo que se permitam muito mais fantasia entre pontos próximos, sobretudo quando se sentem em região conhecida.

Atingir objetivos de final de ciclo exige uma certa programação que não é incompatível com uma progressão aconselhada. Nenhum professor sonha indagar-se todas as noites sobre o que poderia fazer no dia seguinte. Isso seria demasiadamente custoso e angustiante. Mesmo que o sistema não lhe proponha programação alguma, ele sentiria a necessidade de construir a sua, ao menos de maneira aproximativa, refinando-a pouco a pouco, em função dos acontecimentos e do tempo que resta. A introdução de ciclos de aprendizagem não enfraquece essa necessidade, ao contrário.

Inversamente, levando-se a programação ao extremo, por que criar ciclos de aprendizagem plurianuais? Se a sucessão das etapas é rígida, para que, então, ter prazos mais dilatados? Sua virtude principal é, na verdade, permitir muito mais flexibilidade e diversidade dos percursos de formação entre grupos e entre alunos. Para mim, a principal vantagem dos ciclos é justamente a de tornar possível a orientação de percursos de formação individualizados, em função, de um lado, dos conhecimentos adquiridos e da trajetória de cada aluno e, de outro, do tempo que resta até o final do ciclo e dos recursos disponíveis.

Isso não invalida qualquer idéia de planejamento, mas este tem de ser dinâmico e adaptado a cada um ou, pelo menos, a grupos de alunos que progridem da mesma maneira e no mesmo ritmo. Um planejamento dinâmico é um planejamento várias vezes retomado sobre o ofício, conforme avança o projeto. É o que cada empreendedor pratica em um canteiro de obras. É necessário um plano. Se tudo se desenvolver conforme o plano, ninguém terá queixas, mas isso é bastante raro, consideradas as eventualidades de qualquer construção. Se os acontecimentos frustrarem o plano em razão de obstáculos inesperados, mas talvez, também, de felizes surpresas, o planejamento é atualizado.

É assim que faz, aliás, a maior parte dos professores dentro de um grau anual: nenhum ano letivo tem seu êxito garantido. Algumas dificuldades são previsíveis, integradas no planejamento inicial e, para os mais "clássicos", levadas em conta na própria concepção do programa anual. Mas nenhum professor pode prever o nível dos alunos que vai receber, sua dedicação ao trabalho, seu grau de entendimento; não sabe quanto tempo deverá dedicar a regular conflitos ou instaurar boas condições de trabalho; ignora como se manifestarão os pais. E, acima de tudo, não sabe exatamente o que, naquele ano, com esses alunos, será obstáculo às aprendizagens desejadas.

Quanto mais pretender instalar aprendizagens duradouras, sem se contentar em "executar o programa", mais um professor deve considerar, em cada momento, a realidade dos conhecimentos adquiridos e rever sua programação das atividades em conseqüência disso. Essa parte de gestão dinâmica varia conforme o nível e o ritmo de progressão dos alunos. Em níveis e ritmos semelhantes, ela depende ainda das opções ideológicas do professor. Alguns professores privilegiam a progressão no programa, qualquer que seja o número de alunos que "não acompanham", enquanto outros diminuem o ritmo e comprometem, por isso, a garantia do conjunto do programa.

As opções pedagógicas interferem também no grau de planejamento possível. As pedagogias mais tradicionais limitam a parcela do imprevisto, o professor sabe o que vai propor, quando e com que material, nem que seja porque ele reedita o que já fez com outras classes comparáveis. As únicas verdadeiras incógnitas são, para ele, os alunos. Nas classes que praticam uma pedagogia construtivista e trabalham por situações-problema, pesquisas e procedimentos de projetos, as próprias atividades e sua negociação com os alunos introduzem incógnitas suplementares, particularmente na gestão do tempo e na natureza das aprendizagens, que são mais fáceis de identificar posteriormente do que planejar em detalhe.

A implantação de ciclos de aprendizagem plurianuais não cria, por conseguinte, um problema inédito, apenas amplifica um problema que se coloca já no âmbito de programas anuais. Os ciclos teriam de, no entanto, estimular um afastamento ainda maior de toda relação obsessiva com a programação, uma renúncia resoluta a interpretar qualquer desvio da progressão ideal como um acidente lamentável, e a consideração de que ele participa mais de um avanço normal da construção dos saberes e das competências. Apostando-se no sentido do trabalho escolar, portanto, no envolvimento dos alunos, se lhes é dada uma parte de poder, far-se-ão coisas pertinentes, tenham ou não sido planejadas. Freqüentemente, a pertinência e a busca de sentido exigem uma ruptura com o plano. Se os ciclos não favorecem uma pedagogia mais aberta, mais apta a captar as oportunidades e a construir as aprendizagens de situação em situação a partir de uma trama bastante ampla, pode-se indagar se tal reforma de estrutura se justifica.

O outro desafio dos ciclos plurianuais, no mesmo nível de um planejamento flexível, é diversificar os itinerários, senão para cada aluno, pelo menos para subconjuntos que apresentem traços comuns quanto a seu nível de partida, seu ritmo de trabalho, suas necessidades, sua maneira de aprender. Se o planejamento é ao mesmo tempo rígido e idêntico para todos, não há nenhum espaço de diferenciação, visto que se supõe que cada aluno segue o mesmo trilho, na mesma velocidade dos outros.

Teoricamente, poder-se-ia imaginar um planejamento variável de um aluno para outro, mas rígido para cada um, como alguns programas individualizados de formação de adultos: concepção sob medida, mas, em seguida, tudo se desenrola da maneira decidida no início.

Essa concepção cede à ilusão do diagnóstico prévio (Meirieu, 1995, 1996) a partir do qual se poderia, por meio de um balanço global de competências, conceber um plano de formação apropriado a cada aluno e se ater a ele durante um longo período. Isso é uma ficção. Uma diferenciação adequada, mesmo formulando hipóteses de trabalho e roteiros para cada aluno, deveria ser capaz de reordená-los, quando a realidade não os comprovar uma regulação forte durante o ciclo substituindo-se à fantasia de um plano inicial perfeito.

Talvez o procedimento mais "lógico" consistisse em propor, em primeiro lugar, o princípio da individualização dos percursos como regra, antes que como exceção. Isso faria desmoronar a própria idéia de programa prescrito. Seria contar sem a necessidade de, no concreto, trabalhar com grupos, de uma parte, e um planejamento mínimo, de outra. Mais vale assumir a noção de programação, mas flexibilizá-la, do que renunciar a ela em nível dos princípios e reintroduzi-la sub-repticiamente na prática, porque ela responde a uma necessidade de segurança ou de organização do trabalho.

Objetivos sim, mas de que tipo?

Para levar esse debate mais longe, é importante se indagar sobre a natureza dos objetivos de final de ciclo. Se eles continuam muito detalhados, portanto, muito numerosos, os professores, para não esquecer nenhum, ficam tentados a ensinar por objetivos. É um dos processos habituais aos quais leva uma pedagogia de domínio demasiadamente ortodoxa (Hameline, 1979; Huberman, 1988). Mesmo com objetivos amplos, esse risco não é nulo, como veremos mais adiante. O importante é não aumentá-lo, fixando objetivos por demais estreitos. É o que leva a definir *objetivos-núcleo*. Philippe Meirieu assim definiu uma *noção-núcleo:* "Elemento chave, ou conceito organizador em um conjunto de conteúdos disciplinares". E acrescenta:

> As noções-núcleo – como a respiração, a colonização, a descrição, a proporcionalidade... – permitem reorganizar os programas em torno de pontos fortes e construir situações didáticas para permitir sua aquisição (Meirieu, 1990, p. 186).

Esses exemplos dizem respeito a conteúdos disciplinares e destacam noções ou, mais amplamente, saberes. Nada se opõe, porém, a que seja aplicado o mesmo raciocínio a atitudes e competências. Por causa disso, ganhando em generalidade, o "núcleo" não está mais ligado a um tipo específico de conhecimento cognitivo. Ele designa conhecimentos essenciais, que devem ser construídos a qualquer preço, em torno dos quais o resto se organizará mais flexivelmente.

É então mais coerente falar de *objetivos-núcleo* em vez de noções-núcleo. Nesse espírito, um objetivo-núcleo seria, dentro do ensino de uma disciplina ou de um domínio, uma aprendizagem central, em torno da qual as outras se organizam como satélites, como indica a figura.

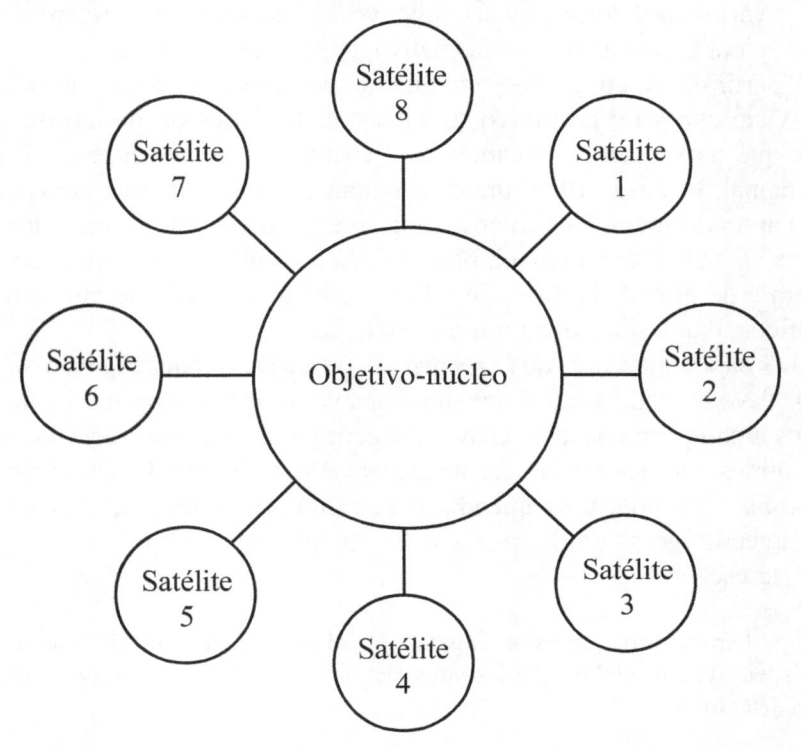

A virtude didática de um objetivo-núcleo é sua capacidade de organizar em rede um conjunto de saberes ou de competências complementares, de lhe dar uma estrutura e uma coerência. Uma disciplina de ensino teria de contar um número "razoável" de objetivos-núcleo. Esse número, que depende da disciplina considerada, deveria situar-se entre 3 e 10. Fixemos, sobretudo, a intenção: não retalhar ao infinito os objetivos, estruturar as progressões em torno de alguns "núcleos duros".

Em que é mais estratégico trabalhar por objetivos-núcleo? Podem-se adiantar várias razões:
1. Os objetivos-núcleo auxiliam o professor e o aluno a dar sentido às aprendizagens, porque se pode vinculá-los entre si e com situações de referência nas quais eles são pertinentes.
2. Eles permitem abrir mais espaço à dinâmica da classe e aos campos de interesse dos alunos, outra maneira de dar sentido aos saberes escolares.
3. Autorizam a hierarquizar as aprendizagens e a voltar constantemente ao essencial, o que é a condição básica de uma pedagogia diferenciada.
4. Incitam a descompartimentalizar os graus e a trabalhar por ciclos de vários anos, tornando-se o objetivo-núcleo uma baliza, referência principal para a avaliação formativa, depois, certificativa.

A partir disso, um grande trabalho de reescrita do currículo deve ser iniciado, visto que seria proibitivo solicitar a cada professor, ou mesmo a cada escola, que o executasse. O cantão de Genebra começou a fazê-lo no ensino fundamental. É, desde 1994, um dos fundamentos de sua orientação para ciclos de aprendizagem. Um objetivo-núcleo é definido, então, como uma competência essencial de alto nível, privilegiada no âmbito de um ciclo de aprendizagem e de uma dada disciplina. Ele organiza uma rede de objetivos mais específicos, dando-lhes estrutura e coerência.

O *Groupe de pilotage de la rénovation genevoise* explicita que um *objetivo-núcleo* "deve ser considerado como um objetivo de aprendizagem prioritária para todos os alunos, um elemento chave que permite organizar o currículo sobre os pontos fortes que não podem ser negligenciados na escola. De outra parte, um *objetivo-núcleo* propõe uma aprendizagem central, em torno da qual se articulam outras aprendizagens" (GPR, 1999a, p. 8; ver também 1999d).

E acrescenta:

> Para os professores, os objetivos-núcleo de cada ciclo são referências indispensáveis na elaboração das situações de aprendizagem e no acompanhamento dos alunos.

Para os alunos, os objetivos-núcleo de cada ciclo marcam os pontos fortes das exigências exteriores. Eles constituem um elemento de tensão que os ajuda a representarem as etapas a ultrapassar, encorajando-os a fazer um esforço para superá-las.

A definição dos objetivos-núcleo para cada ciclo de aprendizagem constitui, portanto, uma referência para organizar o trabalho a realizar e o itinerário a percorrer [...].

Elaborando um referencial flexível dos objetivos-núcleo para diferentes etapas de cada ciclo, busca-se tornar visíveis as linhas de força da progressão, deixando uma margem de flexibilidade bastante grande para que elas sejam apropriadas pelos grupos de professores e adaptadas conforme as especificidades de seus estabelecimentos. (GPR, 1999).

Ainda é preciso construir esses objetivos, ciclo por ciclo, o que depende evidentemente da extensão e da concepção dos ciclos.

A concepção dos objetivos de final de ciclo, lamentavelmente, está longe de ser estabilizada. Outros sistemas educacionais trabalham sobre a noção de bases de competências, de projetos ou de parâmetros curriculares, sem recorrer à noção de núcleo, que não é unânime. Sem entrar nesse debate, fixemos a intenção central: centrar as intenções de formação no essencial, de modo a poder, ao mesmo tempo, diversificar os encaminhamentos e flexibilizar os planejamentos.

Os sistemas que instituem ciclos de aprendizagem sem fazer esse trabalho colocam os professores em situações impossíveis. Ora, acabou-se de ver que não basta reformular o programa de dois, três ou quatro anos escolares em termos de objetivos. É de uma verdadeira reconstrução que se trata, que exige privações, suscita dilemas e atiça conflitos. Se os programas escolares são muito carregados, é em parte para que seus autores encontrem um consenso, fazendo-se concessões mútuas que impelem sempre a carregar o navio. Uns se aferram ferozmente a essa noção, enquanto outros não imaginam que se possa renunciar a outro saber? Pouco importa: conservemos o todo, e os professores que se virem!

A introdução de ciclos de aprendizagem plurianuais orientados por objetivos-núcleo conseguirá excluir toda solução de facilidade? Conseguir-se-á chegar a um acordo sobre renúncias racionais e propor enunciados mais abertos, mais abstratos, que dêem aos professores, portanto, uma maior margem de interpretação? O futuro dirá. Nenhuma guerra curricular é vencida antecipadamente, os *lobbies* disciplinares montam a guarda. Uma coisa é certa: se forem impostas aos professores e aos alunos muitas passagens obrigatórias, serão impedidas as progressões flexíveis e diversificadas.

Restaria, para aprofundar esse tema, debater sobre o peso respectivo e sobre a relação entre saberes e competências, pois a reescrita dos objetivos levanta imediatamente esse problema. Encontram-se, em outros textos, alguns elementos de reflexão sobre esse assunto (Perrenoud, 1995 b, c e d; 1997b;* 1999b; e d; 2000a, b, c, d e e; 2001f e g; 2002c).

O JUSTO NÍVEL DE CORRESPONDÊNCIA ENTRE OBJETIVOS E CONTEÚDOS DO TRABALHO COTIDIANO

A França dos anos 1970 adorou, depois queimou a "pedagogia por objetivos", abreviada PPO, versão simplista da pedagogia do domínio defendida por Bloom (1972, 1979) e da qual se encontrará uma síntese crítica em Huberman (1988). Abandonamos essas errâncias. Hameline (1979) mostrou perfeitamente em que era indispensável ter objetivos de aprendizagem explícitos e operatórios e também como isso podia tornar-se uma fonte de alienação, de não-senso. O uso obsessivo de grades de objetivos revela as angústias do profissional, sem garantir sua eficácia, pois uma abordagem construtivista não se ajusta a um trabalho objetivo por objetivo, sobretudo se os objetivos forem atomizados.

Hutin (1979) afirmava que não era necessário ensinar *por* objetivos, mas se servir dos objetivos como de uma grade de leitura das aprendizagens feitas ou iniciadas, portanto, como instrumento de regulação das atividades. Essa regulação, como mostrou Cardinet (1983b), nem sempre se apóia em uma avaliação dos conhecimentos (porque estão sendo construídos), mas em condições, atividades e processos de aprendizagem. Ora, sem referência aos objetivos, como saber se o que se executa tem boas chances de avançar no caminho certo?

Hutin utilizava uma imagem muito eloqüente que, ao que eu saiba, ele jamais expressou por escrito. Suponhamos, dizia ele, que os objetivos sejam uma grande quantidade de recipientes vazios, que nos propomos a encher de água em um tempo limitado. Há duas maneiras de proceder. A mais metódica, talvez a mais econômica e a mais segura para quem faz o trabalho, é encher os recipientes até a borda, um após outro. Uma vez cheio o último, o trabalho está acabado. O segundo método consiste em regar com um jato o conjunto dos recipientes, o que deixa uma larga margem ao acaso: numerosas gotas cairão entre os recipientes, e é pouco provável que cada um receba exatamente a mesma quantidade de líquido, a tal ponto que uns ficarão parcialmente vazios ao fim do tempo previsto, enquanto outros terão derramado bem antes.

---

*N. de R. T. *Construir as competências desde a escola* (Artmed, 1999).

Se não for incuravelmente poeta, todo jardineiro preocupado em não desperdiçar água, escolherá o primeiro procedimento. Ora, o que se revela um método racional para encher recipientes não é aplicável à pedagogia. Enchendo os recipientes um a um – ou seja, servindo os objetivos um de cada vez – somos condenados a propor aos alunos atividades escolares pouco mobilizadoras, até mesmo desprovidas de sentido.* Se desejarmos que toda lição seja uma resposta, conforme a fórmula de Dewey, então, são os problemas a resolver que ditam os saberes a dominar, em vez de uma grade de objetivos. Segue-se que "a definição dos objetivos não basta para a elaboração de um procedimento didático, mas que este requer a elucidação da atividade mental a solicitar e a implantação de situações-problema". (Meirieu, 1990, p. 104).

Um procedimento "auto-socioconstrutivista" inspirado nas pedagogias novas, bem como na didática das situações-problemas (Astolfi, 1993; et al., 1997; Bassis, 1998; Meirieu, 1990; Vellas, 1996, 1999, 2002), é incompatível com um tratamento "objetivo por objetivo", sobretudo se os objetivos forem extremamente fragmentados. Ele vai, conseqüentemente, expor-se aos riscos do segundo procedimento: uma parte das atividades não contribuirá para nenhum objetivo prioritário, e os objetivos serão desigualmente atingidos por atividades amplas.

Enquanto um jardineiro metódico não tem nenhuma regulação complexa a operar, pois se contenta em encher os recipientes um a um, o jardineiro que rega todos os recipientes deve cuidar a subida da água em cada um deles e tentar, no final do percurso, orientar o jato de água de maneira a encher os recipientes menos providos e a evitar aqueles que transbordam... Isso é mais incerto e difícil. Daí a tentação constante de voltar ao primeiro procedimento.

Uma abordagem pragmática obriga a acordos: para atingir certos domínios em prazos fixados, será necessário lançar mão de regulações cada vez mais dirigidas (em termos de objetivos visados) e individualizadas (ajustadas aos diversos alunos). As situações de aprendizagem serão, então, cada vez menos amplas, cada vez mais orientadas pelas lacunas dos alunos e pela angústia do professor. Em um espaço-tempo muito limitado, por que adotar um procedimento construtivista se, recém esboçado, ele tem de abrir espaços a remediações metódicas porque os prazos estão próximos?

N. de R. T. Tais reflexões podem ser relacionadas às metáforas usadas por Paulo Freire para designar as pedagogias bancárias que tratam os próprios alunos como recipientes vazios a serem preenchidos metodicamente pelos saberes escolares.

Vê-se bem a esse respeito que as exigências só podem ser menos difíceis se os professores trabalharem por prazos menos próximos e com objetivos amplos, objetivos-núcleo.

Daí a importância de espaços-tempo mais amplos e de objetivos de final de ciclo. Contudo, mesmo tratando com esses dois parâmetros, sabe-se que não basta propor, dia após dia, atividades amplas e que tenham sentido para que todos os objetivos sejam milagrosamente honrados no prazo estabelecido. Não é preciso, pois, recusar-se a casar as duas lógicas. Por que o jardineiro não começaria a regar todos os recipientes, acabando por se ocupar mais especificamente daqueles que ainda estão "carecendo"? O importante é não precipitar indevidamente a passagem à segunda lógica, visto que ela obriga a criar situações mais limitadas, tarefas mais dirigidas, portanto, mais "escolares", menos negociáveis e menos mobilizadoras como toda forma de "regulação retroativa" (Allal, 1988).

Isso, de nenhum modo, leva a propor atividades sem se preocupar com objetivos, durante uma parte do ano, para compensar em seguida esse laxismo por uma pedagogia da recuperação. Importa ao contrário:

1. Que, no início de toda atividade de uma certa importância, o professor identifique os objetivos suscetíveis de serem incluídos, não somente "no todo", mas especificamente. A análise da tarefa, preconizada pelos estudiosos em didática, permite, segundo a fórmula de Meirieu, "a elucidação da atividade mental a solicitar".
2. Que, no final de uma atividade, o professor determine os objetivos que foram efetivamente trabalhados por todos os alunos ou por alguns.

A propósito, notemos que a necessidade de conservar o maior tempo possível atividades amplas, por conseguinte polivalentes em termos de objetivos trabalhados, indica os limites de uma abordagem modular (Wandfluh e Perrenoud, 1999; Perrenoud, 1997a). Percebe-se que, ao definir módulos muito limitados, visando a trabalhar uma noção ou uma técnica, desligando-as de seu contexto, recair-se-ia nas errâncias de uma pedagogia que serve objetivos atomizados, até mesmo o "ensino programado".

Um módulo que não permita conceber situações-problema, pesquisas, até procedimentos de projetos é, seguramente, mal dimensionado. O que significa que é preciso construir os módulos "em torno" de um ou de dois objetivos-núcleo, sem temer atingir outros secundariamente, resistindo à tentação dos microobjetivos tranqüilizadores, mas que não podem levar senão a uma forma de "decoreba".

AS FINALIDADES, UM CANTEIRO DE OBRAS ABERTO

Seria mais confortável dispor de uma concepção estável dos objetivos de formação. Na realidade, a evolução da escola, das didáticas e das teorias das aprendizagens escolares e do currículo modifica incessantemente nossas representações dos objetivos de formação. Reconhece-se neles, mais que nunca, uma dupla face:
1. De um lado, eles exprimem as finalidades da escola de uma maneira bastante explícita para que todos saibam o que esperar e ao que se ater.
2. De outro, são instrumentos de planejamento, de regulação e de avaliação.

A primeira função não os põe ao abrigo da mudança, visto que as missões da escola evoluem e também a própria natureza de suas finalidades, como mostra a atual revisão das relações entre saberes e competências. É, contudo, a segunda função que impõe um trabalho permanente de reconstrução: adotar ciclos de aprendizagem plurianuais, estabelecer-lhes objetivos prioritários, trabalhar em equipe, praticar uma avaliação formativa, individualizar os percursos de formação, tudo isso impõe não só uma reescritura dos textos, mas uma evolução dos espíritos e da concepção das articulações entre objetivos e modos de ensinar.

Durante os anos de 1970, por ocasião da moda das taxinomias de objetivos, podia-se ter a esperança de que um trabalho intensivo de classificação e de enunciação permitiria dar por adquiridos os objetivos e se concentrar em sua operacionalização. Infelizmente, as coisas são menos simples: não se pode refletir sobre as situações de aprendizagem e a pedagogia diferenciada sem reconsiderar os objetivos. Alguns vivem esse procedimento como uma forma de instabilidade crônica muito perturbadora. Outros, ao contrário, aproveitam esta ocasião para se apropriar das finalidades e melhorar sua própria relação com o saber e com a aprendizagem.

Pode-se somente desejar que as escolas e as equipes pedagógicas façam da necessidade uma virtude e considerem que, longe de ser uma punição, o trabalho comum sobre os objetivos é condição de uma verdadeira cooperação profissional e, simultaneamente, de um uso cotidiano dos objetivos como instrumento de regulação da ação.

Seria lamentável, a partir desse ponto de vista, que os sistemas educacionais "mastigassem o trabalho" a ponto de os professores terem apenas que "ler" referenciais de objetivos prioritários redigidos por alguns especialistas. Na verdade, lemos esses textos somente quando temos de nos servir deles em um contexto de ação. Se tentarmos trabalhar os objetivos de formação por si mesmos, sem vínculos estreitos com o projeto concreto e coletivo de fazer funcionar um ciclo purianual:

- nós os apartaremos de sua principal função que é orientar as aprendizagens, e daremos uma importância desmesurada à avaliação certificativa;
- afogaremos os professores em uma massa esmagadora de conteúdos e de páginas que os desviam de um trabalho pessoal de identificação das matrizes disciplinares e das aprendizagens essenciais.

Paradoxal seria impor instrumentos de vanguarda, fontes de profissionalização, por meio das formações de massa independentes dos projetos de estabelecimentos e dos contextos locais. Pode-se temer que os novos objetivos-núcleo e outras bases de competências, por mais bem-feitos que sejam, não coincidam com os planos de estudo nas gavetas se não resultam de uma construção feita pelos próprios profissionais em nível de um estabelecimento ou de uma equipe de ciclo. Não se podem encarregar os professores de uma parte crescente da organização do trabalho (Perrenoud, 2002a), encerrando-os em um currículo fabricado inteiramente sem eles. Cumpre que os sistemas educacionais assumam o risco de uma certa autonomia curricular concedida aos estabelecimentos e às equipes. Algumas regiões – Quebec, Portugal, Polônia, França, em uma certa medida – progrediram nesse sentido. Outros sistemas permanecem agarrados à idéia de que os professores têm de "aplicar" literalmente os programas e não têm nenhuma razão para participar de sua redação. Que pena!

Objetivos comuns e percursos individualizados

A idéia de individualização dos percursos de formação não é necessariamente associada à de ciclo de aprendizagem plurianual; ela tomou alguma amplitude, primeiramente, na educação dos adultos, depois, no debate sobre a escola (Bautier, Berbaum e Meirieu, 1993; Bonnichon e Martina, 1998; "Bureau de la valorisation des innovations pédagogiques", 1998).

De outra parte, para alguns, os ciclos são simplesmente etapas mais longas da escolaridade, seguindo os alunos o mesmo trilho, sem nenhuma individualização desejada e dominada dos percursos.

Vou tentar mostrar que os ciclos de aprendizagem plurianuais permitem diversificar os percursos de formação e que este é, mesmo, seu principal interesse. Certamente perseguir objetivos ao termo de dois, três ou quatro anos e assumir a responsabilidade das aprendizagens ao longo desse período é, em si, um progresso, visto que isso incita a uma pedagogia mais orientada para competências e outros conhecimentos de alto nível, que não se constroem em um ano. A multiplicação dos prazos anuais obriga, na verdade, a visar constantemente efeitos a curto prazo e a dar conta deles. Quando o contrato dos professores consiste em garantir aprendizagens determinadas, não ao fim de um ano, mas de vários, eles podem organizar as progressões diferentemente e investir menos energia para atingir etapas intermediárias essencialmente para estar em regra com a instituição e, sobretudo, com os colegas que receberão seus alunos no regresso seguinte.

Eles têm ainda de renunciar a recriar, dentro de um ciclo, uma divisão tradicional do trabalho, segundo a qual cada um se encarregaria dos alunos só durante um ano. Nesse caso, todos perderiam o benefício do longo prazo, cada um esperaria daqueles que o antecederam que instalassem nos alunos conhecimentos bem-definidos, considerados como prévios a seu próprio trabalho.

Assim, teriam sido reconstituídas informalmente séries anuais, mesmo quando o currículo formal previsse prazos mais longos. Seria a maneira mais segura de obrigar todos os alunos a seguirem sincronicamente um único percurso de formação.

Basta, para romper com essa tentação, que os professores do mesmo ciclo trabalhem realmente em equipe e sejam solidariamente responsáveis pelo conjunto do percurso, pelo conjunto dos alunos? Isso é tão somente uma condição necessária. É preciso ainda encontrar os meios organizacionais, pedagógicos e didáticos de administrar e orientar percursos individualizados.

Imagina-se facilmente que, levando mais tempo, os alunos mais lentos chegariam, no fim das contas, aos mesmos domínios. É por isso que a concepção mais corrente de um ciclo leva a reinventar o atraso escolar, não mais à força de repetências, mas alongando a permanência de alguns alunos. Lamentavelmente, esse modo de individualização apresenta todas as limitações e todos os efeitos perversos da repetência. Vou tentar mostrar que é uma falsa pista, que é necessário desistir de jogar com o tempo e fazer variar os meios e a qualidade do enquadramento pedagógico.

A seguir, eu me empenharei em abrir "uma ferida": hoje ainda, os objetivos da educação escolar básica são raramente feitos para o maior número, eles são concebidos em função dos estudos longos e em proveito das futuras elites. O fracasso de uma fração importante de cada geração é, pois, de alguma forma, "programado". É inútil se esgotar em desenvolver ciclos de aprendizagem, percursos individualizados e pedagogias diferenciadas se não se atacam os princípios que subentendem o currículo da educação fundamental.

Uma vez esclarecidas essas preliminares, será tempo de considerar de que maneira uma pedagogia diferenciada poderia levar a uma individualização dos percursos fundada não sobre o tempo, mas sobre o modo e o grau de responsabilização pelos alunos.

INDIVIDUALIZAR O TEMPO, UMA SOLUÇÃO TENTADORA, MAS IMPRATICÁVEL

A escola mantém uma relação atípica com o tempo, para não dizer "irracional". Em todas as atividades que visam a um objetivo, leva-se "o tempo necessário", nem mais nem menos, para atingir o mesmo fim, sabendo que esse tempo depende da resistência da realidade. Aceita-se que faltem quatro meses para curar determinado paciente e três semanas para um outro. Ou que, para construir alguns quilômetros de auto-estrada, faltem dois anos ou somente alguns meses, em função do terreno. Ou, então, se o tempo for curto, investem-se meios proporcionais aos obstáculos a superar.

Somente a escola parece excluída de proporcionar, seja o tempo de trabalho, seja os meios para os obstáculos encontrados. O tempo é muito pouco extensível:
- seja porque multiplicar o número de anos de escolaridade é impossível;
- seja porque jogar com o número de horas ou de semanas de trabalho no ano cria resistências ou efeitos perversos.

Parece quase tão difícil colocar meios desiguais a serviço de objetivos semelhantes. Portanto, é para isso que é preciso tender, quebrando as normas de eqüidade formal para buscar uma igualdade dos conhecimentos. Para resolver-se a isso, talvez seja necessário se convencer previamente de que a diversificação dos tempos de percurso não é a solução. Com certeza, a criação de ciclos de aprendizagem plurianuais modifica aparentemente os dados do debate, visto que ela acaba com a reprovação, cujos limites são conhecidos (Allal e Schubauer-Leoni, 1992; Crahay, 1996, 1997, 1998; Paul, 1996), para substituí-la por tempos desiguais de progressão. Isso só aparentemente resolve o problema.

Jogar com o número de anos?

O dilema do tempo é fácil de formular. Pensemos em um ciclo cuja duração "normal" seria de dois anos:
1. Ou seja, desde o começo do ciclo, decide-se que alguns alunos terão necessidade de um ano mais; eles são, então, não só rotulados de início, mas orientados para um percurso específico, concebido para levar aos objetivos de fim de ciclo em três anos em vez de dois; realiza-se então uma "escola com duas velocidades"; os alunos só poderão escapar à formação lenta por meio de progressos excepcionais.*
2. Ou que se faça os alunos progredirem conforme o mesmo programa até quase o final dos dois anos e se decida, somente nesse momento, "conservar" no ciclo um ano mais àqueles que não atingiram os objetivos; cria-se, então, um ano de nivelamento que funciona como uma reprovação do segundo ano do ciclo.

N. de R. T. É possível relacionar tal postura à idéia, já bastante difundida, da profecia que se auto-realiza". A expectativa criada de início no processo escolar se cumpre: os alunos "se enquadram" em ritmos e comportamentos que deles são esperados.

Em ambos os casos, o aluno acumula um atraso escolar que, se ultrapassasse um ano da escolaridade obrigatória, estigmatizaria definitivamente esse aluno. Ninguém considera como equivalentes dois alunos que dominam os mesmos saberes, mas um tem 15, e, o outro, 18 anos. O que significa que a dilatação da passagem em um ciclo não poderia ser repetida de ciclo em ciclo, acabando, por exemplo, em três anos de atraso escolar no final de três ciclos de três anos, demorando-se o aluno quatro anos em cada um. Isso é ainda mais evidente com ciclos de dois anos.

Ora, a experiência da reprovação nos ensina que um ano suplementar não nivela senão os alunos que encontram dificuldades passageiras, ligadas a um "acidente de percurso" (Allal, 1995; Crahay, 1996; Paul, 1996). Os outros, cujas dificuldades nascem de uma relação desfavorável com o saber e a escola, e de um capital cultural escolarmente pouco rentável, não tiram benefícios de uma reprovação.* Muito simplesmente porque as mesmas causas produzem os mesmos efeitos.

Encontramo-nos, então, entre dois fogos: aumentar por um ano a escolaridade básica produz efeitos de rotulação moderados, mesmo que nunca sejam insignificantes, pois essa medida não tem quase nenhum efeito. Ao contrário, dilatar a escolaridade básica de três a cinco anos, supondo que isso seja eficaz, seria economicamente caro, socialmente inaceitável e psicologicamente impensável. Como seria possível, com 18 anos, trabalhar tranqüilamente para chegar ao final de percurso de formação, que outros alunos, de mesma idade, teriam acabado três ou cinco anos antes?

O alongamento pontual da passagem em um dos ciclos, sem ser excluído, funciona, pois, como um único *coringa* que deveria ser usado só quando se tem certeza.

Jogar com o número de horas de presença na classe?

Em vez de acrescentar anos, poder-se-ia jogar com o número de semanas de escola durante o ano ou com o número de horas de presença em sala de aula durante a semana. Como parece fora de questão dilatar mais o ano ou a semana letivos, tratar-se-ia mais de abreviar o tempo que os alunos mais rápidos passam na escola.

N. de R. T. Bernard Charlot em seu livro *Da relação com o saber: elementos para uma teoria* (Artmed, 2000) (des)reifica – no sentido filosófico – o fracasso escolar e advoga a construção de uma teoria da relação com o saber como pressuposto para recuperar na escola o lugar o sujeito que fala, deseja, atua, constrói a sua história e está engajado e inscrito em um conjunto de relaçãoes sociais.

Isso não bastaria: seria preciso redefinir os objetivos de final de currículo, de maneira que se tornassem efetivamente atingíveis:
- no mesmo tempo, mas com um atendimento mais intensivo, para os alunos mais lentos;
- no tempo atual e com as pedagogias em vigor para os alunos médios;
- em menos horas ou semanas para os alunos mais rápidos.

Estes últimos seriam "liberados" uma vez atingidos os objetivos, ou então lhes seria solicitada uma presença menos contínua, sabendo que eles precisam menos tempo para cumprir o mesmo percurso.

Percebem-se de imediato as dificuldades desse quadro:
- na medida em que a escola é uma vasta creche, os pais dos alunos "liberados" teriam de achar outras soluções; contudo, não sendo absoluto esse obstáculo, uma oferta de atividades periescolares ou paraescolares* permitiria assegurar o enquadramento dos alunos que não estão em aula;
- os alunos "condenados" a passar o máximo de tempo na escola julgariam muito injusto e desmobilizador ver seus colegas mais rápidos virem menos freqüentemente, saírem mais cedo ou se dedicarem a atividades mais lúdicas; talvez um imenso esforço de explicação permitisse fazê-los aceitar essa desigualdade de tratamento, garantia de uma igualdade de formação;
- por fim, e acima de tudo, os pais dos melhores alunos se revoltariam contra esse "tempo perdido" e não cessariam de combater a implantação de tal sistema, ou, se ele fosse instituído, de contorná-lo, colocando seus filhos em escolas privadas, fazendo-os seguir cursos particulares, a fim de fazer mais pressão para que eles pulassem etapas na formação.

Em todos os casos, parece que jogar com o tempo para resolver um problema pedagógico geraria problemas psicológicos ou sociais ainda mais graves (Perrenoud, 2001c).

Por conseguinte, de duas uma:
- ou nos resignamos à privação da igualdade dos níveis de formação, não porque seja biologicamente impossível, mas porque a sociedade, as famílias e os indivíduos não estão prontos para pagar o seu preço em termos de tempo de escolaridade;
- ou se diversificam os percursos "diferentemente", concluindo que fazer variar o tempo dos estudos não é o alfa e o ômega da pedagogia diferenciada.

---

*N. de R. T. Literalmente, o autor refere-se a atividades em torno da escola (periescolares) e atividades próximas, acessórias, ao longo da escolaridade (paraescolares).

Recusando-nos a nos acomodar com a desigualdade dos conhecimentos básicos, exploraríamos a segunda via. A questão é, então, saber como administrar percursos individualizados, visando aos mesmos conhecimentos, *grosso modo*, no mesmo tempo. Este é o verdadeiro desafio.

Ele não pode ser aceito enquanto se estabelecerem para a escolaridade básica objetivos inacessíveis à maioria dos alunos, pelo menos em tão poucos anos.

REDIMENSIONAR OS OBJETIVOS

Há um conflito de interesses evidente, que não deve ser subestimado, entre:
- de um lado, aqueles que esperam da escolaridade básica a mais densa preparação, a mais completa, a mais específica possível para os estudos longos;
- de outro, os que lhe estabelecem a missão de levar cada um a um nível suficiente de cultura geral, quaisquer que sejam sua formação e seu destino profissional ulteriores.

A primeira visão predomina, pois a escola foi construída de cima, a escola de ensino médio ou o *cegep** supostamente prepara para os estudos universitários; o primeiro ciclo do ensino médio, para o segundo; e o ensino fundamental, para o médio. Essas expectativas eram coerentes quando as vias de escolaridade se separavam de começo, quando, com sete anos as crianças da burguesia entravam nas "pequenas classes" iniciais de uma escola de ensino médio onde estavam quase certas de obter seu diploma de estudos de nível médio dez anos mais tarde; os outros iam para escola municipal, para sair aos 12-13 anos e ingressar na "vida ativa".**

Em todos os sistemas escolares modernos, os alunos ficam juntos até o fim do ensino fundamental e, às vezes, até o fim da escolaridade obrigatória. No entanto, os programas continuam sendo concebidos, em larga medida, apesar das reformas curriculares sucessivas, como uma preparação dos melhores para os estudos superiores. A tal ponto que os objetivos, os conteúdos e os níveis de exigência aos 6, 8, 10 ou 12 anos são decididos em função dos alunos mais favorecidos. Somente eles podem esperar manter o ritmo.

---

*N. de T. Collège d'enseignement general et professionnel [Colégio de ensino geral e profissional], no Quebec, Canadá.
**N. de R. T. No Brasil, ainda vige em regime simbólico – não-oficial – uma escola propedêutica para os que buscam as carreiras universitárias e uma escola técnica-profissionalizante para os que se encaminham ao mundo do trabalho, sobretudo no ensino médio.

Se forem criados ciclos plurianuais sem contestar essa herança histórica, sem revisar certos objetivos da escolaridade básica, far-se-á pesar sobre a pedagogia diferenciada expectativas desproporcionais.

Daí a calcar os objetivos de final de escolaridade obrigatória sobre os meios intelectuais dos alunos mais lentos ou os mais desfavorecidos, esse é um passo que não tem de ser dado. Um sistema escolar que quer verdadeiramente democratizar o ensino deveria fixar os objetivos da escolaridade obrigatória de modo que praticamente todos os alunos possam atingi-los em nove ou dez anos, mediante a operacionalização de pedagogias diferenciadas que venham em auxílio dos mais lentos.

Objetivos para todos

Não é possível "reservar" a pedagogia diferenciada para uma fração dos alunos, assim como se limita o transplante de rim a certa categoria de pacientes. A pedagogia diferenciada não se confunde com uma pedagogia de apoio, ela reestrutura o conjunto da organização do trabalho. Isso não impede que a busca de uma otimização das situações de aprendizagem se justifique como prioridade para aqueles que não aprendem muito rapidamente nem muito bem, no sistema educacional tal como se apresenta.

O que se deve afirmar claramente, em matéria de currículo, é a imperiosa necessidade de não calcar os objetivos da escolaridade básica no nível exigido para o ingresso nas habilitações mais seletivas do ensino pós-obrigatório, visto que a proporção de uma geração suscetível de atingir tal nível aos 15-16 anos oscila, conforme os sistemas educacionais, entre um quarto e uma metade de cada classe de idade. Estabelecendo-se os critérios em um patamar tão alto, todos os outros estarão destinados ao fracasso, ou, modo de mascarar um pouco as coisas, orientados para habilitações menos difíceis.

Meu propósito aqui não é examinar em detalhe a questão dos conteúdos e contornos de uma cultura geral *para todos* nem debater diversas concepções possíveis dos conhecimentos e das competências que deveriam formar o cerne dessa formação comum (Perrenoud, 2001b, 2002b). Uma coisa é certa: deveria ser dada prioridade às necessidades daqueles que não farão estudos superiores, perguntando-se sobre o que cada um vai necessitar em sua vida, quaisquer que sejam sua condição social e sua profissão. Isso suporia uma vontade real de democratização do acesso aos saberes básicos. Essa vontade é hoje afirmada por todos os governos, porque é "politicamente correta", mas sua aplicação é muito desigual, conforme os países e, em cada um, conforme os partidos no poder.

Às relações de força políticas são acrescentadas as contradições internas dos sistemas educacionais e das políticas de educação (Perrenoud e Montandon, 1988; Perrenoud, 1999f, 2002d). Assim, no momento em que diversos cantões suíços criam ciclos de aprendizagem plurianuais, eles sonham muito seriamente em introduzir uma segunda língua estrangeira desde a escola de ensino fundamental. Quando seria preciso tornar mais leves os programas, estes são ainda mais carregados, fabricando inevitavelmente muito mais fracassos e desigualdades (Perrenoud, 2000c). Sinal de incoerência, a mão direita ignorando o que faz a esquerda? Acordo entre forças opostas, os partidários das elites ganhando no currículo e perdendo nos ciclos? Ou ainda, o que é, infelizmente, o mais provável, profundas divergências na concepção dos ciclos e aliança confusa entre os que pensam que permitirão aos bons alunos atravessar mais rapidamente a escolaridade básica e aqueles que esperam que os ciclos reduzam as desigualdades?

Em outras palavras: a instalação de ciclos plurianuais não é uma estratégia plausível de democratização a não ser quando acompanhada de uma revisão curricular que diminua as expectativas. Isso só é possível quando um governo consegue desenvolver uma política de democratização, sem fazer excessivas concessões aos que denunciam a "diminuição do nível" e o "fim das elites".

Talvez isso só seja possível compreender, se um grande número de nossos concidadãos compreender:

1. Que essa diminuição das exigências durante a escolaridade básica para os alunos que se destinam aos estudos superiores tem apenas incidências temporárias; basta, para conservar o nível final, aumentar em um ou dois anos alguns cursos universitários ou, melhor ainda, torná-los mais eficazes. Esse aumento seria uma gota d'água no oceano dos anos de estudo gastos no ensino superior, pelo jogo de reorientações anárquicas, bem como em razão de uma pedagogia frontal, cuja exclusão é freqüentemente a única resposta às dificuldades de aprendizagem dos estudantes (Frenay, Noël, Parmentier e Romainville, 1998; Romainville, 2000).

2. Que o que está em jogo é a formação de todos, em uma perspectiva de cidadania, mas também porque o futuro das sociedades não passa somente pelas elites capazes de fazer boa figura na concorrência internacional. Só as grandes potências militar-industriais podem permitir-se – até quando? – fazer coexistir uma pesquisa de ponta e aproximadamente 20% de iletrados. Instalar-se em uma sociedade dual é um suicídio democrático, mas também, a médio prazo, cultural e econômico.

Não ignoremos a amplitude dos conflitos de interesses e das disputas ideológicas sobre essas questões. Eles são manifestos a propósito da escola média, da idade e da severidade da primeira seleção. Os mesmos riscos percorrem toda a escola de ensino fundamental, mesmo quando a orientação parece ainda longínqua. Por que se julga indispensável que todos saibam ler aos sete anos, colocando, por isso, em dificuldades graves e duradouras aqueles que não o conseguem? A única resposta é, ainda atualmente : para não atrasar os melhores em sua caminhada para os estudos superiores! A maior parte das aprendizagens é programada para a idade mais precoce possível; a gramática formal, a subtração, o texto argumentativo, as frações, as línguas estrangeiras, a álgebra irrompem nos programas assim que um terço dos alunos seja capaz de dar conta desses novos saberes. O fato de os outros serem prejudicados por essas ambições prematuras não inquieta aqueles que só se preocupam com as elites.

A escola funciona como uma disciplina esportiva cujo único objetivo seria obter o maior número de medalhas nos Jogos Olímpicos. Com uma única diferença: mesmo os países que fazem dos sucessos esportivos um investimento político reconheceram que só uma grande quantidade de profissionais de bom nível poderia formar campeões olímpicos. Por isso formar uma elite e visar ao melhor nível do maior número não são estratégias contraditórias. Só o mundo escolar não compreendeu que, construindo a escola básica como uma imensa propedêutica aos estudos universitários se empobrecia a sociedade, sem melhorar sensivelmente o nível das elites!

Vivemos sobre representações de uma outra era, mas elas estão bem presentes, alimentadas pela angústia da competição e pelas estratégias de perpetuação dos privilégios que, a pretexto de defender o bem público, preservam, acima de tudo, os interesses de sua progenitura (Berthelot, 1983). É por isso que o sentido dos ciclos plurianuais não poderia ser o mesmo quando instaurados por uma maioria de esquerda ou por uma maioria de direita.

Se os ciclos não forem acompanhados por alguma revisão curricular, é indecente pedir aos professores que arquem sozinhos com os custos de uma redução do fracasso escolar e das desigualdades, ainda mais quando os recursos diminuem, e os públicos escolares e as condições de trabalho ficam mais difíceis. O mínimo seria que a instituição fizesse uma metade do caminho, tornando o currículo mais razoável, o que a colocaria em posição de convidar firmemente os professores a fazer a outra metade: conceber e operacionalizar uma pedagogia diferenciada, digna desse nome, desde que tivessem os meios e as competências para isso.

Hierarquizar melhor os objetivos?

Uma outra maneira de considerar a individualização dos percursos de formação consistiria em se concentrar, para os alunos mais lentos, em alguns objetivos ditos fundamentais, abordando um espectro mais amplo com os alunos mais rápidos.

Essa hipótese não é absurda, desde que se consiga definir satisfatoriamente os objetivos fundamentais. Ora, nessa área, é preciso lutar contra uma longa tradição escolar que leva, desde o início do ensino médio, a privar os alunos em dificuldade de certas aprendizagens de alto nível taxinômico. Justificam-se essas privações em nome dos conhecimentos básicos que seriam convenientes, diz-se consolidar como prioritários para preparar os alunos para seu próximo ingresso no mercado de trabalho. Tomemos alguns exemplos dessas renúncias impostas "para seu bem" aos alunos mais desfavorecidos:

- "Escarafunchar" a ortografia, desistindo de desenvolver a produção de textos.
- Ater-se ao texto narrativo, abandonando o texto argumentativo.
- Trabalhar as quatro operações, não levando em consideração a álgebra, ou acentuar o desenho técnico em vez da geometria analítica.
- Visar à memorização das nomenclaturas botânicas ou geográficas, renunciando às problemáticas explicativas.
- Inculcar algumas regras de conduta, sem abordar o debate ético ou filosófico.

Todos essas "suavizações" significam empobrecimentos, freqüentemente irreversíveis, com toda certeza incompatíveis com a idéia de uma cultura básica comum.

Será necessário inverter a hierarquia? Decidir, por exemplo:
- Negligenciar a ortografia em favor da produção de textos?
- Ignorar o texto narrativo para trabalhar a argumentação?
- Confiar as operações a uma calculadora para privilegiar o raciocínio?
- Concentrar-se prioritariamente nas questões fundamentais em ciências, em história, em geografia, aquelas que constituem a "matriz disciplinar"?
- Introduzir, de início, à complexidade e aos dilemas, poupando certezas baratas?

Imagina-se que isso não é tão simples, que não se pode simplesmente tomar a contramão da tradição. No entanto, essas reviravoltas seriam um bom ponto de partida para uma revisão curricular, pois todos dão prioridade a conhecimentos que modificam duradouramente a relação com o pensamento, com os saberes e com o mundo.

As pedagogias ativas mostraram há muito tempo que se podiam abordar questões complexas, desde a infância, sem repetir rudimentos incessantemente, durante anos. Não é necessário saber transformar decâmetros em decímetros para resolver problemas matemáticos nem dominar todas as sutilezas da conjugação no condicional, para formular hipóteses. As novas abordagens didáticas já romperam as amarras, em ciências, em matemática, em língua materna e em segunda língua, em história e geografia. Já se sabe que é possível se expressar muito corretamente sem dominar a análise gramatical formal, que se podem resolver problemas sem ser excelente em cálculo mental, que se podem compreender evoluções culturais ou conflitos importantes, sem conhecer o nome de todos os reis da França nem de todas as batalhas.

Embora a ruptura com o enciclopedismo esteja bem adiantada na pesquisa didática, ela está em curso somente nos programas escolares. A criação de ciclos plurianuais deveria precipitá-la. Mas os *lobbies* disciplinares são prudentes, os pais prontos a confundir cultura e enciclopedismo denunciam o empobrecimento dos programas, e a maior parte dos professores tem dificuldade de aceitar a idéia de que sua concepção do que é importante e primeiro não é a única nem, talvez, a melhor. O construtivismo ainda não está integrado, a herança das pedagogias novas é assumida apenas em palavras. A escola sabe, desde sempre, multiplicar os exercícios de memorização e de exercício programado, mas apenas começa a dominar os procedimentos de projeto, o trabalho por problemas, as condutas de pesquisa, dispositivos aos quais ela ainda está longe de dar um estatuto corriqueiro.

Vou abster-me, pois, de afirmar que já sabemos, quando construímos objetivos de formação, discernir o que é decisivo para o futuro e o que depende da simples tradição escolar, incontornáveis tão menos questionados quanto parecem presentes "para toda a eternidade". A reflexão em termos de objetivos-núcleo e a abordagem por competências deveriam, em princípio, favorecer a evidência do essencial, mas o uso que delas é feito de fato sugere que nos empenhamos, em muitos sistemas escolares, em não nos resignarmos à privação e em retomar os mesmos conteúdos, com conteúdos mais "modernos".

Nenhum sistema escolar está pronto hoje a se ater, por exemplo, aos sete "saberes" propostos por Morin (2000),* que definiriam outras tantas missões da escola: 1) fazer tomar consciência das cegueiras do conhecimento; 2) fazer descobrir os princípios de um conhecimento pertinente; 3) ensinar a condição

---

*N. de R. T. Publicado no Brasil: *Os sete saberes necessários à educação do futuro* (Cortez/UNESCO, 2000).

humana; 4) ensinar a identidade terrena; 5) preparar para enfrentar as incertezas; 6) ensinar a compreensão; 7) iniciar na ética do gênero humano. Os mesmos que lêem ou escutam Morin, fascinados e certos, dizem que ele traça o caminho do futuro, reincide em sua vontade de não renunciar a nada quando se trata de programas escolares "concretos". Atestando uma vez mais a arte que têm nossos contemporâneos de se referir aos visionários em seus discursos e de pôr em prática exatamente o contrário do que esses propõem.

Desejando-se ciclos nos quais os alunos mais lentos consagrem o máximo de tempo aos objetivos fundamentais e deixem de perder tempo em questões marginais, importa redefinir o que é fundamental e o que é marginal no acesso ao pensamento e aos saberes humanos (Gohier e Laurin, 2001).

Individualização dos percursos e diferenciação dos atendimentos

7

No capítulo anterior, defendi duas escolhas indispensáveis quando se deseja que os ciclos de aprendizagem plurianuais reduzam o fracasso escolar as desigualdades:
1. Antes de tudo, renunciar a jogar com o tempo (número de horas, de semanas ou de anos) para individualizar os percursos de formação em um ciclo de aprendizagem plurianual.
2. Redimensionar os objetivos de final de formação e de final de ciclos, de modo a que quase todos possam atingi-los ao mesmo tempo, mediante uma pedagogia diferenciada eficaz.

Supondo que, em nível de um sistema educacional, se tenham feito escolhas ousadas sobre a modulação do tempo escolar e sobre os objetivos de formação, restaria ainda fazer a outra metade do caminho: organizar os percursos de formação de modo que todos atinjam, em um tempo igual ou quase igual, esses objetivos redefinidos.

Nenhuma renovação curricular, por si só, criará as condições da igualdade dos conhecimentos adquiridos. Quaisquer que sejam os programas, sempre haverá alunos rápidos, interessados, ativos, apoiados por suas famílias, dispondo de um capital cultural importante, e outros que, nas mesmas condições, aprenderão menos rapidamente, menos facilmente, menos seguramente, menos duradouramente.

Desistindo de jogar com o tempo, deve-se evidentemente jogar com os meios, portanto, aceitar a idéia de um atendimento diferenciado dos alunos, no espírito da discriminação positiva e do princípio "a cada um, conforme suas necessidades".

A pedagogia diferenciada nem sempre está associada à idéia de percursos individualizados. Ela pode limitar-se a um atendimento mais intensivo dos alunos em dificuldade, progredindo todos sincronicamente, no mesmo passo, para os mesmos objetivos. Em uma formação estruturada em etapas anuais, é bem difícil diversificar os percursos.

Os ciclos plurianuais tornam possível essa diversificação. Mas valerá a pena o risco? Por que individualizar os percursos? Em que isso enriquece uma pedagogia diferenciada "clássica"? A questão é pertinente e merece ser levada a sério, pois a individualização dos percursos se acrescenta à complexidade da organização do trabalho e, se ela não for bem dominada, corre o risco de aumentar as distâncias em final de ciclo ou de formação. Haverá boas razões para enfrentar essa complexidade e esse risco?

A INDIVIDUALIZAÇÃO DOS PERCURSOS COMO SIMPLES CONSEQÜÊNCIA

A individualização dos percursos não é um fim em si. É uma conseqüência lógica de uma concepção coerente e ambiciosa da pedagogia diferenciada. Diferenciar consiste em propor a cada um situações de aprendizagem ótima em vista de sua progressão para os objetivos (Perrenoud, 1997a).* Como os alunos são diferentes, convém propor-lhes situações de aprendizagem diferentes, não só às vezes, mas sempre que isso for pertinente.

Ora, o que é um percurso de formação senão a seqüência das situações de formação que uma pessoa atravessa e vive? Embora essas situações sejam diferentes, pelo menos em parte, os percursos serão individualizados de fato. Sua individualização é, então, apenas a resultante de escolhas sucessivas que concernem a situações, atividades, tarefas e, portanto, a designação dos alunos a dispositivos e a grupos de trabalho diferentes. Algumas dessas escolhas são feitas pelos professores, outras, pelos próprios alunos, em busca de uma tarefa ótima; outras, ainda, serão sugeridas por um *software* ou por um balanço de competências estabelecido por especialistas.

O percurso de formação ganha consistência passo a passo; corresponde a uma dimensão da história de vida que não é escrita antes de ser vivida. Nesse sentido, ele não é um currículo escolar no sentido clássico, visto que este último prefigura um percurso de formação prescrito, um itinerário aconselhado ou obrigatório. Insistamos: a individualização dos percursos de formação não é entendida no sentido de uma personalização *ex ante* dos percursos prescritos ou aconselhados, mas como uma diversificação *ex post* dos itinerários efetivamente seguidos.

---

*N. de R. T. *Pedagogia diferenciada: das intenções à ação* (Artmed, 2000).

Isso não quer dizer que o caminho percorrido resulta do acaso ou de uma seqüência de decisões tomadas uma de cada vez, sem antecipação nem estratégia. Seria, contudo, igualmente redutor considerar apenas a parcela de individualização dos percursos que resulta de uma orientação para um currículo pensado de antemão, para um caminho delimitado. Isso equivaleria a constituir no seio de um ciclo habilitações paralelas, uma forma de *streaming*,* cujos efeitos amplificadores das desigualdades são conhecidos. Isso significaria, sobretudo, que se rompe com a idéia de uma otimização constante das situações de aprendizagem: toda formação programada, se for seguida rigidamente, cedo ou tarde põe uma parte dos alunos frente a situações didáticas inadequadas e, por conseguinte, pouco fecundas.

As primeiras correntes francesas de pedagogia diferenciada sonharam (Legrand, 1976) conhecer o aluno *a priori*, para lhe dar duradouramente um tratamento pedagógico ótimo. Seguiam-se diretamente os trabalhos americanos sobre as interações aptidões-tratamento. Hoje, especialmente graças aos trabalhos de Meirieu (1990) e de alguns especialistas em didática, particularmente Martinand (1989, 1995) e Astolfi (1993, 1997, 1998; Astolfi e Peterfalvi, 1997), sabe-se que o ideal é trabalhar aquilo que cria obstáculos à progressão, portanto, diferenciar em função da experiência, desistindo definitivamente de decidir sobre o que é "bom" para um aluno com semanas, até mesmo meses de antecedência.

Contrariamente às aparências, estamos no centro do que se pode chamar, com Tardif (1992), de um "ensino estratégico". Uma conduta estratégica não consiste absolutamente em fixar um plano e se ater a ele, aconteça o que acontecer. Trata-se, ao contrário, mantendo como rumo os objetivos finais, de modificar a estratégia e redesenhar o caminho e as etapas que levam a esses objetivos, cada vez que o estado da progressão, os obstáculos encontrados e o tempo que resta exigirem.

A individualização dos percursos, tal como concebida aqui, recusa, simultaneamente, as ações pontuais e o caminho traçado antecipadamente. Ela requer estratégias, mas estratégias abertas e móveis. Pensemos em um aluno que se choca com um obstáculo importante, quando se trata de aprender a ler ou a construir figuras geométricas. É inútil lhe propor um simples exercício de recuperação, uma sessão de apoio. Não obstante seria ainda mais lamentável lhe prescrever um tratamento longo, por exemplo, colocá-lo, por um ano, no grupo dos leitores fracos ou dos geômetras em dificuldade.

---

*N. de R. T. Uma forma de corrida, de fluxo rápido.

Mesmo na medicina, a despeito das tecnologias, dos conhecimentos científicos e de uma relação atendentes-pacientes mais favorável que a relação professores-alunos, é impossível otimizar constantemente o processo de decisão. Alguns tratamentos se prolongam além do necessário, algumas reorientações são determinadas tarde demais. É impossível confirmar ou reorientar uma estratégia terapêutica a cada cinco minutos, nem mesmo a cada hora, salvo nas unidades de tratamento intensivo ou nos momentos de crise. A orientação estratégica permanente exige recursos humanos de que só se dispõe nas atividades de alto risco ou na competição de alto nível. É, pois, inútil encerrar a escola em uma visão maximalista do ensino estratégico.

Lembremos, todavia, que construir uma estratégia não equivale a mudar constantemente de projetos. O acompanhamento leva, muitas vezes, a persistir na estratégia iniciada, seja porque ela parece eficaz, seja porque as dúvidas sobre sua eficácia ainda não estão bem fixadas. Há, porém, uma diferença enorme entre uma estratégia na qual se persiste com conhecimento de causa e uma estratégia que perdura por inércia, porque ninguém teve o tempo ou os meios para reavaliá-la. Otimizar um percurso de formação é dar-lhe outra direção se, e somente se, isso parecer pertinente. Para sabê-lo, é preciso mobilizar tempo, inteligência, informação, mesmo que seja para decidir continuar!

A escola nunca será capaz de otimizar constantemente todas as situações. Isso seria insuportável em face da necessidade de continuidade das pessoas e dos grupos: integrar-se em um grupo ou se juntar a uma atividade são processos psicossociais e investimentos afetivos que não poderiam ser rompidos em um momento qualquer, mesmo que a tarefa não parecesse tão ótima quanto se imaginava ou perdesse claramente em eficácia. Não se retira uma criança de um projeto "no meio da travessia" sob o pretexto de que não aprende mais, não se muda a criança de grupo a arrancando *sine die* de uma atividade em curso ou de ocupações cooperativas.

Esse dilema é, na realidade, bastante raro, pois, bem antes de dever arbitrar entre continuidade psíquica e relacional, de uma parte, e eficácia didática, de outra, chocamo-nos com a impossibilidade material de avaliar constantemente a progressão de todos os alunos, de conceber uma eventual reorientação ótima de sua atividade e, mais ainda, de operacionalizá-la concretamente.

Cumpre, contudo, defender uma concepção da pedagogia diferenciada como busca de uma atividade ótima para todos; ótima, primeiro, sob o ângulo de sua praticabilidade, de seu sentido, de sua capacidade de mobilizar os alunos atingidos, ótima também e, sobretudo, sob o ângulo das aprendizagens que ela produz (Perrenoud, 1994a, 1996c, 2001i). Não se conseguir isso em todos os momentos é da ordem natural das coisas; o importante é tender para isso e implantar a organização do trabalho mais propícia, no âmbito dos recursos existentes. É nesse espírito que uma organização modular do trabalho escolar adquire seu sentido (Perrenoud, 1997a, 1999c; Wandfluh e Perrenoud, 1999).

Embora se estime que muitos alunos estão demasiadamente envolvidos em tarefas pouco fecundas, é, primeiro, uma falta de recursos estratégicos que deve ser evidenciada, mostrando, por meio de exemplos concretos que, por falta de tempo e de forças, os percursos de formação foram conduzidos de maneira demasiadamente intermitente ou imprecisa, por conseguinte, ineficaz. Se passássemos das reivindicações rituais centradas no número de alunos por classe a uma análise minuciosa dos recursos requeridos para tomar decisões corretas, talvez saíssemos do diálogo de surdos em torno dos recursos humanos. É claro, o número de alunos tem sua importância, mas não se pode hoje dissociá-lo da organização do trabalho e das competências dos profissionais.

DISPOSITIVOS RAZOAVELMENTE FLEXÍVEIS

Conceber a individualização dos percursos de formação como a simples conseqüência da otimização das situações de aprendizagem propostas a cada um tem fortes implicações para a organização do trabalho em um ciclo plurianual de aprendizagem.

Inicialmente, evitemos imaginar que percursos individualizados remetam a aprendizagens solitárias: de um lado, essas escolhas têm por objeto a inserção do aluno em um dos grupos que trabalham paralelamente, sejam eles de níveis, de necessidades ou de projetos (Meirieu, 1989a e b). Uma pedagogia construtivista não pode viver sem interações entre os alunos. Não se deve confundir percurso individualizado e tutela!

Vendo a individualização como simples efeito de uma diferenciação bem-conduzida, não se aceitará, de início, a idéia de pensar um ciclo plurianual como um conjunto de itinerários pré-construídos, sendo o principal desafio atribuir rapidamente a cada aluno o itinerário que supostamente melhor lhe convém. Evitar-se-á mesmo separar os alunos em grupos de níveis por longos períodos, digamos mais de 4 a 6 semanas. Em última análise, mais valeria renunciar aos grupos de níveis e formar, de preferência, grupos de necessidades, centrados em certas dificuldades de aprendizagem e em certos obstáculos encontrados em uma disciplina. Não é impossível, então, que certos alunos, de seis em seis semanas, encontrem-se no mesmo grupo de necessidades, acabando por constituir o grupo daqueles tidos como "fracos em matemática", por exemplo.

Seria absurdo ver a gestão de um ciclo como a redistribuição cotidiana do conjunto dos alunos entre atividades e grupos constantemente recompostos. Entre uma organização imobilizada por um ano e uma organização sempre móvel, convém encontrar um meio-termo não só para que isso seja suportável para as pessoas e compatível com as forças disponíveis, mas também e inicialmente, para que os processos de formação sigam seu curso. Em um jogo, um esporte, na Bolsa ou em algumas profissões, a situação evolui muito depressa e demanda reorientações táticas associadas. Em pedagogia, orienta-se tendo em vista interações e atividades, mas as próprias aprendizagens são processos mais lentos, que não exigem decisões novas a todo momento e poderiam, ao contrário, sofrer um intervencionismo exagerado.

Trata-se, portanto, de encontrar um caminho médio entre inércia e ativismo, entre um sistema tão estável que instala duradouramente muitos alunos em situações de aprendizagem inadequadas e um sistema em constante fibrilação,* no qual se passaria mais tempo reorientando os alunos para outras atividades que fazendo funcionar situações de aprendizagem bem-pensadas.

Com a mesma vontade de diferenciação, a tentação de certas equipes será investir em dispositivos bastante móveis e em decisões associadas, enquanto outras equipes acreditam em regulações no interior dos grupos e das atividades. Essas tendências, sem dúvida, serão associadas a orientações pedagógicas e didáticas. Uma certa visão da pedagogia de domínio dá importância à orientação dos alunos para um tratamento adequado (grupo e atividade), ao passo que uma visão mais construtivista e interativa dá mais crédito às regulações durante a atividade.

A própria concepção das atividades pesará na organização do trabalho e na otimização das situações de aprendizagem:
- Em uma extremidade, serão encontradas atividades precisas, dosadas, dotadas de um material *ad hoc,* autocorretivas, destinadas eventualmente a um aluno que trabalha sozinho e funciona com autonomia; a leitura silenciosa, com fichas individuais, é um exemplo disso.
- Na outra extremidade, serão encontradas atividades mais coletivas, menos previsíveis, menos baseadas em um material do que em um enigma ou um projeto, atividades nas quais nem todos os alunos fazem exatamente o mesmo trabalho, atividades que exigem que o professor desempenhe um papel de regulação em certos momentos estratégicos e assuma também uma parte de apoio individualizado.

---

*N. de R. T. Analogia, construída pelo autor, que relaciona a rapidez das reorientações dos alunos às contrações excessivamente rápidas das fibrilas musculares.

Ademais, certas equipes trabalharão com objetivos intermediários relativamente fragmentados, enquanto outras acentuam objetivos de longo alcance, o que leva a exigências muitos diferentes para as atividades e sua regulação. Encontra-se aqui o problema da organização do trabalho, que será aprofundado mais adiante. O que fazer de específico no grupo-classe? Deve-se concebê-lo como um grupo de pertença, um porto seguro, uma torre de controle, uma base de orientação? O que se pode esperar das "descompartimentalizações"? Quais são as virtudes dos grupos heterogêneos? Por que constituir grupos homogêneos e conforme quais critérios? Trabalhar em módulos é uma solução generalizável ao conjunto das aprendizagens? Nesse estágio, nenhum sistema se impôs como uma organização ótima em todos os contextos (*Groupe de pilotage de la rénovation*, 1999a, b, c; Perrenoud, 1997a, 1999c, 2001c, 2002a; Wandfluh e Perrenoud, 1999). O desafio é, antes, desenvolver competências individuais e coletivas de organização do trabalho em ciclos. Isso não exclui, ao contrário, que o sistema educacional coloque recursos à disposição de todos: conceitos, exemplos, relatos, instrumentos, modelos de organização, reflexões críticas.

O essencial é não perder de vista uma idéia simples, mas constantemente ameaçada de esquecimento: os dispositivos são apenas meios de otimizar as situações de aprendizagem para cada aluno, a individualização dos percursos é tão-somente o signo de uma pedagogia diferenciada digna desse nome. Para julgar uma organização do trabalho ou uma outra, é útil examinar atentamente sua inteligibilidade e coerência, interrogar suas intenções e seus fundamentos pedagógicos. Mas, no final das contas, a questão determinante é saber se os alunos são, o mais freqüentemente possível, expostos a tarefas e desafios que os façam avançar na direção dos objetivos de formação.

Por essas diversas razões, seria absurdo conceber uma organização do trabalho única, que abstraísse a diversidade das concepções pedagógicas e didáticas dos professores, bem como as exigências locais.

RECURSOS RAROS: A QUEM DAR A PRIORIDADE?

Acrescentemos uma dimensão a essa complexidade: uma organização do trabalho que otimizasse constantemente as situações de aprendizagem para todos os alunos aprofundaria sensivelmente as distâncias. Os alunos lentos ou em dificuldade progrediriam melhor e mais depressa do que em uma pedagogia frontal, mas isso seria ainda mais verdadeiro para os alunos rápidos. Estes últimos se beneficiariam muito mais da otimização, na medida em que conseguem mais facilmente encontrar sentido nas tarefas escolares e administrá-las autonomamente.

Em si, isso não é um problema, senão sob o ângulo da eventual dissonância entre a idade de certos alunos e seu nível escolar. O que fazer de um aluno que poderia atingir em um ano os objetivos de ciclos sucessivos de dois anos? Uma pedagogia diferenciada eficaz, estendida a todos os alunos, permitiria certamente a alguns ingressar na Universidade aos 15 anos. É, aliás, o que esperam dos ciclos anuais alguns pais de "alunos muito bons". Inicia-se então um debate para saber se é desejável condensar em dez anos uma escolaridade básica que outros cumprem em quinze, para saber igualmente se o que se ganha em conhecimentos adquiridos escolares não se perde no registro da socialização, da pertença a um grupo, da solidariedade.

Considerarei o problema sob um outro ângulo: mesmo com uma relação favorável professor-alunos, mesmo com uma organização do trabalho muito eficaz e com professores muito competentes, a escola não tem e não terá nunca os meios de uma otimização das situações de aprendizagem para todos. Daí surge uma questão crucial: a quem dar prioridade?

Na perspectiva de uma democratização do acesso aos saberes, a resposta é óbvia: aos alunos mais afastados dos objetivos de final de ciclo. De dois males, deve-se escolher o menor; é prioritário fazer tudo para que um aluno fraco atinja os objetivos, menos grave não levar um bom aluno além deles.

Infelizmente, mesmo os sistemas educacionais que instauram ciclos de aprendizagem para favorecer a luta contra as desigualdades não têm interesse em "pôr os pingos nos is". Não se imagina um ministro anunciar aos pais dos bons alunos, sobretudo se eles contam entre seus eleitores, que seus filhos não são prioritários.

O sistema confia, pois, nos professores, nas equipes pedagógicas e nos estabelecimentos para praticar discretamente uma discriminação positiva. Discretamente quer dizer: atribuir prioridade aos alunos em dificuldade, mas sem "alardear aos quatro ventos". Salvar as aparências da igualdade de tratamento para não provocar o descontentamento dos privilegiados, daqueles que sempre querem mais.

Se essa cortina de fumaça não tivesse nenhuma conseqüência, por que se obstinar em dissipá-la? Ela permitiria simplesmente lutar eficazmente contra o fracasso escolar, sem pôr em evidência todas as implicações dessa escolha. O complicado é que salvar as aparências custa caro:

- primeiramente, em termos de culpabilidade: se o sistema educacional não disser aos professores que eles têm o direito e o dever de dar prioridade aos alunos mais afastados dos objetivos, alguns

se darão esse direito, outros não, em função de suas convicções e de sua ousadia;
- em seguida, em termos de visibilidade; não se pode constantemente pretender tratar todos os alunos como se eles fossem iguais e fazer exatamente o contrário.

Parece-me que, um dia, será necessário enfrentar abertamente esse problema e propor um contrato de solidariedade aos pais da escola pública. Bastaria que esta se empenhasse em fazer com que todos os alunos atingissem os objetivos, nem mais nem menos, o que a autorizaria a incitar firme e abertamente os professores a não investirem demasiadamente no enquadramento daqueles que avançam sem grande dificuldade e a se interessarem, ao contrário, mais intensivamente por aqueles que têm necessidade de um atendimento mais constante.

Nos hospitais públicos, admite-se que os tratamentos intensivos, as tecnologias de ponta e os melhores especialistas sejam reservados para os pacientes que mais precisam deles. Quem quiser beneficiar-se dos mesmos recursos para uma afecção benigna "acaba conformando-se", em nome da razão, justamente, de uma certa idéia da eqüidade e da solidariedade, ou se dirige a uma clínica privada, se a ablação de um quisto ou o tratamento de sua celulite lhe parecerem mais importantes que um transplante de rim ou uma cirurgia cardíaca.

Se a escola pública não garante nada mais que atingir os objetivos, por que se oporia ela a que os pais menos solidários fossem procurar no setor privado o equivalente das clínicas de luxo? Não há, todavia, razão alguma para que a coletividade tome a seu cargo o custo dessa escolaridade. O serviço público é, de certa forma, um serviço mínimo, mesmo que o nível venha elevando-se ao longo das décadas para responder às transformações de nossas sociedades.

É lamentável que esse princípio seja desnaturado por certos "consumidores de escola" (Ballion, 1982) cuja única preocupação é obter o máximo pelo preço do mínimo, menosprezando toda solidariedade. Cumpriria, pois, que o desenvolvimento de ciclos de aprendizagem fosse a oportunidade de esclarecer o direito e o dever de discriminação positiva, reformulando-os neste novo contexto: a instituição escolar e os profissionais se empenham em levar todos os alunos a dominar os objetivos de final de ciclo, nem mais nem menos; eles estão autorizados, portanto, de maneira absolutamente legítima e aberta, a investir menos força e inteligência pedagógica e didática quando as aprendizagens seguem normalmente seu curso.

Para colocar em prática essas orientações, além da vontade política e da clareza da "doutrina", resta evidentemente demarcar os alunos que necessitam de um investimento importante e aqueles que avançam sem esforços e que atingirão os objetivos nos tempos esperados.

Para concluir, diferenciar, com meios limitados, é otimizar seletivamente as situações de aprendizagem e o atendimento pedagógico, na perspectiva de uma discriminação positiva. O que conduz a aceitar, sem que isso seja motivo de escândalo, que os alunos mais favorecidos se encontrem muito freqüentemente em grandes grupos ou trabalhem de maneira amplamente autônoma. O fato de essas condições não serem ótimas não será dramático se elas:

- não comprometerem a consecução dos objetivos de final de ciclo;
- liberarem energia e tempo para permitir que os professores ofereçam aos alunos em dificuldade as condições de trabalho e o enquadramento verdadeiramente necessários para eles.

Pode-se temer, infelizmente, que esse contrato social seja difícil de estabelecer em uma sociedade na qual os abastados esperam do sistema educacional serviços à altura dos impostos que pagam!

Como se percebe, esses mecanismos são, em parte, técnicos: construção de situações e de dispositivos eficazes de aprendizagem, organização ótima do trabalho, avaliação formativa, decisões, regulações. Tudo isso exige dos professores uma grande perícia pedagógica e didática, tanto individual quanto coletiva.

Porém os mecanismos são também filosóficos e políticos. É deplorável ver vários sistemas educacionais adotarem uma estrutura da formação em ciclos plurianuais, como se isso fosse uma simples "modernização" ideologicamente neutra. O que os leva, nos textos, no discurso público, a dissociar ciclos e luta contra o fracasso escolar, ou a manter esse vínculo, mas abstratamente, sem que se veja que os ciclos, tal como são implantados, poderiam incidir sobre os mecanismos de transformação das diferenças extra-escolares em desigualdades de aprendizagens escolares.

Por causa disso, certos professores não compreendem em nome do quê, seria imposto a eles uma gestão mais colegial, dispositivos mais complexos, objetivos de mais longo prazo, uma avaliação mais formativa. Se essas mudanças se revelam um simples tributo às idéias do momento, um simples alinhamento ao que fazem os outros sistemas educacionais, não é conservador resistir a isso. O que justifica a inovação, ainda e sempre, é a esperança de formar melhor aqueles que não aprendem sozinhos, não importando que pedagogia.

As três funções da avaliação em uma escolaridade organizada em ciclos

8

A introdução dos ciclos de aprendizagem plurianuais influi na avaliação dos alunos? Ela deveria. Um ciclo de aprendizagem plurianual digno desse nome necessariamente perturba certas rotinas da avaliação escolar tradicional.

Ante essa perturbação, três atitudes podem ser adotadas:

1. A primeira, mais tímida, contenta-se com ajustes limitados, por falta de ambições fortes para os ciclos, ou simplesmente para não assustar os pais ou os professores.
2. A segunda coloca a avaliação a serviço de aprendizagens orientadas por objetivos plurianuais e visando à individualização dos percursos de formação.
3. A terceira vai ainda mais longe e usa em seu proveito a criação de ciclos para fazer avançar sensivelmente a concepção da avaliação das aprendizagens e sair de certos impasses.

Será preciso empenhar-se, necessariamente, nessa terceira via se a introdução de ciclos for acompanhada de uma real mudança curricular. É assim que, caso se formule o programa em termos de objetivos-núcleo e de satélites, se passe a uma abordagem por competências, se criem áreas pluridisciplinares ou se valorizem as competências transversais, será indispensável, imperativamente, criar meios de avaliação à altura desses novos tipos de objetivos de aprendizagem.

Acrescentemos que, se os ciclos forem concebidos, antes de tudo, como meios de fazer com que um número maior de alunos aprenda, essa ambição tem de reger a reflexão sobre a avaliação. Não basta adaptar as rotinas existentes às exigências de funcionamento de um ciclo e de uma gestão de percursos plurianuais. O desafio é otimizar as aprendizagens graças à evolução formativa, instrumento privilegiado de uma pedagogia diferenciada e de uma individualização dos percursos.

Não se pode, contudo, ignorar as outras funções da avaliação. Em um texto fundador, Cardinet (1983a) propusera distinguir três funções básicas da avaliação: a regulação, a certificação e a orientação. O autor defendia instrumentos de avaliação próprios para cada função. Mostrava que os instrumentos polivalentes têm necessariamente um desempenho menor, do mesmo modo que um "*software*" faz-tudo" é menos minucioso em cada área que um *software* especializado.

As três funções não remetem necessariamente a dados inteiramente diferentes. Elas são simplesmente orientadas para três tipos de decisões, tomadas conforme critérios diferentes:

1. A avaliação *formativa* sustenta a regulação do ensino e a regulação da aprendizagem que se estão realizando; ela se desdobra dentro de uma formação escolar.
2. A avaliação *certificativa* garante aquisições relativamente a terceiros, no mercado de trabalho, a rigor, ao final de um ciclo de estudos; ela intervém ao término de uma formação dada.
3. A avaliação *prognóstica* fundamenta decisões de seleção ou de orientação em função da aptidão presumida para seguir uma nova formação, por exemplo, uma determinada habilitação do ensino médio; ela se situa no início de uma formação e subentende uma escolha.

Em que se transformam essas três funções em um currículo escolar estruturado em ciclos de aprendizagem plurianuais? Serão elas sempre pertinentes? Caso o sejam, como são modificadas ou intensificadas?

Veremos:

- que a criação de ciclos de aprendizagem é acompanhada, em geral, de uma insistência sobre a avaliação formativa, que, todavia, falta implementar;
- que a avaliação certificativa continua onipresente, enquanto deveria, no sentido estrito, intervir somente no término da escolaridade básica;
- que a avaliação prognóstica, ao contrário, é quase ausente do debate sobre os ciclos, isso se pode lamentar.

Voltar-se-á *in fine* ao que se chamará doravante de "avaliação formativa" para mostrar que não é uma quarta função, mas só uma maneira de tornar acessível aos pais ou à administração escolar uma parte das informações de que os professores precisam para regular as aprendizagens, certificar os conhecimentos adquiridos ou orientar os alunos.

A REGULAÇÃO DAS APRENDIZAGENS E DOS PERCURSOS

A criação de um ciclo de aprendizagem plurianual dilata os prazos, o que poderia alimentar a ilusão de que, "dando tempo ao tempo", as aprendizagens se fariam "naturalmente".* Seria um grave mal-entendido sobre a vocação dos ciclos: perseguir objetivos de aprendizagem a longo prazo não autoriza de maneira alguma, muito ao contrário, a renunciar a observações formativas freqüentes e minuciosas, a fim de otimizar constantemente as estratégias pedagógicas e as situações de aprendizagem. Espaçando-se inconsideradamente tais regulações, serão encontradas, ao final de um ciclo, distâncias maiores entre alunos e, sobretudo, cada vez menos reversíveis.

Defendo uma forte articulação entre ciclos plurianuais e pedagogia diferenciada. A avaliação formativa, como instrumento de regulação da aprendizagem e do ensino, nada mais é que um componente de uma pedagogia diferenciada. Para colocar cada aluno o mais freqüentemente possível nas situações didáticas mais fecundas para ele, importa que o professor saiba o que o aluno compreendeu, no que ele tropeça, como aprende, o que o auxilia ou o perturba, interessa-o ou o aborrece, etc. É a função da avaliação formativa: permitir ao professor saber bastante sobre tudo isso para otimizar as situações de aprendizagem propostas a cada aluno.

A avaliação formativa pode contribuir para superar os três obstáculos fundamentais que a pedagogia diferenciada encontra em um ciclo (como em uma classe):

1. Um professor, mesmo bem-formado e experiente, com tempo integral, inteiramente disponível para um só aluno, nem sempre consegue compreender a natureza das dificuldades de aprendizagem, imaginar uma estratégia adequada e, enfim, operacionalizá-la com continuidade, ajustando-a até que produza resultados. A avaliação formativa participa, então, da construção de uma representação precisa, não só dos conhecimentos do aluno, mas de seu modo de aprender, de sua relação com o saber, de seu projeto, de seus recursos. É com essa condição que o professor poderá dar uma resposta satisfatória à questão: o que fazer, *hic et nunc,* para ajudar esse aluno a aprender?
2. Em uma escola, é impossível, por falta de tempo, de energia, de meios, de atividades suficientemente ricas e diversas, oferecer constantemente a todos uma "educação sob medida". É um problema de gestão de classe e de repartição dos recursos raros. Pode-se otimizar o tratamento das diferenças, na ótica de uma pedagogia diferenciada, sobretudo trabalhando em equipe e em ciclo. Todavia, não se atingirá o

---

N. de R. T. Perspectiva espontaneísta presente em práticas pedagógicas não-diretivas que se autosupõe, erroneamente, progressistas e democráticas, propugnando que "cada um ande conforme suas pernas". Essa postura ratifica a desigualdade no sistema educacional.

ideal porque a relação entre o número de professores e o de alunos permanecerá nitidamente menos favorável que em outras profissões, nas quais o atendimento é essencialmente individualizado. A avaliação formativa, portanto, tem também uma dimensão estratégica: determinar as urgências, os meios de ação, os problemas que precisam ser tratados prioritariamente. Pode-se fazer o paralelo com certas condições precárias de exercício da medicina: quando o médico não tem, por falta de tempo, a possibilidade de estabelecer um diagnóstico preciso para cada um, como escolher? Um professor que não pode fazer tudo tem de privilegiar o pedido de ajuda? O sofrimento aparente? As expectativas dos pais? Deve concentrar-se nos alunos cuja evolução parece potencialmente "de alto risco" ou se dedicar àqueles que necessitam de um "empurrãozinho"? Pode um profissional se dar o direito de não investir desmesuradamente em casos desesperados? Pode assumir o risco de não intervir de nenhum modo quando julga que um processo de auto-regulação vai provavelmente acontecer? A escassez dos recursos de avaliação formativa cria dilemas éticos e requer escolhas estratégicas!
3. Ainda que os recursos de regulação fossem ilimitados, não seria possível nem desejável otimizar constantemente as situações de aprendizagens propostas aos alunos, por razões tanto de ordem relacional e afetiva quanto cognitiva:
- Os saberes e as competências de alto nível são construídos na interação, dentro de um grupo; é impossível dominar completamente o que acontece a cada um, sem paralisar o funcionamento coletivo.
- Nenhum aluno suportaria um atendimento tão denso. Ele se rebelaria contra uma otimização constante de situações de aprendizagem que lhe são propostas; a observação formativa participa de uma forma de transparência que pode aumentar a pressão sobre os alunos, até mesmo provocar uma ingerência na esfera privada dos alunos e até de suas famílias (Perrenoud, 1998a).*

Diferenciar é trabalhar com dispositivos didáticos, com contratos, com intervenções, com proteções éticas, mas também com modos de observação formativa que aumentam as oportunidades de superar esses três tipos de obstáculos.

A observação formativa intervém em vários registros de regulação:

---

*N. de R. T. Avaliação: da excelência à regulação dos aprendizagens entre – duas lógicas (Artmed, 1999).

- a regulação do trabalho do aluno e de seu apoio pelo adulto no âmbito da atividade em curso;
- a orientação do aluno para outras atividades, mais adequadas, no mesmo grupo;
- a atribuição do aluno a um outro grupo e, por conseguinte, a atividades de um outro tipo ou de um outro nível;
- a orientação dos percursos de mais longo prazo.

A cada vez, o que está em jogo na regulação é otimizar não só o funcionamento didático, mas, sobretudo, o processo de aprendizagem em curso, seja por uma intervenção direta, seja ajustando as tarefas e as condições de aprendizagem.

A observação formativa passa, portanto, inevitavelmente:
- por balanços provisórios dos conhecimentos, associados às vezes a uma avaliação "microssomativa"; esses balanços criam uma "regulação retroativa", retomada das lacunas ou das dificuldades;
- por prognósticos parciais e revisáveis, na medida em que colocar um aluno em uma atividade ou em um grupo é levantar a hipótese de que aí ele terá seu lugar e poderá desenvolver-se e aprender; é uma observação posta a serviço do que se chamará, com Allal (1988), "regulação proativa";
- por uma análise minuciosa das condições e das modalidades do processo de aprendizagem em curso, que subentende uma "regulação interativa".

É claro que importa, na medida do possível, associar o aluno a essas observações porque ele é um informador privilegiado cuja cooperação é indispensável, e, ao mesmo tempo, porque, em última instância, é o ator principal da regulação. Levando-se esse raciocínio até o fim, descobrir-se-á:
1. que a expressão "avaliação formativa", que se tornou infelizmente habitual, não convém para designar a busca de informação que subentende a regulação dos processos de aprendizagem; seria melhor falar de intervenção reguladora, fundada em uma observação contínua e rigorosa de todos os elementos pertinentes, para compreender e incidir na direção dos processos ensino-aprendizagem.
2. que as regulações decisivas só se realizam, no fim das contas, na mente dos aprendizes, o que coloca todas as intervenções e todos os arranjos no registro da ação indireta sobre os processos de auto-regulação que se desenrolam na mente do aluno.

Deve-se notar que a auto-regulação tem apenas uma relação longínqua com certas formas rudimentares e agora banais de auto-avaliação. Não é porque se solicita ao aluno que "atribua uma nota para si" ou que preencha seu próprio boletim que se provocam regulações cognitivas fortes. Os trabalhos atuais vão mais no sentido da metacognição (Allal, 1993a e b, 1998; Grangeat e Meirieu, 1997; Lafortune e Saint-Pierre, 1996; Lafortune, Mangeau e Pallascio, 1998).

O desenvolvimento nessa área passa por esclarecimentos conceituais e teóricos, por pesquisa fundamental, por pesquisa-desenvolvimento, pesquisa-formação e, enfim, por uma formação, uma instrumentação e um acompanhamento das equipes e dos professores. Certamente não basta difundir grades de critérios, ainda que sejam bem feitas.

O problema existe independentemente dos ciclos de aprendizagem plurianuais. Parece, contudo, que o funcionamento em ciclos exige instrumentos novos de avaliação subentendidos por conceitos precisos por, pelo menos, duas razões:
- à medida que os percursos se diversificam, a comparação sincrônica dos alunos perde seu sentido; as notas, as porcentagens ou outros índices de classificação não têm mais pertinência, os conhecimentos dos alunos não podem mais ser comparados senão com os objetivos de formação; isso evidencia a ausência de instrumentos satisfatórios de regulação dos processos de aprendizagem, bem como dos percursos de formação;
- a orientação por objetivos plurianuais impõe regulações freqüentes, de uma ponta a outra do ciclo, sob pena de aprofundar as desigualdades.

Não partimos de zero, mas estamos longe de dispor dos conceitos, dos instrumentos, das práticas, das formações necessárias. Duas ilusões, pelo menos, teriam de ser dissipadas:
1. O esclarecimento dos objetivos de final de ciclo e o enunciado de marcos intermediários são apenas condições necessárias da regulação; resta instrumentalizar os professores para construir balanços e analisar progressões em função desses objetivos; nem o destino final nem mesmo o mapa final dizem a um navegador como determinar a latitude e a longitude ou reorientar a trajetória do navio!
2. O portfólio de trabalhos de alunos, no qual se depositam, hoje, grandes esperanças, depende mais da mobilização dos alunos, até mesmo da informação dos pais, do que da regulação das aprendizagens. Pode-se utilizar o portfólio para estabelecer um diálogo metacognitivo com cada aluno, mas esse não é, com certeza, o único nem mesmo o principal instrumento de observação formativa.

Evidentemente, toda observação formativa precisa da cooperação do aluno. Mas, para obtê-la, é necessário justamente que o professor saiba muito mais que o aluno e não limite sua análise àquilo de que o aluno pode tomar consciência. Assim, certamente é útil se interessar pelos erros dos alunos (Astolfi, 1997), ajudando-os a identificar e a nomear os mecanismos recorrentes que os impedem de realizar uma tarefa, mas se pode duvidar que isso seja suficiente para reconstituir, por exemplo, a tipologia dos erros de subtração, construída por Vergnaud (1980), ou a análise dos erros da pontuação, proposta por Fayol (1984).

A observação formativa, a regulação das condições de aprendizagem e das tarefas, a estimulação de auto-regulações cognitivas e metacognitivas são práticas especializadas que exigem um nível elevado de conceitualização, inclusive para fazer a diferença entre o que o profissional sabe e o que o aluno e os pais podem perceber. A observação formativa e a diferenciação que ela subentende não dependem do senso comum, mas de uma formação e de uma instrumentação teóricas e práticas especializadas, que condenam os professores a uma certa solidão individual e coletiva, a dos especialistas. Isso ficará mais claro à medida que o professor vai se profissionalizando mais no seu ofício.

Uma avaliação formativa aguçada não tem nada a ver com a redação de um boletim. Ela passa, primeiramente, por um conjunto de operações mentais que constroem, depois utilizam, uma representação aprimorada dos objetivos e dos processos de aprendizagem. Essa representação é elaborada a partir de indícios observáveis e de um diálogo com os alunos, mas ela se afasta disso para interpretar os dados por meio de quadros teóricos e de métodos que não estão ao alcance de qualquer um.

É muito mais urgente criar as bases conceituais e metodológicas dessas representações do que desenvolver novos instrumentos. O perigo de uma "superinstrumentação" tem sido apontado há muito tempo. Allal (1983) sugeriu procurar um caminho do meio entre a intuição e a instrumentação. Mas a tentação continua, especialmente em formação contínua, nem que seja para responder à demanda dos professores em exercício. Os instrumentos não têm virtude se não aumentam as competências de observação e de interpretação dos professores!

A própria concepção dos instrumentos é uma fonte permanente de confusão: renunciar a produzir, a perder de vista, grades de avaliação formativa, ainda que assistidas por computador, não equivale, em caso algum, a renunciar a instrumentos conceituais: uma teoria das dificuldades de aprendizagem, dos obstáculos cognitivos e afetivos, assim como um conhecimento minucioso das intervenções e dos procedimentos didáticos disponíveis. Mais que nunca, a avaliação formativa, como Bain (1988a e b) propunha, deveria ser o centro das didáticas.

AVALIAÇÃO CERTIFICATIVA: UMA OBSESSÃO PREMATURA

Certificar é garantir conhecimentos com vistas a terceiros. Um certificado é um diploma, uma segurança de conhecimento e de competências. A função primeira do certificado é permitir o desenvolvimento e o funcionamento de um mercado do trabalho. É por confiar no certificado que o empregador pode contratar trabalhadores que ele próprio não formou. Sem dúvida, ele não demonstra uma confiança cega: exige títulos, mas procede, além disso, a uma seleção por outros critérios, depois julga o novo empregado no trabalho, ao fim de um período de experiência. Contudo, se nenhum trabalhador fosse portador de um certificado de formação ou se a confiabilidade desses diplomas fosse muito medíocre, a mobilidade dos trabalhadores seria fraca, como ela foi, até pouco tempo, para os professores. A partir dessa perspectiva, certificar não tem sentido senão no momento em que um jovem se prepara para deixar a escola para "entrar na vida", para procurar um emprego ou um posto de aprendiz em empresa.

Infelizmente o funcionamento interno do sistema educacional veio embaralhar as cartas. Como sempre, as coisas se fizeram de cima: as universidades exigem diplomas de ensino médio, mesmo que muitas não se contentem mais com isso.* O ensino superior desenvolveu um "mercado interno", no próprio seio do sistema educacional, o que favorece, com certeza, a mobilidade dos estudantes, mas introduz uma certificação própria do mundo do ensino. As escolas pós-obrigatórias reforçam o processo: as mais seletivas exigem uma escolaridade obrigatória exitosa, até mesmo excelente, e é tentador denominar certificativa a avaliação que, no final da escola obrigatória, garante aquisições, até mesmo a excelência.

Por que não fazer o mesmo no final do ensino fundamental, ainda que quase não exista mais certificado de conclusão? E por que não estender a idéia aos graus e ciclos de estudos sucessivos no interior de uma formação? Pouco a pouco, de deslizamentos semânticos a indefinições artísticas, a avaliação certificativa veio a designar todo balanço de conhecimentos e de competências executado no final de uma etapa da escolaridade. Nesse sentido, o balanço que comanda a progressão na formação, ou a repetição de uma etapa anual, pode também ser considerado como certificativo. Por que não reconhecer desde logo essa qualidade a qualquer prova de conhecimentos?

N. de R. T. No Brasil, existe a exigência do exame vestibular que aprova (ou não) e classifica na entrada da universidade, além da exigência do diploma do ensino médio. Muitos esforços da educação básica, dirigem-se para a qualificação dos alunos ao exame vestibular.

A confusão está então no auge! Deve-se resistir à idéia que se faz *ipso facto* algo certificativo quando se procura demarcar os conhecimentos adquiridos de um aluno. Um balanço é tanto um instrumento formativo ou preditivo como certificativo. Com certeza, fazer um balanço formativo a cada semana não teria quase nenhum sentido, pois as aprendizagens não progridem tão depressa. Os balanços devem, portanto, ser relativamente espaçados, mas não há nenhuma razão para ligar todo balanço a uma decisão de certificação com vistas a terceiros ou de orientação para uma nova formação. Os balanços teriam de servir inicialmente para dirigir as progressões. Deveria especialmente ser afirmado com clareza que, no interior de um ciclo de aprendizagem plurianual, todo balanço intermediário diz exclusivamente respeito ao formativo.

Fica então a questão de fundo: um balanço de final de ciclo é certificativo? Responder sim seria encerrar cada ciclo em seus próprios objetivos e debilitar a continuidade da ação educativa. Na escolaridade obrigatória, não há nenhuma razão para instaurar uma avaliação certificativa ao final de cada ciclo. Isso só poderia reforçar a idéia de que os professores que recebem alunos estão no direito de esperar deles conhecimentos "certificados", garantindo que se pode considerá-los suficientemente homogêneos, do ponto de vista de sua capacidade de seguir o programa. Os ciclos de aprendizagem plurianuais tentam justamente romper com uma visão da construção dos saberes como uma sucessão de andares, um devendo estar terminado para que o seguinte comece.

É claro que isso não deve absolutamente impedir os professores responsáveis por um ciclo:
- de fazer tudo o que puderem para levar seus alunos ao domínio dos objetivos de aprendizagem estabelecidos para esse ciclo;
- de documentar com precisão, no final do ciclo, os conhecimentos de seus alunos, com seus pontos fortes e seus pontos fracos;
- de manter eventual e excepcionalmente certos alunos um ano mais para aumentar suas chances de atingir objetivos do final do ensino fundamental.

Não há, em tudo isso, nada de "certificativo", simplesmente uma "passagem de bastão", a partilha de informações profissionais favoráveis ao acompanhamento dos alunos ao longo da formação. O contrato dos professores, em qualquer ciclo, é receber os alunos como são e avançar na direção dos objetivos da escolaridade obrigatória, nem mais nem menos. Não se evitarão as expectativas inconfessáveis, as decepções, os julgamentos severos do tipo "Eu me pergunto o que eles lhes ensinaram antes". O profissionalismo consiste em fazer com os alunos, tais como eles são, o trabalho de formação, e em continuar esse trabalho.

Introduzindo uma avaliação certificativa em final de ciclo, o sistema reforça a idéia de que os professores encarregados do ciclo de aprendizagem seguinte podem raciocinar como empregadores, com direito de esperar que a um diploma correspondam "verdadeiros conhecimentos". A escola não é um mercado; cada ciclo não é portador de uma lógica autônoma, ele serve a progressão para objetivos comuns que atravessam toda a escolaridade básica.

Seria melhor se ater à posição muito sábia de uma conferência de ministros da educação na Suíça, que propõe "desenvolver fórmulas de avaliação que reforcem a eficácia das aprendizagens individuais dos alunos e transferir os prazos de avaliação certificativa, os encontros de balanço para o final dos ciclos escolares (final do ensino fundamental, final da escolaridade obrigatória)".

AVALIAR AS POSSIBILIDADES DE APRENDIZAGEM DE UM ALUNO, UM DESAFIO DESDE O ENSINO FUNDAMENTAL

O ensino fundamental se tornou a "escola primeira" nos países desenvolvidos. Todos os alunos entram em seguida no ensino médio para terminar sua escolaridade obrigatória,* com professores especializados, às vezes em classes heterogêneas, freqüentemente ainda em habilitações hierarquizadas ou em um sistema de cursos em níveis e opções.

Se, no início do ensino médio, as classes continuam heterogêneas, o balanço de final do ensino fundamental não prescreve nenhuma decisão de orientação-seleção; se os alunos são imediatamente separados em habilitações e níveis, a avaliação de final de ensino fundamental tem conseqüências. Torna-se ela por isso certificativa? Não, pois a questão pertinente não é garantir conhecimentos, mas julgar as chances de um resultado favorável de um aluno nessa ou naquela formação. Esse julgamento se fundamenta também em um balanço dos conhecimentos, mas não é o único critério. Os mesmos conhecimentos não têm o mesmo sentido conforme a idade do aluno, seus projetos, sua vontade de experimentar e de enfrentar um risco de fracasso, sua trajetória recente, os apoios de que dispõe fora da escola e diversos parâmetros psicossociológicos.

Como demonstrava Cardinet (1983a), certificar conhecimentos não garante uma boa orientação, pois os conhecimentos não são os únicos nem, às

---

*N. de R. T. O autor refere-se ao sistema francês, no qual a escola elementar é sucedida pela escola de ensino médio, que vai dos 11 aos 17-18 anos.

vezes, os melhores prenunciadores do êxito futuro. Isso é particularmente verdade quando se passa para o ensino médio (multiplicação das disciplinas e dos professores, horários e ritmos de trabalho mais pesados, pedagogias mais frontais, avaliação normativa onipresente, deveres de casa importantes, pais menos à vontade em face dos programas) e quando se encontra em momentos articuladores do desenvolvimento operatório, como é o caso no final do ensino fundamental.

O ensino fundamental realiza, às vezes, uma avaliação prognóstica antes da passagem ao médio, por exemplo, para decidir a transferência de um aluno ao ensino especializado ou, ao contrário, uma reintegração de um aluno oriundo de uma classe especializada na formação "normal". Há também avaliação prognóstica quando se decide fazer um aluno precoce "pular de ano". As decisões de reprovação ou de aprovação em final de ano dependem também do *prognóstico*, mesmo que não se tenha o hábito de concebê-las assim. A decisão de reprovação é freqüentemente fundada em um *prognóstico*: se passar para o grau seguinte, o aluno tem chances de preencher suas lacunas, de recuperar seu atraso ou, no mínimo de avançar sensivelmente? Ou estará, ao contrário, a tal ponto vulnerável que a reprovação não tem sentido?

Durante o ensino fundamental, é exatamente nesses termos, portanto à base de uma avaliação *prognóstica*, que se deve conceber a passagem de um ciclo de aprendizagem ao seguinte. E não há por que raciocinar de modo totalmente diferente no momento do ingresso no ensino médio. O leque de opções é simplesmente mais amplo, visto que, em certos sistemas educacionais, passar ao ciclo seguinte não exclui ser orientado para uma habilitação ou um nível de estudos. Colocar o problema em termos de avaliação prognóstica não é resolvê-lo. O risco permanece, mas o professor se organiza para reunir todos os elementos de apreciação, entre os quais o balanço dos conhecimentos.

Notemos ainda que, no interior de um ciclo plurianual, existe uma forma banal de avaliação prognóstica, necessária para dividir os alunos em grupos de níveis ou de necessidades, em módulos ou simplesmente entre atividades desigualmente exigentes. Reencontra-se aqui a noção de avaliação "proativa" (Allal, 1988), aquela que preside a uma orientação do aluno para uma tarefa à sua medida e potencialmente fecunda. Sob essa forma, a avaliação prognóstica intervém constantemente na orientação dos percursos de formação, visto que se trata de propor situações de aprendizagem, bem como dos grupos de trabalho que correspondam a cada aluno.

Informar os pais

É a informação aos pais uma quarta função da avaliação? Não creio. Os pais estão certamente interessados na certificação e na orientação de seus filhos. A regulação durante o percurso, que traz em si simultaneamente elementos de balanço, de acompanhamento e de prognóstico, concerne igualmente a eles. Ela parece responder a questões onipresentes: meu filho tem os meios e a vontade de aprender? Acompanha o programa normalmente? Vai conseguir um bom resultado? Tem chances de passar para o grau ou ciclo seguinte ou, ainda, para as mais invejáveis habilitações de nível médio?

Deve-se, por isso, falar de avaliação informativa? A expressão, em voga em certos sistemas educacionais, não me parece muito feliz. Informar os pais não deveria exigir uma forma específica de avaliação. Para mim, basta levar ao conhecimento dos pais, sob formas e com um grau de detalhe correspondente às suas necessidades, dados já disponíveis e de que os professores precisam, de qualquer maneira, para fazer seu trabalho. É assim que um médico não tem nenhum motivo de estabelecer um diagnóstico específico para uso exclusivo de seus pacientes; ele se limita a lhes dar conhecimento do que apreendeu para decidir um tratamento. A idéia de avaliação informativa poderia sugerir que seria oportuno recolher dados com o único fim de informar os pais. Isso levaria a investir uma energia desmedida na informação dos pais, em vez de considerá-la como uma forma de "vulgarização" de dados que são, de qualquer modo, necessários ao profissional para guiar as aprendizagens e os percursos de formação.

Se a escola não conseguir reverter a lógica atual, para fazer da informação aos pais um derivado das informações recolhidas com fins formativos, certificativos ou prognósticos, ela passará cada vez mais tempo produzindo uma informação específica destinada aos pais, consumidores cada vez mais exigentes, e cada vez menos tempo delimitando o que possibilita fazer aprender melhor.

O DIREITO DE SABER

Importa dar regularmente informações aos pais sobre as diversas formas de avaliação de seu filho na escola, bem como o que resulta disso. Os pais precisam ter essas informações para desempenhar seu papel. Essa necessidade aumenta quando se vislumbram no horizonte uma seleção e uma orientação cuja chave parece ser a avaliação. A confiança dos pais diminui simultaneamente a distância que separa seu filho dos prazos julgados decisivos. Isso é ainda mais forte porque há um conflito entre os interesses da família – que aspira à orientação mais favorável – e as exigências que o sistema educacional pode opor a essa aspiração em nome da "manutenção do nível" e por medida de eqüidade.

Mesmo na ausência de prazos próximos, os pais antecipam em vários anos o momento da seleção, percebem o que está em jogo, desejam que seus filhos se saiam bem, preocupam-se e querem, por conseguinte, apoiar sua progressão. Isso é absolutamente normal. Não se pode pedir-lhes, ao mesmo tempo, que favoreçam incondicionalmente a escolarização – dar aos filhos o desejo de aprender, apoiar seu trabalho escolar e controlá-lo quando feito em casa – e incitá-los a se desinteressarem de seus progressos e dos prognósticos de êxito ou de orientação que daí decorrem. Esperar um grande desprendimento disso é ainda mais irrealista se o sistema educacional pratica uma seleção precoce, severa, pouco negociada e relativamente irreversível. Os sistemas educacionais que se queixam da pressão exercida pelos pais sobre a pedagogia e sobre a avaliação no cotidiano fariam melhor se a considerassem como uma simples adaptação, proporcionada por força da seleção em vigor durante o ensino fundamental e, sobretudo, no momento da passagem ao ensino médio.

Observa-se, entretanto, que, mesmo nos sistemas menos seletivos, os pais acham que precisam de uma informação regular para assumir suas responsabilidades. Seria, pois, absurdo lhes pedir que esperassem o balanço de final de ciclo para serem informados dos progressos de seu filho. Isso é ainda mais verdadeiro se os ciclos de aprendizagem duram três ou quatro anos. Os pais têm direito a uma informação mais constante.

Nenhum sistema em vias de introduzir ciclos pensa, aliás, em privá-los disso. A informação dos pais é crucial. Suas expectativas, suas angústias e suas estratégias podem desvirtuar o sistema de avaliação formativa mais bempensado, arruinar os esforços de orientação, tornar dramática a certificação final e fazer com que ela pese antecipadamente sobre toda a escolaridade. Importa, portanto, trabalhar de maneira intensiva com os pais quando se implantam ciclos de aprendizagem plurianuais.

A armadilha seria honrar essa demanda legítima, fazendo do boletim escolar destinado aos pais o alfa e o ômega da avaliação nos ciclos, um empreendimento tão prioritário que desviaria da avaliação formativa. Para informar os pais, deveria ser suficiente que os professores fizessem um esforço periódico de síntese e de tradução dos elementos que devem, de qualquer forma, reunir para guiar as aprendizagens.

A verdadeira questão é, pois, saber como tornar acessível aos alunos e aos pais, sob formas e a intervalos adequados, uma parte dos resultados de uma avaliação feita de início pelos profissionais, para regular um processo de aprendizagem, basear uma decisão de orientação ou fazer um balanço certificativo em final de formação.

Essa preocupação deveria levar o sistema educacional e os professores, para cada uma das três funções básicas, a procederem por etapas:

- primeiro, servir-se de instrumentos de avaliação pertinentes e eficientes para cada função (regulação, orientação ou certificação), sem a preocupação, nesse estágio, de que sejam compreendidos pelos leigos;
- em seguida, associar os alunos, na medida de seus meios, à coleta e interpretação dos dados e à preparação de eventuais decisões;
- por fim, formalizar as informações recolhidas e as interpretações que elas permitem, de modo a torná-las acessíveis a outros destinatários, para informá-los e, às vezes, mobilizá-los.

Para cada uma das três funções da avaliação, conforme Cardinet (1983a, 1986a e b), podem-se distinguir três estados sucessivos, que podem ser concebidos também como etapas. O quadro seguinte cruza as três funções e as três etapas. (Ver tabela na próxima página.)

Em todos os casos, a transparência tem de, por conseguinte, ser grande, sem que os pais tenham de mendigar informação. A questão, porém, não é proposta nos mesmos termos conforme a função da avaliação:

- Quando a avaliação é prognóstica, os pais têm o direito de compreender os fundamentos da decisão de seleção ou de orientação tomada ou a tomar, de negociá-la ou de recusá-la.
- Quando a avaliação é certificativa, está decidido, não há mais nada a fazer, mas os pais e os alunos têm de ter bastante informação para compreender, até mesmo para contestar o balanço certificativo. É neces-

sário ainda que se trate de uma verdadeira certificação e não de balanços intermediários, ao longo do ciclo ou da formação, que não requerem nenhuma decisão fora de um atendimento pedagógico adequado.
* O problema é muito mais delicado para a avaliação formativa. Com efeito, idealmente, esta é contínua. Mas seria absurdo exigir que, cada vez que um professor enriquece ou varia suas representações dos conhecimentos, maneiras de aprender ou progressos de um aluno, este último e seus pais sejam imediata e integralmente informados.

Limitar-me-ei, no que segue, à avaliação formativa, sabendo que ela é inevitavelmente marcada por temores ou esperanças relativos às certificações ou às orientações futuras.

Três funções e três etapas da avaliação

Etapa / Função	1. *O que os profissionais precisam para regular as aprendizagens e orientar os percursos de formação*	2. *O que se deve dizer aos alunos sobre isso, levando em conta o que eles podem compreender e o que os mobiliza*	3. *O que se deve dizer sobre isso a destinatários externos às interações didáticas*
A. Formativa	Ferramentas diagnósticas e cumulativas aprimoradas, desenvolvidas em função dos objetivos do ciclo em curso, para seguir a progressão, reorientar as aprendizagens e as intervenções, orientar os percursos.	Diálogo contínuo e mobilizador no âmbito das atividades de aprendizagens. Trabalho metacognitivo. Portfólio de produções e de trabalhos para avaliar o caminho percorrido.	Informação regular e sintética sobre a evolução do aluno, seus conhecimentos provisórios, a distância percorrida e a percorrer em relação aos objetivos.
B. Certificativa	Ferramentas cumulativas aprimoradas para fazer o balanço dos conhecimentos adquiridos no final da formação em função dos objetivos de formação.	Balanço dos conhecimentos adquiridos e das lacunas em termos compreensíveis pelos alunos e mobilizadores.	Balanço sintético ao final da formação, garantindo um perfil definido de saberes e de competências.
C. Prognóstica	Ferramentas preditivas para apreciar as chances de êxito nessa ou naquela formação ou ciclo de estudos vindouro.	Análise realista das chances e dos riscos de diversas hipóteses de orientação.	Projeto argumentado e negociável de decisão de orientação ou de seleção.

NÃO É INFORMANDO OS PAIS QUE SE REGULAM AS APRENDIZAGENS DOS ALUNOS!

A questão é saber como informar os pais em intervalos bastante próximos para que eles possam "acompanhar" a progressão de seu filho, fazendo com que essa informação:
- não se torne permanente, invasiva e, finalmente, insignificante;
- não desvie os professores da regulação das aprendizagens.

Por que insistir? Porque os sistemas freqüentemente investem esforços desmedidos em uma avaliação informativa considerada como função autônoma e em seu instrumento, o "boletim de avaliação" (denominado ainda de carnê, caderneta ou dossiê), um documento destinado aos pais e, marginalmente, aos alunos. A concepção e a generalização desse boletim se tornam preocupações centrais, ainda que este não garanta *enquanto tal* nenhuma regulação das aprendizagens e dos percursos, durante o ciclo (nem, aliás, um balanço digno desse nome em final de ciclo nem decisões corretas de orientação ou de seleção).

Por fim, põe-se a carreta antes dos bois. Em vez de desenvolver primeiro instrumentos de avaliação formativa, certificativa e prognóstica adaptados aos ciclos plurianuais para, somente em seguida, inventar formas de comunicação aos pais, de uma parte das informações e interpretações que daí resultem, faz-se exatamente o inverso.

É claro, quando os ciclos estão instituídos ou estão a ponto de sê-lo, a urgência psicológica e política é tranqüilizar e informar os pais, portanto, colocam-se todas forças no boletim como "vitrine". Isso é compreensível, mas idealmente seria preferível antecipar, conceber tranqüilamente instrumentos formativos adequados, para poder, em um segundo momento, ocupar-se de "traduzir" seus resultados para os pais e outros destinatários. Infelizmente, acontece com freqüência de modo diferente nos calendários das reformas escolares, quer se trate de novos programas ou de introdução de ciclos plurianuais.

Quando o sistema educacional é tomado pela urgência, é grande sua tentação de imaginar que pode "matar dois coelhos com uma só cajadada" e de decidir que, internamente, o boletim escolar será utilizado como instrumento formativo ou certificativo. Fazendo isso, corre-se um risco maior: limitar o investimento institucional ao desenvolvimento de um boletim escolar, portanto, ao mínimo de informações simples requeridas para manter os pais informados dos progressos de seu filho. Assim, será evitado um investimento institucional equivalente no desenvolvimento de instrumentos de regulação. No entanto, esse desenvolvimento se choca com obstáculos teóricos e metodológicos sem apresentar em relação àqueles que é necessário superar para fabricar um boletim escolar aceitável.

Modernizar as cadernetas escolares não equivale a dar um passo na direção da avaliação formativa. Substituir as notas por comentários qualificativos* só leva à avaliação formativa na fase "pré-histórica", na qual um sistema de notação com números dispensa os professores de descrever as aquisições e os modos de aprender de seus alunos. A partir desse ponto de vista, o "boletim descritivo", tal como instituído pelos quebequenses há mais de vinte anos (Bélair, 1984), obriga os professores a documentar realidades que eles não determinavam "espontaneamente", em outras palavras, a responder seriamente a perguntas que talvez não se tivessem feito ou às quais teriam respondido muito intuitivamente, não fosse essa obrigação.

Um boletim descritivo é, nesse sentido, um desvio interessante para forçar a análise dos conhecimentos adquiridos, base de uma avaliação criteriosa. O aspecto "descritivo" importa mais que o boletim. O problema é que um boletim descritivo à altura dos desafios pedagógicos dos ciclos não corresponderá ao que a maior parte dos pais querem saber. Na perspectiva da profissionalização do ofício de professor, parece-me mais claro:

- dizer abertamente que um professor tem de, a propósito das aprendizagens de seus alunos, saber muito mais do que, em geral, necessitará dizer aos pais e até aos alunos;
- não fazer aos profissionais a ofensa de exigir que, pensando nos pais, eles coletem e formalizem informações que deveriam primeiro reunir para realizar seu trabalho em classe.

É tempo de superar a confusão entre a função de regulação da aprendizagem e as virtudes de um bom boletim escolar destinado aos pais. Essa confusão, na verdade, impede duradouramente que sejam construídos verdadeiros instrumentos formativos. Os sistemas educacionais se contentam muito freqüentemente em refazer o que sabem fazer: boletins. O que, às vezes, os dispensa de aprender a fazer o que eles não sabem fazer: criar instrumentos de regulação dos processos de aprendizagem e dos percursos de formação em função de objetivos plurianuais.

Mais valeria conservar no boletim escolar sua vocação de instrumento de transparência, de informação, de mobilização. Sua única razão de ser é oferecer uma resposta clara à questão que preocupa a maior parte dos pais: "Será que tudo

---

N. de R. T. Esses "comentários qualificados" podem ser traduzidos, na realidade educacional brasileira, geralmente, para pareceres descritivos.

está indo bem? É preciso se preocupar ou as aprendizagens seguem seu curso?". Mais ainda que para os alunos (Chevallard, 1986), a avaliação funciona para os pais não como uma medida, mas como uma mensagem, um indicador de tendência, um diário de bordo tranqüilizador ou inquietante. Nem mais nem menos!

Levando-se a sério suas verdadeiras expectativas, pelo menos as de maior número, teria de se chegar, de uma parte, a um boletim escolar, simples, sintético e entregue, no máximo, duas ou três vezes por ano, e, de outra, às práticas complementares de diálogo, mais fluentes e orais, à medida das necessidades. Que se acabe, enfim, com a crença de que o boletim contribui decisivamente para a regulação das aprendizagens e dos percursos. Ainda que a informação e a implicação dos pais participem disso, elas não são suas peças centrais.

UMA VIA-CRÚCIS?

A confusão entre avaliação formativa e informação dos pais pode decorrer de uma interpretação maximalista de suas expectativas. Alguns deles, especialistas ou angustiados, desejariam acompanhar o detalhamento das aprendizagens, como gostariam de, no hospital, segurar a mão de seu filho em uma sala de cirurgia. Não podendo instalar-se na classe de seu filho, sonham receber um "boletim de saúde" quase diário. Não querem palavras tranqüilizadoras, querem saber exatamente o que acontece ou pode acontecer a seu filho. É a razão de as grades criteriadas não os assustar, bem ao contrário. Dentro de alguns anos, eles desejarão que cada professor divulgue permanentemente em sua página da internet (se possível às 13 e às 17 horas!) os últimos progressos de seu filho, uma espécie de índice do valor escolar de sua progenitura. Para saber, para se tranqüilizar e, sobretudo, para intervir a tempo, às vezes junto ao filho, às vezes junto ao professor.

Para esses pais, a escolaridade de seu filho se parece com uma "via-crúcis", por duas razões:
- Na falta de notas, os progressos são "materializados" por "cruzes" colocadas nas grades, de modo a significar se a definição do losango, a divisão de números decimais, a concordância ou o uso de um determinado tempo verbal são conhecimentos já adquiridos, em vias de aquisição ou ainda não-dominados.
- A escolaridade é vivida como uma procissão rumo a uma longínqua colina, cada etapa conta, a tensão é constante.

Esses pais, minoritários, são muito difíceis de satisfazer, pois não aceitam saber menos que o professor sobre o assunto e se recusam, na realidade, a confiar nele. Não lhe pedem só um julgamento, mas materiais brutos para refazer todo o raciocínio, à maneira de um paciente que diria a seu médico: "Dê-me as análises, as radiografias, tudo o que você tem porque quero controlar seu diagnóstico". É a recusa de toda competência profissional, o que só pode irritar o professor, inquietar o filho e frustrar a mãe ou o pai ávido de saber tudo.

Há, sem dúvida, nessa maneira de acompanhar obstinadamente os passos do filho e os do professor, uma vontade de acertar, angústia e, em certas ocasiões, sofrimento. Os profissionais podem ser formados para compreender essas expectativas e não tomá-las como ataques a seu profissionalismo. Não podem, em contrapartida, responder a elas. No âmbito da divisão do trabalho, não se pode, simultaneamente, delegar uma tarefa e não depositar nenhuma confiança naquele que faz o trabalho. O professor, então, tem motivo para dizer: "Se você quiser estar no meu lugar, tome-o, eduque seu filho você mesmo (só a instrução é obrigatória!) ou contrate um preceptor que seguirá docilmente suas ordens".

Reivindicar a regulação das aprendizagens como uma ação profissional especializada não significa, é claro, que se deva renunciar a esclarecer os pais sobre o modo como os professores agem para conduzir uma observação formativa. Cumpre, ao contrário, fazer com que eles compreendam o espírito, o método e a função de certos instrumentos formativos, mesmo e, sobretudo, que estes continuem a ser de uso principal dos professores e dos alunos. Não consentir nesse trabalho é suscitar uma desconfiança inútil. Que a escola não tenha nada a esconder é o mínimo. Todos os pacientes têm o direito de ter acesso a seu dossiê médico. Por analogia, não se poderia justificar a existência de um dossiê escolar inacessível aos principais interessados. Isso não impõe a comunicação espontânea de todas as informações.

Cumpre também dar a conhecer as intenções e os instrumentos da observação formativa para que os pais não as assimilem às formas de avaliação que lhes são familiares: o exame, a prova, a interrogação oral. Assim, é necessário explicar aos pais que a observação formativa utiliza todas as informações pertinentes, que ela se situa em uma lógica de resolução de problema que toma, portanto, formas e amplitude diferentes conforme as dificuldades dos alunos. Foi o que chamei de abordagem pragmática da avaliação formativa (Perrenoud, 1998a).* A idéia geral que orienta a avaliação formativa é acessível a todos, faz parte da representação comum de uma ação racional.

O diálogo permanente só pode favorecer o respeito às competências específicas dos professores. Cada pai ou cada mãe de aluno sabe muito bem que

---

*N. de. R. T. *Avaliação: da excelência à regulação das aprendizagens – entre duas lógicas* (Artmed, 1999).

um especialista, de qualquer área, necessita informações para agir com fundamento, sem que seja útil nem mesmo possível lhes pedir que constantemente as formalizem para terceiros. O desejo que têm certos pais de serem informados de tudo é um sinal de desconfiança que responde freqüentemente ao enclausuramento da escola em si mesma.

Os pais mais instruídos são os mais exigentes, sem dúvida porque julgam *a priori* que estão bem qualificados para tudo conhecer e tudo compreender. Eles confundem seu domínio dos saberes a serem ensinados com as competências requeridas para fazer um diagnóstico em termos de obstáculos à aprendizagem. Todavia, iniciando-se um verdadeiro diálogo com eles, esses pais têm também os meios de compreender que regular as aprendizagens não é seu ofício. É preciso ainda que tenham a impressão de que esse é o ofício dos professores. Os piores inimigos da profissionalização são os professores que dão a entender que se absteriam de avaliar se a instituição escolar e os pais não os obrigassem a isso.

SÍNTESE PERIÓDICA E INTERLOCUÇÕES

Entre uma avaliação formativa transmitida aos pais continuamente, de um lado, e um episódico e vago "Confie em nós, não se preocupe com isso", de outro, qual o justo acordo? Como conceber uma informação destinada aos pais que seja a síntese do que sabe o professor, nem abundante demais e permanente nem muito magra e espaçada?

Não há razão alguma para fazer observação formativa em datas fixas, nem para sincronizar ou padronizar as coletas de dados. No máximo, cada vez que observa um aluno trabalhando, o professor enriquece sua representação dele, às vezes, fiando-se em sua memória, em outras, tomando algumas notas. Ele observa mais seguida ou intensamente os alunos em dificuldade, os que resistem às aprendizagens ou aqueles cuja maneira de raciocinar ou de comunicar continua a ser, para ele, um enigma. A observação formativa está a serviço de uma conduta de resolução de problema, ela é proporcional às necessidades.

Os professores que realizam seu trabalho com um espírito formativo acumulam muitos indícios, observações, hipóteses a propósito de seus alunos, notadamente daqueles que têm dificuldades de aprendizagem. O que devem eles dizer aos pais? Seria absurdo e desgastante querer informar os pais, hora a hora, sobre tudo o que acontece a seu filho e o que pensam deles os profissionais.

A observação formativa alimenta a memória de trabalho dos professores. Não se poderia pedir-lhes para formalizá-la e torná-la permanentemente acessível a terceiros. Por várias razões:
- Essa esfera protegida preserva a segurança dos alunos, seu direito ao erro, suas regressões passageiras para estados anteriores do saber.
- Dá aos professores o direito de hesitar, de voltar atrás, de formular outras hipóteses, em suma, o direito a um "foro íntimo".
- Torna possível a negociação entre professores e alunos, sem interferências dos pais, a propósito do trabalho, das exigências, do auxílio e do pedido de ajuda, do contrato.
- É igualmente uma questão de prioridade e de energia; alguém que deve verbalizar seus menores pensamentos se põe a pensar lentamente e acaba por não pensar mais, seja porque está muito ocupado em contar e justificar o que pensa, seja porque censura sua própria reflexão de medo de ter de torná-la pública...

A observação formativa participa do raciocínio profissional dos professores. A esse título, é inicialmente um negócio entre eles e seus alunos. É uma dimensão da relação pedagógica, cujas formas e cuja intensidade variam em função das dificuldades e das necessidades. Os professores não podem dar aos pais senão um esboço disso, uma versão sintética, em intervalos razoáveis. Essas sínteses periódicas serão facilitadas se os professores acumularam numerosas observações e não precisam absolutamente coletar novos dados na hora de preencher o boletim. Importa, no momento em que essa memória de trabalho se torna acessível a estranhos, ir ao essencial e cuidar da escolha da linguagem. É o problema do médico convidado a "reformular" seu diagnóstico em termos compreensíveis pelo paciente.

A memória profissional da progressão dos alunos não deveria ser confundida com a coleção de seus trabalhos, o que se chama um portfólio. Essa coleção tem seu sentido, mas não diz nada, por si mesma, da trajetória, dos conhecimentos e dos modos de aprender do aluno, da mesma maneira que uma série de radiografias, curvas e análises bioquímicas não constitui um diagnóstico. Não confundamos o raciocínio profissional com os traços materiais que ele utiliza. Algumas informações úteis só existem no espírito dos professores, associadas a hipóteses, interpretações, estranhezas, verificações.

O fato de os professores seduzidos pela idéia de portfólio se servirem dele como um manual é uma decisão deles. Não deveriam nem se limitar a esse tipo de sinais nem construir suas sínteses principalmente sobre essa base. Teriam de, ao contrário, servir-se de todos os elementos pertinentes – observações, conversas, incidentes críticos –, sendo que alguns deles não deixam nenhum vestígio escrito ou figuram em notas pessoais.

Pode-se exigir que um juiz de instrução só fundamente suas conclusões sobre peças que constam dos autos, porque é um procedimento formal que pode resultar em uma incriminação. Não há nenhuma razão para limitar do mesmo modo o raciocínio profissional de um professor. A avaliação escolar se encerra muito freqüentemente em uma lógica judiciária de administração da prova, que não vale, a rigor, senão por suas funções certificativas. Durante a formação, trata-se simplesmente de manter os pais cientes da progressão de seu filho, nem mais nem menos. Para isso, os professores podem fiar-se em sua memória ou manter um caderno, um arquivo, um fichário. Isso lhes pertence e não deveriam ter de prestar contas, nem se curvar a uma memória padronizada. Incumbe-lhes simplesmente se organizar para fazer periodicamente a síntese dos conhecimentos adquiridos de cada aluno, mas também de suas dificuldades, de sua trajetória, dos obstáculos encontrados e das estratégias pedagógicas tentadas e consideradas.

A observação formativa com fins de regulação dos processos de aprendizagem e dos percursos de formação não poderia limitar-se a um balanço dos conhecimentos. Ela deveria, ao contrário, estender-se a todos os elementos pertinentes, inclusive as condições de trabalho, a relação com o saber, a integração do aluno ao grupo, suas atitudes em aula, sua trajetória, seu entorno, o peso de acontecimentos externos à escola, etc.

Não há muitas razões para se ater, no boletim destinado aos pais, a um balanço provisório dos conhecimentos adquiridos. Muitas vezes, é mais interessante e útil trazer elementos de determinação de uma trajetória, de uma maneira de aprender, de uma relação com os obstáculos cognitivos. Em compensação, não é oportuno que esses elementos sejam especificados cada vez e para cada aluno, segundo uma grade padronizada. É por isso que o boletim deve permitir comentários livres, redigidos somente quando têm sentido e sobre temas pertinentes para o aluno envolvido. É preferível que esses comentários sejam anexados ao boletim impresso e tenham, portanto, um estatuto mais efêmero. Quando têm de ser inscritos em um lugar previsto para esse efeito, produz-se um duplo efeito perverso: é uma casa que não se pode decentemente deixar vazia, mesmo quando não há grande coisa a assinalar; e que se torna exígua demais quando há alguma coisa de importante a dizer.

Em uma escola que considerasse os professores como profissionais de verdade, a instituição renunciaria, sem dúvida, a imprimir um boletim padronizado, deixando cada estabelecimento ou cada equipe pedagógica responsável por um ciclo conceber sua própria fórmula e negociá-la com os pais envolvidos. Não em total liberdade, mas honrando um "conjunto de encargos" imposto pela instituição e indicando a periodicidade do boletim, as informações indispensáveis, as regras éticas a respeitar. Em período de inovação, deixa-se, em determinados momentos, tal autonomia aos estabelecimentos, que fazem dela um bom uso. Mas, quando o conjunto do sistema muda, recai-se nos velhos esquemas: um boletim padronizado, o mesmo em todas as escolas. Garantia de igualdade e de racionalidade para uns, sinal de desconfiança e de uma vontade de controle para os outros...

Com que periodicidade se deve informar os pais por meio de um boletim? Mesmo que esse boletim não exija nenhuma informação nova, a síntese e a redação tomam tempo. Esse boletim não é útil mais de duas ou três vezes no ano letivo. Se uma evolução inesperada se produz entre as datas planejadas de entrega do boletim, ele deveria ser objeto de uma correspondência ou de uma conversa *ad hoc* entre o professor e os pais. Os que reclamam um boletim por mês, até mesmo por quinzena, em geral renunciam a isso se tiverem a certeza de que serão prevenidos se, no intervalo, acontecer algo de significativo.

O DESAFIO: SABER REALMENTE MAIS QUE OS PAIS...

A dissociação proposta entre observação formativa e informação aos pais exige que os professores sejam verdadeiramente especialistas em regulação das aprendizagens, ou que demonstrem, pelo menos, a intenção de se tornarem especialistas. Esse é um dos desafios dos ciclos de aprendizagem plurianuais.

Em inúmeros sistemas educacionais, o boletim destinado aos pais não é hoje uma síntese; ele consigna, às vezes exaustivamente, tudo o que os professores sabem dos conhecimentos adquiridos e dos modos de aprender de seus alunos. Não se pode, infelizmente, descartar a idéia de que só a necessidade de preencher esse boletim obriga certos professores a se interrogar sobre questões cujas respostas eles não procurariam espontaneamente.

Progressivamente, ao longo do desenvolvimento de reais e substanciais observações formativas, os professores deveriam saber sobre seus alunos nitidamente mais que o que convém consignar no boletim. Eles terão, então, os meios para uma verdadeira síntese, com a parte de seleção e de destaque do essencial que esse exercício comporta.

Aí está, sem dúvida, o desafio para os profissionais: saber verdadeiramente mais que os pais. Não em língua materna, em matemática, em história ou em ciências: haverá sempre, nessas áreas, alguns pais mais instruídos que os professores. Trata-se de saber mais sobre os processos de aprendizagem e sobre o que os torna mais lentos ou os bloqueia.

Enquanto um professor não sabe dizer nada de preciso sobre esse assunto, contentando-se em afirmar que o filho "tem dificuldade", "não deslancha", "não compreende", "trabalha lentamente demais" ou "não é suficientemente atento", os pais que fizeram estudos aprofundados têm tudo para ridicularizar seu profissionalismo. Felizmente os professores já são, em grande quantidade, capazes de diagnósticos mais precisos e completos, baseados em saberes psicológicos, pedagógicos e didáticos que ultrapassam o senso comum. Mas a escola faria bem em reconhecer que os professores não têm hoje um enorme avanço sobre os pais mais instruídos, por falta de competências bastante desenvolvidas em observação formativa.

Por que recriminá-los? Passando do paradigma do ensino – dar aulas – ao da aprendizagem – criar situações de aprendizagem fecundas para cada um, portanto, diferenciadas –, os sistemas educacionais se excedem e fazem promessas que têm dificuldade em manter. O convite para fazer avaliação formativa se inscreve nos encargos dos professores há pouco e de modo ainda vago. A formação inicial não prepara verdadeiramente para um alto nível de tecnicidade nessa área. O estado da arte e da pesquisa não propõe instrumentos muito seguros utilizáveis em larga escala. Pode-se lamentar, mas essa é a realidade atual da profissionalidade docente.

O que seria grave é negá-lo, fazer como se a escola já soubesse praticar uma observação formativa sofisticada, fonte de regulações minuciosas das aprendizagens e dos percursos de formação. No máximo, ela está aprendendo a fazê-lo. Não é preciso esperar que todas as competências requeridas estejam desenvolvidas para fazer funcionar ciclos de aprendizagem. Deve-se, contudo, admitir que, em um primeiro momento, os ciclos não serão muito mais eficazes que a organização por séries anuais que eles substituem e que só darão sua verdadeira medida progressivamente, graças a uma resolução paciente e obstinada dos problemas abertos, notadamente em torno da avaliação formativa e da pedagogia diferenciada. Para progredir, é preciso, com efeito, ser confrontado a isso em circunstâncias reais.

O mais inquietante seria que não se investissem nesses problemas porque são negados ou estão supostamente resolvidos. Generalizar ciclos de aprendizagem formando essencialmente os professores para o uso de um novo boletim e para a compreensão dos objetivos de final de ciclo escamotearia a aposta essencial: o desenvolvimento de instrumentos de regulação das aprendizagens e de orientação dos percursos de formação por dois, três ou quatro anos. No entanto, é grande a tentação de "se agarrar a esse boletim informativo" para manter a ilusão de que a avaliação formativa já está nas classes.

Administrar um ciclo de aprendizagem em equipe 10

A idéia de um ciclo de aprendizagem plurianual não entra necessariamente em contradição com um atendimento dos alunos por um único professor. Pode-se estender a responsabilidade individual de um professor ao acompanhamento dos mesmos alunos por mais de um ano, mas isso não é realmente uma inovação. Os sistemas educacionais que funcionam por programas anuais apresentam diversas variantes:

- Certos professores passam vários anos do programa mantendo a mesma turma.
- Outros, freqüentemente nas zonas rurais, atendem vários programas anuais paralelamente, nas classes chamadas de "vários cursos", na França, e de "séries múltiplas", na Suíça.*

Essas duas fórmulas podem inspirar o funcionamento de um ciclo plurianual que confie um grupo de alunos a um único professor.

- No primeiro caso, o professor assume um grupo de mesma idade, cuja progressão ele acompanha durante toda a duração do ciclo; dois, três ou quatro anos mais tarde, esse grupo o deixa, e ele recomeça o trajeto com um novo grupo.
- No segundo, atende um grupo com idades variadas, ou seja, composto de alunos de várias faixas etárias, que não entraram ao mesmo tempo no ciclo; ao final de cada ano escolar, os mais velhos deixam o grupo, que acolhe outros mais jovens no ano escolar seguinte; o grupo se renova, então, pela metade, um terço ou um quarto, conforme a duração do ciclo.

---

*N. de R. T. Classes multisseriadas ou classes unidocentes no Brasil.

A atribuição de um grupo de alunos a um único professor não impede os profissionais de trabalharem em equipe. Vários professores da mesma escola podem, por exemplo, decidir compor grupos reunindo alunos de várias turmas para o desenvolvimento de certas atividades (projetos, grupos de níveis, oficinas). Esses arranjos são possíveis em um sistema que trabalhe por etapas anuais e deveriam sê-lo igualmente em uma organização em ciclos plurianuais.

Diante da instituição, a responsabilidade de cada professor permanece, então, estritamente individual: cabe a ele assumir a progressão de seus alunos rumo aos objetivos de final de ciclo, sua avaliação, a informação a seus pais, etc. A cooperação não faz parte do contrato de base dos professores, não se pode recriminá-los por trabalharem sozinhos.

Instituir ciclos sem impor nenhuma cooperação entre professores nem nenhuma forma de responsabilidade coletiva é uma hipótese sedutora, não somente porque não se choca de frente com o individualismo de uma parte dos professores, mas também porque permite que todos – professores, pais, dirigentes escolares – continuem em um sistema conhecido, que parece definir claramente as responsabilidades de cada um e facilitar o controle das práticas profissionais.

Pode-se compreender que, em inúmeros sistemas educacionais, a cooperação não seja uma prioridade manifesta: a passagem a etapas plurianuais, com objetivos de final de ciclo, obriga os professores a gerir um espaço-tempo de formação maior. Isso já constitui, para muitos profissionais, uma mudança pedagógica significativa. Não atiremos pedras nos sistemas educacionais que não puderam ou não quiseram acrescentar a isso um desafio extra: dar um passo decisivo para a cooperação profissional por ocasião da implantação dos ciclos.

Defenderei, entretanto, uma tese dupla:
1. Com o tempo, deve-se tender para equipes pedagógicas co-responsáveis por um ciclo, porque esse funcionamento cooperativo possibilita tirar o melhor partido de uma estruturação da formação em etapas plurianuais.
2. É exageradamente otimista acreditar que a responsabilidade coletiva se instaurará espontaneamente, com o uso; ao contrário, pode-se temer que, atribuindo ciclos a pessoas, se reforce ainda mais a cultura individualista do ofício de professor.

Aprofundarei a segunda tese no próximo capítulo. Quanto à primeira, vou desenvolvê-la, não sem observar que sua pertinência varia, em parte, conforme o contexto demográfico e institucional. A oportunidade de confiar a responsabilidade de ciclos plurianuais a equipes depende de fato:

- do número de alunos que freqüentam o mesmo ciclo em um estabelecimento "médio"; quando o efetivo é muito reduzido, o trabalho em equipe pode perder todo sentido;
- do tamanho dos ciclos; ciclos de dois anos agrupam, no estabelecimento, duas vezes menos alunos que ciclos de quatro anos; se um ciclo de dois anos agrupa 40-50 alunos, ou seja, o efetivo de duas turmas, pode-se hesitar em constituir uma equipe de duas pessoas;
- da capacidade e da vontade de cooperação dos professores, as quais dependem principalmente de sua formação e de seu grau de profissionalização;
- do funcionamento previsto e possível dos ciclos; se forem mantidas, dentro de cada ciclo, etapas anuais bastante próximas dos programas anteriores, o trabalho em equipe se revela menos necessário, uma vez que parece legítimo manter a divisão vertical do trabalho.

Convém, portanto, levar em conta a situação. Examinemos de perto, todavia, as razões de relacionar ciclos de aprendizagem e trabalho em equipe. Conclui-se, às vezes depressa demais, pelo realismo de confiar ciclos a indivíduos. A longo prazo, certas prudências têm um alto preço, mesmo que pareçam sensatas a curto prazo.

A AÇÃO COLETIVA: GARANTIA DE UMA EFICÁCIA MAIOR

Pode parecer paradoxal defender, em nome da eficácia, uma maior cooperação profissional, ao passo que grande número de professores defende sua escolha individualista em nome do mesmo valor. Em uma equipe, dizem esses professores, a menor decisão exige discussões sem fim, sendo que é tão mais simples entrar em acordo consigo mesmo, "agir sem ter de detalhar tudo", fazer sem precisar dizer, porque "a gente sabe o que pensa".

Céticos sobre as virtudes do trabalho em equipe, esses professores não estão inteiramente errados: a passagem do trabalho solitário à cooperação é muitas vezes dolorosa e, em um primeiro momento, torna o conjunto menos eficaz que a soma das partes (Gather Thurler, 1996, 2000a*). Em uma sociedade em que cada indivíduo semeasse e colhesse seu trigo, moesse sua farinha, sovasse sua massa e a cozinhasse em seu próprio forno, unir-se a outros para fazer pão de modo cooperativo obrigaria a entrar em acordo sobre todo

---

*N. de R. T. *Inovar no interior da escola* (Artmed, 2001).

tipo de matérias-primas e de receitas, às quais cada um se apega tanto mais se as tiver inventado ou herdado em uma linhagem familiar. Esse problema se resolve, em geral, não por uma cooperação na realização coletiva da mesma tarefa global, mas pela instauração de uma divisão do trabalho: um cozinha o pão para todo o vilarejo, o outro prepara o queijo, etc. Conseqüentemente, cada indivíduo se torna produtor de um bem e consumidor de outros. A divisão do trabalho é uma organização social que não exige acordo senão sobre os termos da troca ou da complementaridade. Ela não obriga as pessoas a colaborarem constantemente em seu trabalho. Sua interdependência passa largamente pelos mecanismos do mercado. A cooperação se limita, portanto, às coordenações que permitem reunir ou articular produções até então independentes.

Diante das dificuldades da cooperação, o mundo docente também pode preferir a divisão do trabalho à ação coletiva (Perrenoud, 1993c). De fato, existem tantas maneiras de fazer e de ver o ensino quanto em outras práticas sociais, e os atores são igualmente apegados a elas. Assim, certos professores admitem, até mesmo desejam que os alunos os tratem com menos formalidade, ao passo que outros fazem questão da deferência do "o senhor": por que seria mais fácil harmonizar esses pontos de vista do que a preferência de uns pelo pão branco e de outros pelo pão integral?

Devido à urbanização, que concentrou um número suficiente de alunos em cada prédio, a escola introduziu uma divisão vertical do trabalho, confiando cada ano do programa a um professor diferente. Esse funcionamento não exige uma grande cooperação: os alunos "passam" de um professor a outro, às vezes na confiança, no bom humor e na transparência; em outras, na rejeição de competências e sem qualquer contato. Seja como for, em todos os casos, os alunos avançam na formação devido aos mecanismos de seleção ou de orientação em vigor. Embora alguns deles paguem o preço de uma reduzida cooperação entre os professores que estão deixando e os que vão recebê-los no ano escolar seguinte, isso não impede que o sistema "ande".

No ensino médio, acrescenta-se uma divisão horizontal: a separação do programa em disciplinas, atribuídas a especialistas, cada um deles investindo uma parte da grade de horário. Essa coexistência não exige nenhuma cooperação maior: bastam algumas regulações durante o ano, feitas mais pelo regente de turma do que por uma equipe, e uma ou duas reuniões ao final do ano letivo para decidir o destino dos alunos. Esse recorte tampouco impede o sistema de funcionar.

A criação de uma equipe pedagógica encarregada, dentro de uma escola, de todos os alunos do mesmo ciclo vai, então, contra uma tradição em que cada um "decide sozinho" e faz seu trabalho sem ter que negociá-lo com seus colegas. É por isso que a responsabilidade coletiva por um ciclo, se afirmada sem ser traduzida em dispositivos precisos, poderia não passar de uma ficção, recobrindo uma divisão do trabalho tão rígida quanto informal, cada participante resgatando rapidamente, *de facto* senão *de jure*, uma responsabilidade individual.

No ensino fundamental, existe a tentação de repartir as disciplinas, sem dúvida com uma menor especialização do que no ensino médio: alguns professores se ocupam mais das línguas; outros, da matemática e das ciências; outros ainda, da música, das disciplinas artesanais ou da educação física.* Uma tal repartição das tarefas não é absurda: é certo que, não atendendo mais a todas as disciplinas, um professor pode aprofundar o domínio de algumas e desenvolver didáticas mais aprimoradas e, portanto, mais eficazes. A criação de ciclos de aprendizagem plurianuais poderia reatualizar esse tipo de divisão do trabalho e/ou reforçá-la quando existir.

Sem excluir radicalmente essa solução, podem-se propor ao menos três barreiras suscetíveis de prevenir seus efeitos perversos potenciais:
- Primeiramente, que nenhuma especialização seja duradoura, de modo que cada professor que trabalha no primário mantenha sua polivalência.
- A seguir, que o tempo disponível não seja todo repartido entre campos disciplinares e que, ao contrário, se estabeleçam amplos espaços dedicados a abordagens interdisciplinares.
- Enfim, que a equipe atente para conservar modalidades de trabalho, de acompanhamento e de apreciação que não façam desaparecer a pessoa do aluno, seu desenvolvimento, sua trajetória singular, seu meio familiar e social atrás das avaliações parciais.

Essas três condições exigem, por si sós, uma cooperação totalmente diferente do que se observa no ensino médio, onde não são preenchidas, acarretando os efeitos que conhecemos.

A outra tentação é introduzir sub-repticiamente uma divisão vertical do trabalho, a equipe "autorizando" cada um de seus membros a se encarregar dos alunos somente por um ano. É isso que permite a lei de orientação de 1989, na França, mantendo as antigas etapas anuais – curso preparatório, curso elementar 1 e 2, curso médio 1 e 2 – e autoriza os professo-

---

*N. de. R. T. Na maioria das escolas públicas brasileiras as quatro séries iniciais do ensino fundamental ficam a cargo de um professor que deverá trabalhar todas as áreas do conhecimento. Isso não impede que os esforços docentes sejam dirigidos mais para a compartimentalização das áreas do que para abordagens interdisciplinares.

res, portanto, a continuar ficando com os alunos apenas por um ano, sendo vagamente solidários em relação ao que se passa antes e depois no mesmo ciclo.

Se renunciarmos a nos precipitar para uma divisão do trabalho por disciplinas – que "secundarizaria" prematuramente o ensino fundamental – e, ao mesmo tempo, a reconstituir séries anuais informais – que tirariam o sentido da própria idéia de ciclo de aprendizagem plurianual –, avançaremos inevitavelmente para formas de cooperação mais sólidas, que não excluem uma certa divisão do trabalho e uma parcela de especialização, mas segundo modelos novos, menos estanques e mais fluidos.

Resta demonstrar que tal cooperação é uma garantia de maior eficácia. Os trabalhos sobre as escolas eficazes demonstram que aquelas que apresentam um melhor desempenho fazem da aprendizagem dos alunos um desafio coletivo, o que não implica *ipso facto* um real trabalho de equipe.

Quais seriam as vantagens disso? Dentro de um ciclo de aprendizagem plurianual, uma forte cooperação entre profissionais pode ser vista como:
- uma condição de uma divisão do trabalho mais flexível e mais móvel, permitindo construir e fazer evoluir dispositivos de pedagogia diferenciada, com melhores condições de lutar contra as desigualdades e o fracasso escolares;
- uma garantia de pluralismo no olhar lançado sobre as crianças e suas famílias;
- uma fonte de imaginação didática e pedagógica em favor dos alunos em dificuldade e de regulação das dimensões relacionais e afetivas do contrato pedagógico;
- a base de uma visão comum dos objetivos de aprendizagem e dos desafios a aceitar na luta contra o fracasso escolar.

Retomemos esses quatro elementos.

DISPOSITIVOS MAIS FLEXÍVEIS E MAIS DIVERSIFICADOS

Quando se trabalha "sozinho com os alunos", o fato de ter dois, três ou quatro anos pela frente não muda muito a natureza dos dispositivos que se podem implantar, pois, assim como em uma classe de um programa anual, o professor dispõe de um único espaço, no qual trabalha com vinte, vinte e cinco ou trinta alunos. Ele está sozinho com eles e não pode levar por conta própria nem fazer coexistirem facilmente diversas modalidades de trabalho: grupos de níveis, de apoio, de necessidades, de projetos, em suma, todo o arsenal das "pedagogias de grupos" (Meirieu, 1989a, b e c,* 1990). Sem dúvida, dentro da mesma estrutura, certos professores dão provas de uma engenhosidade digna de Freinet,** jogando com grupos, cantos, espaços, oficinas, planos de trabalho e atividades múltiplas, ao passo que outros, atuando nas mesmas condições, atêm-se a uma alternância entre ensino quase magistral e exercícios individuais.

A cooperação não é, portanto, a única variável. Entretanto, com competências iguais, trabalhar em equipe permite compartilhar os tempos, os espaços e as tarefas de modo mais "inteligente", sem exigir que cada um faça milagres diariamente.

Desse modo, uma equipe de ciclo composta de quatro professores, coresponsáveis por 80 a 100 alunos de quatro faixas etárias, poderá prever momentos de trabalho em grupos de mesma idade, outros em grupos de idades diversas, e fazer coexistirem grupos estáveis (equivalentes do grupo-aula tradicional) e grupos mais efêmeros, reunidos por um tempo em torno de necessidades ou de projetos específicos. Nada impedirá que, de vez em quando, um dos professores trabalhe com dez alunos em grande dificuldade, praticando então uma forma de apoio integrado, enquanto os outros três fazem atividades de um outro tipo com todas as outras crianças.

Não há nenhuma razão para associar a eficácia a um único modelo de funcionamento. O importante é dar a cada equipe a autonomia, a confiança e o apoio necessários para que ela desenvolva sua própria organização, levando em conta os modelos que circulam e as experiências das outras equipes, mas se adaptando igualmente ao bairro, aos alunos e suas famílias, aos efetivos e aos espaços disponíveis, assim como às competências e aos desejos dos membros da equipe. É frutífero raciocinar em termos de recursos. Os membros dessa equipe devem dizer: "Somos quatro e devemos fazer avançar da melhor maneira para os objetivos de final de ciclo cem alunos, como nos organizamos para termos mais eficácia?".

Uma organização em módulos é uma resposta coerente (Wandfluh e Perrenoud, 1999, Perrenoud, 1997a***), mas que supõe uma estruturação rigorosa do currículo e, simultaneamente, uma cooperação sem falhas dentro da equipe. Nem todas as equipes estão prontas para isso. Pode-se, aliás, avançar assim tranqüilamente em relação a uma parte do programa. Existem muitas outras maneiras de se organizar, parcialmente elencadas no âmbito da renovação do ensino fundamental em Genebra (GPR, 1999a, b e c). O que não quer dizer

---

*N. de R. T. *Aprender... sim, mas como?* (Artmed, 1998).
**N. de R. T. Celestin Freinet, educador francês (1896-1966), é um dos brilhantes precursores das pedagogias ativas e grande crítico da rigidez institucional escolar.
***N. de R. T. *Pedagogia diferenciada: das intenções à ação* (Artmed, 2000).

que já se disponha de modelos testados de gestão coletiva de ciclos de aprendizagem plurianuais, "prontos para uso" e dentre os quais bastaria fazer uma escolha. Esses modelos ainda têm de ser, em grande parte, construídos, diversificados, aprimorados e documentados.

Sem entrar em detalhes aqui, observemos apenas que uma equipe permite pensar em organizações mais ricas, flexíveis e complexas do que aquelas que pode conceber e fazer funcionar uma pessoa isolada entre as quatro paredes de *sua* classe.

VÁRIOS OLHARES SOBRE OS ALUNOS

A indiferença às diferenças é uma das maiores causas do fracasso escolar. Contudo, mesmo quando os professores decidem interessar-se por cada aluno, o milagre não se produz *ipso facto*. Os professores que diferenciam regularmente seu ensino permanecem sem meios diante de certas crianças. Eles não sabem o que fazer, não por não terem refletido sobre isso ou por falta de tempo, mas porque, mesmo após diversas tentativas, nada muda. Cansaço, desmotivação, fatalismo podem, então, instalar-se. Assim, o professor espera o final do ano ou do ciclo assegurando "cuidados paliativos", sem se iludir em ser a solução final.

Uma equipe pedagógica não se protege desse risco se não tratar coletivamente as dificuldades de aprendizagem. Uma equipe que deixa a cada um de seus membros a responsabilidade por seus alunos não tem, evidentemente, nenhuma chance de ajudar quem quer que seja a sair de um impasse pedagógico. É, então, uma equipe que administra espaços, tempos, dispositivos, uma divisão do trabalho, mas deixa a cada professor o acompanhamento das progressões e a preocupação de compreender e superar as dificuldades de aprendizagem.

Se a equipe tratar esses problemas coletivamente, dará para si mesma uma chance de compreender melhor os fracassos e suas causas e de encontrar estratégias de atendimento que uma pessoa sozinha não poderia conceber, não por falta de boa vontade, mas porque está fechada em sua própria visão do mundo e envolvida em uma história relacional e didática com certos alunos. Sem que cada um conheça e acompanhe igualmente todos os alunos inscritos no ciclo, a equipe se organiza para discutir casos difíceis e construir coletivamente estratégias, que a seguir serão operacionalizadas por um ou outro membro.

Em muitas profissões às voltas com problemas complexos, parece normal que um profissional com dificuldades apele a colegas, até mesmo a especialistas. Isso não é sinal de incompetência, ao contrário. É apenas a consideração da resistência do real ao pensamento e à ação individuais. Ninguém ignora que, entre várias pessoas, se tem mais chances de delimitar melhor e resolver um problema difícil, desde que, é claro, não se entre em uma concorrência ou em mecanismos de defesa que impeçam pensar e agir conjuntamente.

Uma equipe de ciclo pode funcionar como um recurso desde que seus membros não tentem resolver juntos todos os problemas, pequenos e grandes, de mãos dadas. Importa, ao contrário, delegar a cada um a resolução de problemas de sua competência; a equipe deve debruçar-se somente sobre aqueles que exigem uma mobilização coletiva.

Em uma profissão que trabalhe com seres humanos, a pluralidade dos olhares possibilita, principalmente, que se enfrentem situações nas quais o professor "faz parte do problema", seja porque construiu uma relação tensa com um aluno, seja porque não encontra, em sua própria cultura ou história pessoal, as chaves para estabelecer um diálogo, depositar confiança, mobilizar. Um professor assim ficará fora de si com o tom sarcástico ou com a bagunça de um aluno, um outro será alérgico à negligência corporal ou à vulgaridade, enquanto um terceiro não suportará a mentira ou a maneira constante como um aluno posa de vítima. Em uma equipe, há muitas chances de que nem todos tenham o "ponto cego" no mesmo lugar, o que permite que os professores em melhor posição ou menos defensivos não dramatizem a situação e até atendam certos alunos que bloqueiam seus colegas.

A pluralidade dos olhares intervém, às vezes, no início, quando o problema se instala, antes que se busquem soluções. Freqüentemente acontece de uma elaboração coletiva do problema simplificá-lo, até mesmo fazê-lo desaparecer, porque uma equipe constrói a realidade diferentemente de cada um de seus membros individualmente e se sente, em geral, menos desamparada e menos angustiada.

IDÉIAS MAIS APRIMORADAS

Em uma classe de ensino fundamental, seria necessário um mês de reflexão tranqüila para preparar "seriamente" uma semana de trabalho com os alunos. Certos especialistas em didática podem dar-se a esse luxo, aprimorando "em laboratório" seqüências didáticas quase perfeitas. Em aula, o professor mal tem tempo de atender ao que é mais urgente, de modo que as tarefas são, com freqüência, pensadas muito rapidamente, extraídas sem distância crítica de manuais ou retomadas sem reexame de ano em ano. O mesmo acontece com os procedimentos de avaliação e os modos de gestão de classe. Pode-se reaproveitar um conselho de classe, um plano de trabalho ou modalidades de avaliação formativa sem se questionar demais.

Uma equipe pedagógica favorece uma forma mais aprimorada de questionamento, estabelecendo o diálogo em torno do sentido das atividades, de seus objetivos, das instruções e dos modos de animação. Não é nem necessário nem possível dissecar em equipe tudo o que se faz em aula. Mas é um lugar onde um ou outro membro pode, periodicamente, levantar questões de fundo: é assim mesmo que se devem ensinar palavras? Introduzir a subtração? Exercitar o cálculo mental? Trabalhar a ortografia? Organizar o espaço? Sancionar a indisciplina ou a falta de trabalho? Constituir os grupos? Organizar o conselho de classe?

Em uma profissão que proporciona tantas incertezas sobre o modo de ensinar, é desmoralizante questionar constantemente, na profissão, todos os objetivos, todos os métodos, todos os meios de ensino. Evidentemente, um professor isolado pode refletir por si mesmo ou participar de uma rede de formação ou movimento pedagógico. Mas precisa buscar em si mesmo a energia e a coragem que os outros encontram em equipe.

Uma equipe pode autorizar uma centralização sensata sobre problemas difíceis e, ao mesmo tempo, levá-la a um progresso sensível. A equipe funciona, primeiramente, como mecanismo de facilitação, para entrar na matéria – sempre há alguém para propor um problema – e para ir ao fundo das coisas. A vida mental dos professores mais ativos poderia parecer uma lista sem fim de problemas complexos e irresolutos a serem retomados. Inúmeros processos de reflexão são iniciados, a maioria é suspensa, pois a vida continua e outras urgências solicitam o profissional. Uma equipe que funciona bem estabelece um calendário e uma disciplina de trabalho, deixando-se levar menos, portanto, pelas urgências da ação imediata, uma vez passada a tentação inicial do ativismo coletivo. A equipe constitui, de certo modo, um âmbito protegido dos tormentos da vida diária, onde se pode trabalhar um problema de fundo com uma certa obstinação, com a condição de não deixar a gestão tomar conta.

A equipe, mesmo que seja inicialmente um "ecossistema" que permita a cada um refletir melhor e agir com mais certeza, pode evoluir para um verdadeiro "sistema de ação coletiva", base daquela "inteligência coletiva" de que fala Lévy (1997). Não se pode visar imediata e constantemente a essa orquestração dos pensamentos e dos hábitos, mas ela constitui a meta de uma "equipe de ciclo".

UMA VISÃO COMUM DOS OBJETIVOS
E DO ACOMPANHAMENTO DOS ALUNOS

Para administrar progressões ao longo de vários anos, é indispensável entrar em acordo sobre os objetivos de final de ciclo, independentemente dos textos oficiais. Se cada professor se fechar em uma etapa, ele reconstruirá os mecanismos conhecidos da divisão vertical do trabalho: esperar do professor do início da formação que tenha "preparado corretamente o terreno" e fazer o mesmo para responder às expectativas do professor do final...

Para serem verdadeiros guias das progressões plurianuais, os objetivos de final de ciclo devem ser de todos, cada professor se sentindo solidário com o projeto de permitir a todos os alunos que os atinjam. Essa solidariedade pode ser ilusória, pois os textos permanecem abstratos, e cada indivíduo os compreende à sua maneira. Apenas trabalhando os programas, traduzindo-os em atividades de aprendizagem e de avaliação, uma equipe constrói para si uma verdadeira visão comum das finalidades. Divergências de fundo também surgem quando os professores se confrontam com os mesmos alunos que estão aprendendo e tentam compreender suas dificuldades, avaliar seus conhecimentos adquiridos, determinar suas trajetórias, a fim de garantir melhor seu acompanhamento e de orientá-los para as situações mais pertinentes.

Para além dos objetivos, a concordância da equipe se estende às prioridades, freqüentemente ausentes dos textos oficiais (que postulam que tudo é possível para todos), e à parcela de determinação coletiva na lutas contra o fracasso. Todos sabem, no seio de uma equipe, que é extremamente difícil levar cada aluno a atingir plenamente todos os objetivos de final de ciclo. Mas, ao contrário das pessoas, um grupo avança menos facilmente, menos silenciosamente para o fatalismo ou para o realismo, pois a adesão ao princípio de educabilidade e a ambição de levar cada aluno ao êxito são objeto de um contrato inter-subjetivo, menos frágil e instável do que as promessas que alguém faz a si mesmo...

11
Pode-se imaginar uma verdadeira responsabilidade coletiva por ciclo de aprendizagem?

Se admitirmos que os ciclos de aprendizagem oferecem a oportunidade de uma ruptura com o individualismo que caracteriza o ofício do professor, seria vão acreditar que a evolução ocorrerá espontaneamente, que a instituição só terá que reconhecê-la, sem ter que provocá-la.

O que importa, principalmente, é provar que a noção de responsabilidade coletiva de um ciclo de aprendizagem pode ser preparada de modo a ser "humanamente tolerável e juridicamente defensável".

O INDIVIDUALISMO É MUITO RESISTENTE

Supondo que se admita a idéia de confiar um ciclo de aprendizagem plurianual a uma equipe pedagógica, poder-se-ia dizer que os profissionais descobrirão por si mesmos as vantagens da cooperação e, portanto, quando se sentirem prontos, decidirão reunir suas turmas, descompartimentalizar suas atividades e avançar para uma gestão coletiva.

O sistema atual não nos dá, infelizmente, muitos motivos para crer nessa evolução espontânea. Não porque o individualismo dos professores seja fatal, embora ainda se orientem para essa profissão jovens que optam por trabalhar com crianças e não com outros adultos. Os obstáculos maiores se encontram, em minha opinião, em outro lugar. Vejo três deles:

- Quem pode e deve tomar a iniciativa de um trabalho de equipe?
- Como superar um começo difícil?
- Como perdurar de maneira pragmática?

A suspeita do poder

Suspeita-se, com muita freqüência, que aquele que propõe um funcionamento em equipe queira tornar-se o líder. Essa suspeita tem fundamento: a busca de cooperação é freqüentemente uma resposta a um impasse da ação individual. Não tendo as forças, as competências ou o direito de realizar sozinho um determinado projeto, precisa-se dos outros para levá-lo a cabo. Friedberg salienta:

> ...o vínculo irredutível entre poder e (inter)dependência, isto é, entre poder e cooperação, entre poder e troca, mesmo que essa troca seja sempre de algum modo estruturalmente desequilibrada; não há poder sem relação, não há relação sem troca. Essa é a dimensão instrumental do poder. Não se atam relações de poder gratuitamente ou pelo simples prazer de tê-las. Entra-se em uma relação de poder porque se deve conseguir a cooperação de outras pessoas para a realização de um projeto, seja ele qual for (uma meta comum, um problema mais ou menos claramente percebido pelos outros, etc.). Contrariamente à primeira intuição que se poderia ter disso, poder e cooperação não são contraditórios, mas sim a conseqüência natural um do outro.
>
> Quem já tentou realizar um projeto coletivo, mesmo que fosse com seus amigos, rapidamente se deu conta disso, embora na maior parte do tempo resista a identificar as negociações em questão como reveladoras de relações de poder, devido à má reputação do poder e ao medo que ele provoca. No entanto, é exatamente essa dimensão inevitável e irredutível da ação coletiva que é visada aqui, fazendo do poder não um fenômeno anormal, patológico e malsão, mas, ao contrário, a manifestação natural e, afinal, normal da cooperação humana, que supõe sempre uma dependência mútua e desequilibrada dos atores (Friedberg, 1993, p. 115-116).

Isso não quer dizer que aquele que toma a iniciativa de propor um projeto coletivo ou a constituição de uma equipe tem um gosto doentio do poder pelo poder nem que é incapaz de negociar e de levar em conta as idéias e as necessidades dos outros. Mas, em um universo profissional onde o culto ao individualismo permanece majoritário (Gather Thurler, 1994) e a rejeição ao poder, uma afetação de todos (Perrenoud, 1996a* e d), não é fácil assumir a liderança, seja em uma equipe, em um projeto ou em uma escola.

A partir desse ponto de vista, a incitação institucional pode ajudar a transpor um passo decisivo. Exigindo esse passo de todos, ela daria ao trabalho de equipe uma "legitimidade burocrática". Isso seria sem dúvida paradoxal, já

N. de R. T. *Ensinar: agir na urgência, decidir na incerteza* (Artmed, 2001).

que, na história do sistema educacional, a cooperação profissional se inscreveu freqüentemente em uma forma de apropriação do trabalho (falar-se-ia hoje de *empowerment**) e de resistência à instituição. As administrações escolares terão a inteligência de criar atores coletivos sabendo que alguns deles se tornarão interlocutores incômodos para elas? Elas conseguiriam, questão subsidiária, não sucumbir à tentação de implantar, juntamente com as equipes, chefes de equipe, formando uma nova raça de "pequenos chefes"?

Tudo, imediatamente!

Em um primeiro momento, um funcionamento cooperativo é menos eficaz: as rotinas de todos ficam desestabilizadas, e os membros da equipe levam um tempo para decidir juntos o que era evidente para cada um. O começo da cooperação se acompanha freqüentemente de tensões e exige novas aprendizagens. Como superar essa fase pouco gratificante?

Enquanto o trabalho em equipe for uma escolha livre, o mais simples, em caso de dificuldades, é "voltar para seu canto". Estatutariamente, todos têm o direito a isso, uma vez que só se comprometem a um "contrato de cooperação" com seus colegas, sem direito de controle da instituição.

Quando, em um ofício, os profissionais são "condenados" a trabalhar juntos, quando sua única porta de saída é mudar de trabalho, cada um deles desenvolve mais depressa as competências e as estratégias de regulação que permitem cooperar sem sofrer, encontrando vantagens globais nisso. Os professores, hoje em dia, permanecem livres para "recusar o obstáculo". É por isso que não se contam mais as cooperações abortadas ou limitadas a quase nada, na falta de uma incitação bastante forte a "pegar o touro pelos chifres", a se explicar, a estabelecer regras garantindo decisões eficazes e equânimes, procedimentos para enfrentar eventuais conflitos, renovar a equipe ou renegociar o projeto. Ainda mais que, em uma profissão que lida com o ser humano, a técnica ou a ciência estão longe de obter a concordância de todos, que se opõem bastante depressa sobre os julgamentos de valor ou modos de fazer e agir. Tais confrontos colocam em jogo os níveis mais recuados do indivíduo.

É possível que nenhuma construção coletiva resista aos primeiros obstáculos sem uma parcela de incitação externa, até mesmo de imposição institucional. Melhor seria conformar-se com a idéia de que o caráter coo-

---

*N. de R. T. Empoderamento, dar o poder a, expressão utilizada na obra de Paulo Freire.

perativo do trabalho raramente resulta da escolha espontânea da maioria. Todo "contrato social" se justifica por um cálculo racional e entra em conflito com temores e desejos que ditam a escolha inversa. Para superar as ambivalências dos atores, uma política institucional determinada é, sem dúvida, uma condição decisiva. Quando, ao menor desacordo, qualquer membro da equipe pode, sem correr nenhum risco, voltar a seu "esplêndido isolamento", o individualismo se torna uma posição de retraimento cômoda, que dispensa persistir na aprendizagem da cooperação.

Parece-me, portanto, tão pouco crível impor a cooperação de maneira autoritária quanto deixá-la inteiramente à decisão dos atores. A instituição pode e deve, se desejar que os professores cooperem, emitir uma mensagem clara nesse sentido, criar as bases jurídicas necessárias, tomar medidas incitativas, oferecer formações e, se for o caso, mediações ou um acompanhamento. O ideal seria uma estrutura que impusesse um mínimo de responsabilidade coletiva e encorajasse a estendê-la, com um grande reconhecimento institucional, para aqueles que fizessem esse esforço.

Fazer em equipe apenas o que se faz melhor assim

É difícil tratar da cooperação de um modo puramente pragmático. Uma equipe logo se sente presa a mecanismos de solidariedade e de lealdade que levam seus membros a fazerem juntos o que teriam de fazer separadamente. Não é fácil, entretanto, adotar uma linha pragmática:

> Saber trabalhar eficazmente em equipe talvez seja, primeiramente, saber não trabalhar em equipe quando isso não é necessário! É bastante grande o risco de que se vá de um extremo a outro e que, após ter pregado o individualismo, se queira trabalhar em equipe a qualquer preço, a ponto de não ousar mais tomar decisões ou desenvolver um instrumento pedagógico sem pedir a opinião dos colegas, de não tomar mais a liberdade de desenvolver uma aptidão pessoal que não corresponda necessariamente às prioridades definidas e às opções feitas pelos colegas (Gather Thurler, 1996, p. 158).

Sempre há um membro da equipe suspeito de ser mais individualista do que os outros, o que pode culpabilizá-lo, levá-lo a calar certas reservas para seguir o movimento. Ao contrário, não é raro que um único refratário à dinâmica coletiva conduza a equipe a um "excesso coletivista".

Se a instituição desse um estatuto formal à cooperação, ela a tiraria em parte do registro dos bons sentimentos e das normas morais. Poder-se-ia trabalhar em equipe sem se escolher, sem compartilhar tudo, sem sair de férias ou passar os momentos de lazer juntos, sem pensar ou agir "como um único homem". Seria uma simples modalidade de funcionamento profissional, uma prática banal cujo "uso correto" se adquire progressivamente.

Enquanto trabalhar em equipe for uma escolha militante, mais ideológica que prática, os atores terão dificuldades em encontrar e manter a "distância certa". Conseqüentemente, uns alternam entre fases de renúncia a falar e fases de explosão agressiva; os outros, entre fases de abuso de poder inconsciente e fases de precauções excessivas. De escolha militante, a cooperação deveria passar a ser uma prática comum. Um grande estímulo institucional poderia valorizar e, ao mesmo tempo, simplificar o trabalho de equipe.

Enquanto proceder de uma escolha eletiva, o trabalho de equipe se acompanhará de uma forma de idealização da cooperação e dos membros. Todos correm o risco de se decepcionar quando vivem a realidade mais contrastada de um funcionamento coletivo a longo prazo. Amigos que compartilham excelentes noitadas podem entrar em sérios conflitos se passarem juntos várias semanas de férias. Vizinhos que mantêm relações civilizadas podem transformar-se em inimigos se a situação torná-los muito interdependentes e confiná-los em um espaço fechado.

Vencer as doenças infantis da cooperação é o primeiro obstáculo. No entanto, uma equipe que consegue fazê-lo ainda tem muito pela frente, pois um dia ou outro aparecerá uma crise ou um conflito. A menos que se instale um sentimento de cansaço ou de alienação que abrevie insidiosamente o sentido da cooperação.

Tais acontecimentos ou desvios podem ser superados, tanto mais se os membros da equipe forem formados para a cooperação e se beneficiarem de um apoio institucional. As decepções e as divergências podem assumir proporções dramáticas em uma equipe da qual ninguém espera nada, com a qual ninguém se preocupa e que pode desunir-se na indiferença. A administração escolar desempenha, às vezes, o papel de mediadora, mas essa não é claramente nem sua obrigação nem sua competência de base.

Em uma profissão em que a cooperação é a regra, as organizações propõem modelos de funcionamento, contratos, procedimentos, intervenientes, em suma, dispositivos e recursos que não deixam as equipes em crise ao abandono. A cultura das organizações e a formação dos profissionais veiculam, além disso, representações menos ingênuas da cooperação e oferecem instrumentos conceituais para pensar os problemas de poder, de território, de autonomia, de lealdade, de conflito.

APELAR PARA A IMAGINAÇÃO JURÍDICA

Para que a responsabilidade coletiva por um ciclo não seja uma fórmula vazia, conviria dar-lhe uma forma jurídica adequada. Ora, hoje em dia, a escola tem, sobretudo, responsabilidades individuais: a do profissional isolado, que só responde por seus próprios atos profissionais, e a do chefe, que assume os feitos e gestos de seus subordinados. Numerosas organizações resolveram esse problema criando um nível hierárquico suplementar, o de "chefe de equipe", encarregado de orquestrar e de regular a cooperação no dia-a-dia. No ensino, essa solução seria pouco funcional e, sem dúvida, inaceitável. Pode-se almejar, então, que a escola invente uma verdadeira responsabilidade coletiva.

Equipe e coordenação

O *Groupe de pilotage de la rénovation à Génève* propôs a instituição de equipes de ciclos solidariamente responsáveis por sua ação. O mesmo relatório observa que uma equipe de ciclo se torna, sob vários aspectos, a pedra angular do edifício, principalmente porque ela assume o acompanhamento e a avaliação dos alunos, ao longo de quatro anos, em relação aos objetivos-núcleo e concebe e implanta dispositivos e uma organização do trabalho em função dos quais se distribuem as tarefas. O relatório propõe "que os aspectos humanos e jurídicos da responsabilidade coletiva sejam codificados".

Caso se renuncie a nomear um chefe de equipe, que falaria em nome de sua unidade e decidiria, se fosse necessário, sem consultar nenhum de seus subordinados, corre-se evidentemente um risco, de um ponto de vista jurídico e burocrático. As reflexões sobre a autoridade negociada e a liderança cooperativa (Gather Thurler, 2000a) deveriam tornar esse modelo crível e permitir o controle desse risco. Precedentes não faltam: em inúmeras universidades, os decanos das faculdades, os responsáveis por departamento são eleitos pelo colégio dos professores da mesma unidade; devem sua autoridade mais a essa eleição do que a uma nomeação vinda de cima, exercem essa função alguns anos e depois retornam aos antigos cargos. Esse modo de agir funciona na vida associativa, sem levar a uma paralisia da decisão ou a uma diluição das responsabilidades. A evidência do modelo hierárquico merece ser interrogada, na medida em que esse funcionamento parece mais eficaz para impedir iniciativas do que para mobilizar positivamente...

Mesmo que renuncie a nomear um chefe de equipe, a instituição tem, entretanto, o direito de exigir de uma equipe designada em seu seio um coordenador ou um animador encarregado de representá-la, *primus inter pares* por tempo determinado. Não designando um coordenador, a equipe ficaria, por um tempo, sob tutela administrativa, como acontece com algumas municipalidades ou certas faculdades, duradouramente incapazes de se auto-administrar.

A definição formal de um papel de coordenador de equipe parece um meio termo razoável entre a criação de um novo escalão hierárquico e a ausência de um porta-voz designado, que representa a equipe no exterior, assim como de garantia do funcionamento coletivo. As equipes de ciclos precisam desse coordenador? Não poderiam coordenar-se a si mesmas, sem confiar um papel específico a um de seus membros? O *Groupe de pilotage de la rénovation* chega à seguinte conclusão sobre esse ponto:

[...] que a designação de uma coordenadora ou de um coordenador de ciclo apresenta inúmeras vantagens:
- dá ao sistema escolar um interlocutor identificado, porta-voz da equipe;
- uma pessoa tem o encargo, por um ou alguns anos, de ajudar a equipe a tomar decisões e a operacionalizá-las;
- o responsável ou coordenador do estabelecimento (ver abaixo) pode contar com os coordenadores de ciclos para administrar.

O coordenador de um ciclo não exerce poder hierárquico. Sua responsabilidade é auxiliar a equipe a funcionar e a assumir sua responsabilidade coletiva. Se a responsabilidade coletiva for bem distribuída, cada um contribuirá para o trabalho de coordenação. Nas fases um pouco mais difíceis na vida da equipe, inevitáveis (fadiga, tensões, renovação), o coordenador assume a coerência um pouco mais que os outros. Ele tem, sobretudo, o papel de reunir a equipe, de propor uma pauta de discussões, de coordenar eventualmente as reuniões, de agir para que as decisões necessárias sejam tomadas e, se necessário, tenham continuidade. Cada equipe de ciclo elege um coordenador entre seus membros. Seu mandato é de dois anos, renovável uma única vez, para que haja um rodízio da função. A equipe distribui as tarefas e as delegações a seu modo (GPR, 1999a, p. 20-21).

Um frágil equilíbrio

Exercer uma responsabilidade comum, refletir, decidir e agir em conjunto não significa que seja necessário renunciar à autonomia nem à singularidade individual. Uma equipe de ciclo deve, pois, buscar, encontrar e manter um frágil equilíbrio entre coesão do conjunto e liberdade de cada um, entre eficácia do dispositivo e consideração das pessoas, de suas competências, de seus modos de trabalhar.

Isso confere à equipe um poder e responsabilidades de gestão bastante significativos, cujo exercício tem de ser tornado tolerável pela instituição, principalmente:
- estabelecendo um enquadramento, objetivos de final de ciclo, balizas (ou pontos de referência) e um conjunto de encargos;
- organizando momentos de concerto e de decisão coletiva, previstos no conjunto de encargos;
- facilitando a coesão da equipe no momento de qualquer renovação de seus membros;
- pedindo satisfações à equipe como tal e não a seus membros individualmente.

Uma responsabilidade coletiva só tem sentido se todos os atores (a administração, a inspeção – se houver –, os pais, as autoridades locais) tratarem a equipe como uma "pessoa jurídica", que tem de distribuir as tarefas, assumir os dispositivos implantados e delegar um porta-voz legítimo em diversos contatos externos.

Implantar ciclos de aprendizagem sem modificar paralelamente o contrato de trabalho e a organização administrativa culminaria, à menor divergência, em uma volta ao "cada um por si". Uma equipe deve poder tomar decisões que se imponham a todos seus membros, encarregando-se de reuni-las após um debate justo, no qual cada membro tenta compreender os argumentos dos outros e chegar a um consenso.* Se, ao final do debate, não houver unanimidade, deve haver voto e decisão, sem que os membros minoritários possam bloquear indefinidamente a decisão ou agir como bem entenderem.

É preciso, portanto, que o sistema constitua a equipe de ciclo, de direito, como um *colegiado* capaz de tomar decisões e operacionalizá-las. Isso é bem diferente da equipe pedagógica sem estatuto nem obrigações, da qual qualquer membro pode retirar-se unilateralmente ou ignorar as opções quando for minoria.

A idéia de responsabilidade coletiva vai contra nossos hábitos mentais. No papel, é fácil demonstrar que ela é "impraticável", ressaltando as situações difíceis. É tanto mais fácil porque se age como se, atualmente, a responsabili-

---

*N. de R. T. Perrenoud introduz no campo da organização escolar, neste aspecto, idéias que podem ser compartilhadas com Paulo Freire em sua perspectiva dialógica e com Jurgen Habermas em sua teoria da ação comunicativa. O esforço humano de entendimento, de deliberações comuns, de produção de consensos por meio das práticas discursivas e argumentativas pode colaborar para um novo patamar de democracia nas escolas.

dade individual e o controle das práticas funcionassem satisfatoriamente nas escolas. Se deixarmos essa ficção de lado, perceberemos que é necessário e possível inventar regras conciliando cooperação e necessidade de prestar contas. Desde que não se espere que essas regras sejam mais perfeitas que os procedimentos atuais!

A responsabilidade coletiva não levaria ao desaparecimento da responsabilidade pessoal. Mas esta ficaria, de certo modo, suspensa, entrando em função apenas quando a equipe estivesse paralisada e o tempo fosse suficiente para restabelecer um funcionamento coletivo. Em outras palavras, cada membro prestaria contas à equipe e não seria avaliado individualmente enquanto a equipe fizesse seu trabalho e mantivesse seu mandato.

Se observarmos a evolução do direito contemporâneo, constataremos que os juristas – quando existe uma vontade política – conseguem formalizar direitos, obrigações e funcionamentos que se pensava impossíveis: parcerias, co-responsabilidades, dispositivos alternativos ou supletivos, estatutos com legitimidades duplas, etc. A cooperação não avançará senão ao preço de uma certa imaginação organizacional e jurídica. Esses problemas encontrarão soluções se especialistas forem solicitados a buscá-las ativamente. Tem-se conhecimento de algum ministério da educação que tenha delegado a seus juristas poder para isso?

"SEJA REALISTA: PEÇA O IMPOSSÍVEL!"

Esse *slogan* já tem mais de trinta anos, pois era destacado em maio de 1968 pelos estudantes franceses que sonhavam em "mudar a vida". Será que ele continua atual? Em todo caso, ele sugere que, em certas áreas, a política dos pequenos passos não é crível, que é preciso pagar o preço de uma ruptura quando se quer que as práticas mudem.

Sem impor a cooperação, a instituição poderia dar-lhe um estatuto privilegiado e, em contrapartida, dificultar o individualismo. Esta é, evidentemente, uma estratégia mais arriscada do que as incitações frouxas, isto é, puramente verbais. Hoje em dia, um professor que trabalha a portas fechadas não é absolutamente penalizado. Ao contrário, aqueles que escolhem trabalhar em equipe correm certos riscos: enquanto tudo vai bem, deixam-nos tranqüilos, mas basta uma queixa, um conflito, uma crise para que os desviantes sejam recriminados.

Uma ruptura nítida na definição do trabalho docente como trabalho cooperativo solidificaria, certamente, as oposições dentro do sistema e poderia bloquear a própria evolução rumo aos ciclos. Ao mesmo tempo, se perder essa oportunidade, talvez a instituição jamais encontre uma razão tão boa para exigir um mínimo de cooperação e de responsabilidade coletiva: nem o trabalho interdisciplinar, nem a avaliação, nem as relações com os pais, nem os projetos de estabelecimento requerem tão insistentemente o trabalho de equipe. Se há uma justificativa forte para o trabalho de equipe, essa é a gestão compartilhada dos ciclos de aprendizagem plurianuais, particularmente quando eles se inscrevem na luta contra o fracasso escolar e no movimento das escolas eficazes.

No momento em que numerosos sistemas educacionais se orientam para os ciclos, seria lamentável que não examinassem a questão sob esse ângulo ou que renunciassem depressa demais, para ter paz, a um confronto com uma parte do corpo docente. Na realidade, os adversários da cooperação são também, com muita freqüência, apegados a uma escola que dá notas, deveres e punições, não negocia com os alunos, dá pouco espaço aos pais e não se dirige nem para a pedagogia diferenciada, nem para os métodos ativos nem mesmo para objetivos amplos. A recusa a cooperar tem relação com o conservadorismo pedagógico. É ilusório acreditar que, não atacando as relações profissionais, a inovação obterá o apoio dos professores individualistas à inovação. Dissociando demais os ciclos do trabalho de equipe, corre-se o risco de sair perdendo nos dois!

A organização do trabalho em um ciclo 12

A criação de ciclos de aprendizagem plurianuais discute a noção de classe e de gestão de classe? Sem dúvida, mas em graus diversos, conforme a maneira como se concebe um ciclo.

Se cada professor mantiver sua classe por um único ano, as mudanças serão menores. Todavia, o fato de se engajar em um ciclo e de perseguir objetivos ao longo de vários anos provavelmente modifica a gestão de uma classe, sobretudo inscrevendo a ação de cada professor em uma ação coletiva, mesmo que não haja um real trabalho de equipe. Esse funcionamento está, no entanto, muito próximo da estruturação da formação escolar em etapas anuais.

Se o mesmo professor acompanhar um grupo de alunos de mesma idade durante vários anos, ele deverá estabelecer uma organização do trabalho ou mais duradoura, ou mais móvel. Acompanhar os mesmos alunos durante dois anos ou mais pode constituir uma vantagem e um inconveniente. É uma vantagem porque as regras e as instituições internas implementadas no início serão válidas para vários anos letivos. É um inconveniente quando tensões, conflitos, segregações perturbam a vida coletiva, pois o fim do ano letivo não vem, então, acabar com o problema. Mas continua sendo uma classe. E os professores que trabalham em ciclos desse modo poderão buscar na cultura profissional alguns saberes e *savoir-faire* pertinentes, visto que, em quase todos os sistemas educacionais, professores mantêm seus alunos por dois anos. Isso é, por vezes, o mais habitual, pois apresenta certas vantagens: permite aos professores percorrerem alternadamente dois programas anuais, o que é menos repetitivo; dá a eles uma melhor visão global da formação; finalmente, a possibilidade de encontrar os mesmos alunos no ano seguinte parece diminuir radicalmente a reprovação (Hutmacher, 1993).

Também pode acontecer – exemplo um pouco diferente – que a introdução de ciclos plurianuais generalize as classes multisséries, uma fração de cada uma delas se renovando ao final de um ano letivo, os alunos mais velhos saindo do ciclo (portanto, da classe), enquanto alunos mais jovens entram. Em um ciclo de dois anos, a metade da classe mudará a cada ano. Em um de três anos, um terço, e, em um de quatro anos, um quarto. A gestão de classe deverá fazer conviverem e trabalharem juntos alunos de idades e de níveis escolares diferentes e, portanto, propor-lhes ou atividades distintas, que devem coexistir, ou atividades acessíveis a alunos de níveis diferentes. Também nesse caso, os ciclos plurianuais não trazem nada de radicalmente novo, pois um grande número de professores rurais já teve classes de graus diversos.

Somente haverá uma real ruptura na organização do trabalho se o sistema confiar a uma equipe pedagógica um conjunto mais vasto de alunos. Os sistemas educacionais que introduzem ciclos de aprendizagem plurianuais raramente vão tão longe. Na medida em que esse modo de trabalho me parece mais promissor, vou-me deter nele sob o ângulo da organização do trabalho dos alunos e dos professores. Passa-se, então, da gestão individual de uma classe à gestão cooperativa de um ciclo. O que coloca em termos inéditos a questão do agrupamento ótimo dos alunos, particularmente na perspectiva da individualização dos percursos de formação e de dispositivos múltiplos de pedagogia diferenciada.

Em outros trabalhos (Perrenoud, 1999c, 2002a), desenvolvi a idéia de que os sistemas educacionais contemporâneos estão-se distanciando um pouco da classe como modo predominante de agrupamento dos alunos e que se devem prever, agora, novos *espaços-tempos de formação*. A introdução de ciclos de aprendizagem plurianuais pode contribuir para esse movimento, que incita a pensar a organização do trabalho escolar em um nível intermediário entre o que tange tradicionalmente à administração escolar, por exemplo, a composição das classes, a atribuição dos professores e dos locais, e o que diz respeito à autonomia individual de cada professor, uma vez fechada a porta de sua sala.

Mais concretamente, raciocinemos a partir de um sistema educacional que funcionasse em ciclos de dois anos e que autorizasse, até mesmo encorajasse, os professores a se constituírem em equipes de ciclo. Eis o que poderiam indicar os textos regulamentares editados pelo ministério ou por uma comissão escolar:

1. Os alunos que freqüentam o mesmo ciclo em uma escola são confiados a uma equipe pedagógica cujos membros são solidariamente responsáveis por sua existência harmoniosa, por seu trabalho, por sua avaliação e informação regular aos pais. No seio da formação, as equipes velam pela coerência entre os ciclos.

2. Os professores coletivamente responsáveis por um ciclo reagrupam os alunos da melhor maneira que lhes parecer na perspectiva de uma pedagogia diferenciada. Jogam, portanto, não somente com a pertença de cada aluno a um grupo-classe, mas também com grupos diversificados de trabalho, de mesma faixa etária ou multisséries, homogêneos ou heterogêneos, definidos como grupos de necessidades, de projetos, de níveis, de apoio, etc. Os professores dividem as tarefas entre si a partir disso, de preferência de maneira flexível e móvel.
3. A equipe presta contas do uso de sua autonomia de organização. Ela é capaz, pois, de explicar e justificar seu sistema de trabalho e seus modos de diferenciação junto às instâncias criadas para esse fim.
4. A passagem em um ciclo não implica nem aumento nem diminuição das forças de trabalho. Do mesmo modo, uma equipe de ciclo dispõe dos espaços e dos meios materiais destinados ao enquadramento dos mesmos alunos em uma organização em séries anuais. Os locais são reagrupados. A equipe utiliza seus recursos como bem entender, em função dos dispositivos pedagógicos em questão.
5. A equipe decide sobre a distribuição do trabalho entre seus membros, considerando estatutos, índices de atividade, competências e desejos de cada um.
6. Ela fornece informações aos pais dos alunos, em modalidades variadas, e os associa tanto quanto possível às discussões que delineiam o funcionamento interno do ciclo de aprendizagem.
7. Via de regra, a equipe pedagógica designa um de seus membros para as tarefas de coordenação e para representá-la na escola e fora dela.
8. Nas grandes escolas, para evitar a constituição de equipes de mais de seis a oito professores, podem-se distribuir os alunos que freqüentam o mesmo ciclo entre várias equipes pedagógicas distintas, cada uma delas assumindo todo o percurso.

Esse regulamento hipotético retoma, simplificando, uma parte das propostas formuladas pelo *Groupe de pilotage de la rénovation* ativo em Genebra de 1994 a 1999 (GPR, 1999a). Essas propostas não foram aproveitadas e a administração escolar substituiu a idéia de uma equipe cujos membros são solidariamente responsáveis por um grupo de alunos por uma noção vaga, a do acompanhamento colegial dos alunos. Essas propostas tinham sido concebidas para ciclos de quatro anos, mas são amplamente transponíveis para ciclos de dois anos. A diferença essencial concerne ao número de alunos e de professores envolvidos. Em uma escola pequena, a equipe responsável por um ciclo de dois anos pode comportar apenas dois professores.

Tomemos como base de raciocínio uma escola com aproximadamente 70 alunos por faixa etária, o que corresponderia a três classes de 23 alunos em uma formação estruturada em séries anuais. Se ciclos de dois anos forem introduzidos, 140 alunos freqüentarão o mesmo ciclo nessa escola. Serão confiados a uma equipe pedagógica, que suporemos composta de seis professores e professoras em tempo integral.*

Que organização do trabalho essa equipe terá? Minha proposta não é fazer um estudo detalhado, mas dar uma idéia das questões que surgem e dos raciocínios possíveis. Não me parece adequado que a organização do trabalho seja padronizada. Não há, portanto, nenhuma razão para procurar uma solução única, considerada melhor. A solução mais adequada depende de inúmeros fatores: as competências e o grau de individualismo dos professores envolvidos, sua concepção do ensino, das aprendizagens, da avaliação, dos ciclos, suas convergências e divergências, sua disponibilidade, seu gosto pela inovação e, evidentemente, o contexto, o nível dos alunos, as expectativas dos pais, o tamanho e a dinâmica do estabelecimento.

Embora as respostas difiram conforme as equipes e os contextos, é possível, em contrapartida, que as questões sejam bastante semelhantes.

Distingo três tipos:
1. Concepção e papel dos grupos de base e dos outros grupos.
2. Sistema de distribuição ótima dos alunos.
3. Eqüidade na divisão do trabalho entre professores.

**CONCEPÇÃO E PAPEL DOS GRUPOS
DE BASE E DOS OUTROS GRUPOS**

O que é o "grupo de base"? Vamos defini-lo como um grupo de alunos de composição estável durante pelo menos um ano letivo, confiado a um tutor que dispõe, pelo menos, de algumas horas por semana para trabalhar com esse grupo. Seria possível falar de uma "classe" na medida em que ela tem traços comuns com tal grupo, mas isso ativaria imediatamente representações falaciosas.

---

*N. de. R. T. No caso da educação pública no Brasil, não é usual o sistema de tempo integral, ficando os alunos cerca de 4h diárias/20h semanais na escola. Por conseguinte, o regime de trabalho dos professores pode chegar a 40h, que são distribuídas em duas classes.

Da classe, conserva-se a idéia de um grupo de pertença duradoura, ao qual o aluno pode identificar-se. É seu grupo. O professor responsável por esse grupo é seu primeiro interlocutor. Seria possível, assim, pensar em atribuir dois tutores a cada grupo de base para romper a lógica da apropriação de um grupo de alunos por uma única pessoa, porque poderia ser interessante e frutífero também, para os professores, trabalhar em dupla e se co-responsabilizar por dois grupos de base.

Pode-se considerar tal grupo como uma base, no sentido que essa palavra tem para os alpinistas ou militares, pois é um grupo ao qual o aluno volta, mesmo que o deixe com bastante freqüência. O grupo de base desempenha o papel da casa, do refúgio, que permite aventurar-se no mundo e depois voltar para um lugar seguro e familiar. Supõe-se que esse grupo é uma fonte de identidade e de segurança afetiva, mesmo que os alunos fiquem nele apenas algumas horas por semana.

Quantas horas exatamente? Tudo depende do que se quiser fazer. Se o grupo de base for só um ponto de sustentação, uma torre de controle, uma posição de retirada, pode ser suficiente reuni-lo um turno por semana, ou duas vezes de duas horas, ou uma hora por dia. Se houver a intenção de trabalhar diversos objetivos de formação, o tempo que lhe é atribuído aumentará conseqüentemente.

A equipe pedagógica deverá decidir o que quer trabalhar nos grupos de base. Várias lógicas aparecerão. Alguns dirão que o grupo de base é o enquadramento ideal da educação para a cidadania, outros, que ele se presta perfeitamente às artes plásticas e à música. Outros ainda farão dele o lugar privilegiado de aprendizagem da leitura, ou lhe confiarão os procedimentos de projetos, seja qual for seu conteúdo, porque supõem a continuidade. Outros vão limitá-lo a funções psicodinâmicas e ao acompanhamento dos alunos.

Alguns verão o grupo de base como um grupo estável durante dois anos, formado por um conjunto de alunos que entram no ciclo ao mesmo tempo e o percorrem juntos. Outros demonstrarão uma preferência por um grupo de idades múltiplas cuja metade se renova a cada ano.

Bem depressa, se a equipe não raciocinar simultaneamente sobre os outros tipos de grupos, o impasse estará criado. De fato, se tudo se faz nos grupos de base, cada professor se encontrará constantemente com seus próprios alunos, e a equipe, sem perder todo sentido, não será mais coletivamente responsável pelo grupo todo, ou então apenas em segunda linha, pois o primeiro responsável será o professor encarregado desse grupo. Se distinguimos um grupo de base de uma classe tradicional, é para salientar que, em um determinado período de tempo, os alunos trabalham em outras configurações. Em que proporção? Não existe regra, mas é possível temer que, se os grupos de base ocupam três quartos do tempo de trabalho ou mais, os outros grupos tenham um estatuto menor e desapareçam à menor tensão na equipe, cada membro se retirando "para seu canto".

Uma equipe poderá, por exemplo, estabelecer: trabalhemos de manhã em grupo de base e, à tarde, em outras composições.* Outra fará a escolha inversa. Outras equipes ainda optarão por raciocinar em termos de semanas inteiras, umas em grupos de base, outras dentro de outras modalidades de agrupamento dos alunos.

Quais? Os grupos de níveis são uma fórmula bastante conhecida. No ensino médio, os sistemas que suprimiram as habilitações mantêm freqüentemente níveis em duas ou três disciplinas, as mais seletivas, por exemplo, a matemática e uma língua estrangeira. Parte-se do princípio de que a heterogeneidade compromete o avanço dos bons alunos sem beneficiar os mais lentos e se deduz disso que é preciso, por um semestre ou um ano, agrupar de um lado os melhores alunos e, do outro, aqueles com dificuldade, e eventualmente um grupo intermediário. Em princípio, um aluno pode mudar de nível se os resultados melhorarem ou piorarem sensivelmente no decorrer do ano.

Esse sistema tem suas vantagens, mas quase sempre acarreta um aumento das variações: os alunos de nível superior avançam mais, ao passo que os mais lentos se tornam ainda mais fracos. O mecanismo é simples: o nível de exigência vai aumentando para os alunos fortes, diminuindo para os fracos. O problema é muito concreto: não aumentar as exigências em um grupo forte dá a cada aluno a impressão de que ele atinge os objetivos sem esforço. Em um grupo fraco, é o contrário: mesmo dando duro, um aluno não consegue atingir os objetivos. Os professores são levados, então, por razões bem-compreensíveis, a ajustar o nível de exigência ao nível efetivo de seu grupo, a estabelecer uma distância ótima entre o que os alunos sabem e o que eles supostamente dominam.

Para prevenir um desvio desses, seria necessário manter os mesmos objetivos e as mesmas exigências em cada nível e variar apenas a intensidade e a qualidade do atendimento. Mesmo uma equipe pedagógica muito lúcida sobre esses mecanismos não pode controlá-los constantemente. Por isso se recomenda não instituir grupos de níveis de durações muito longas, e é sensato suspender seu funcionamento durante certas semanas, de modo a romper com os hábitos e estereótipos.

---

*N. de R. T. Para pensar tal possibilidade no contexto educacional brasileiro, será necessário organizar os grupos de base/outras composições em termos de turnos na semana ou criando espaços-tempo no turno inverso às aulas, o que sempre pode supor enfraquecimento do que se realiza nesses outros turnos.

Pode-se perfeitamente imaginar, no espírito de uma discriminação positiva, que 70 alunos sejam distribuídos de modo totalmente assimétrico, por exemplo, um grupo de 35 no nível mais elevado, de 25 no nível médio e de 10 no nível mais fraco. Isso levanta, todavia, inúmeros problemas, dos mais prosaicos – pode-se trabalhar com 35 alunos nos locais disponíveis? – aos mais complexos: como fazer os alunos e, sobretudo, os pais admitirem o que lhes parece uma "injustiça" gritante? Como não transformar a designação de um aluno a um nível em sinal indelével de excelência ou de mediocridade escolar?

Os limites dos grupos de níveis levaram Meirieu (1990) a propor a substituição dos grupos de níveis por "grupos de necessidades", constituídos de alunos que, em um certo momento do ano letivo, se chocam com os mesmos obstáculos e precisam de um atendimento específico. Um grupo de necessidades pode, por exemplo, reunir alunos que não compreendem a noção de número decimal; um outro, os alunos que não conseguem assimilar o princípio da retenção em uma subtração; um outro ainda, os alunos com dificuldades na leitura de um mapa ou na construção de uma narrativa no pretérito simples. Isso equivale a uma das práticas possíveis do apoio pedagógico: reunir fora da aula os alunos que experimentam as mesmas dificuldades.

Evidentemente, os alunos fracos em uma disciplina – ou em todas, como ocorre muitas vezes – manifestarão necessidades específicas com mais freqüência que os outros. Por isso, é importante que as necessidades sejam definidas em relação a uma noção, a um *savoir-faire* preciso e não para toda a disciplina, sem o qual se recriarão grupos de níveis com um outro nome.

Pode-se compreender "necessidade" em um sentido restritivo, como necessidade de apoio pedagógico a alunos com dificuldades de aprendizagem. Mas a noção pode também se estender a necessidades afetivas, necessidades de desenvolvimento, necessidades relacionais. Pode-se criar um grupo de improvisação destinado a bons alunos demasiadamente centrados no respeito obsessivo às instruções, ou um grupo de expressão livre aberto aos alunos paralisados pela timidez. Pode-se criar um grupo para trabalhar os estereótipos relativos aos papéis femininos e masculinos, um outro que se interesse pela violência ou pelo racismo. Em um outro registro, pode-se constituir um grupo de necessidades que se interessará pela organização do trabalho pessoal, pela preparação para um exame ou pelo modo de tomar notas.

Não é simples levar em conta necessidades diversificadas e mutáveis em uma organização de trabalho duradouro:
1. É preciso determinar periodicamente as novas necessidades e os alunos envolvidos, o que exige observações, entrevistas e decisões decorrentes.

2. Nem todos os alunos têm, em um determinado momento, necessidades que, por uma feliz coincidência, possam ser tratadas paralelamente durante exatamente o mesmo tempo.
3. Certos alunos têm permanentemente grandes necessidades, outros, não. O que propor aos alunos que avançam sem dificuldade? Atividades para ocupá-los? Objetivos mais ambiciosos, o que aumentaria as distâncias entre uns e outros?
4. Trabalhar por grupos de necessidades exige dos professores uma grande flexibilidade não somente no agrupamento dos alunos e no emprego do tempo, mas principalmente na construção de atividades e estratégias pedagógicas adaptadas às necessidades reconhecidas.

Recompor os grupos de necessidades regularmente poderia ser ilusório se, na mente dos professores, certos alunos são definitivamente "fracos em matemática". Convém portanto:

- não recorrer permanentemente a grupos de necessidades, marcar pausas, organizar rupturas nos modos de agrupamento, para evitar as rotulações;
- focar verdadeiramente um componente preciso de uma disciplina, dando uma chance, por exemplo, a certos alunos que se viram melhor em geometria do que em operações aritméticas;
- organizar-se para avaliar os obstáculos e as necessidades por meio de atividades específicas, sem se limitar a projetar sobre cada aluno um "nível" que se teria tornado, de certo modo, uma de suas características permanentes.

Um terceiro tipo de grupo pode intervir: "os grupos de projetos". Eles existem no ensino médio* quando se quer trabalhar de maneira pluridisciplinar. Pede-se, por exemplo, aos alunos de várias turmas que escolham uma cultura – o trigo, a vinha, o algodão, a madeira, a borracha, o café, etc. – e eles são agrupados em função de sua escolha. Cada grupo temático tem a tarefa de propor uma monografia sintetizando os aspectos bioquímicos, históricos, geográficos, econômicos, sociológicos, literários e artísticos da cultura estudada.

As temáticas e os procedimentos de projetos podem ser adaptados a alunos de ensino fundamental. Os grupos de projetos são heterogêneos do ponto de vista do nível escolar, mas reúnem alunos que têm um interesse ou um projeto comum. Podem emergir de uma distribuição *a priori* entre temas, que

---

*N. de R. T. O autor refere-se ao sistema educacional francês, no qual o ensino médio corresponde ao colegial e ao liceu, que vão dos 11 aos 17-18 anos e sucedem a escola elementar.

se tornarão projetos em um segundo momento; podem constituir-se já de início como projetos, ou se destacar de um projeto mais amplo – por exemplo, montar um espetáculo –, dentro de uma divisão progressiva do trabalho, uns se ocupando dos cenários, outros, da música, etc. Talvez fosse necessário distinguir grupos de interesses, na linha dos "centros de interesse" de Cousinet (1949), de grupos de projetos, que visam a produzir uma forma ou outra de realização.

Também se podem conceber grupos aos quais se atribui um trabalho intensivo sobre um componente preciso do programa. É o que se pode relacionar a uma concepção modular dos programas. Mais do que fazer de tudo, a cada semana, seguindo uma grade de horário que dosa sabiamente as disciplinas e avança em cada uma à razão de uma ou algumas horas por semana durante todo o ano, os módulos disporiam de um certo número de horas – de 15 a 60, para dar uma ordem de grandeza – para construir aprendizagens bem-definidas. Essas horas seriam agrupadas, concentradas em algumas semanas consecutivas. Pode-se imaginar um módulo de 25 horas ocupando uma semana inteira, mas também um módulo de 4 dias, um dia por semana durante um mês. A estruturação do currículo em módulos se revela uma maneira de lutar contra o hábito de pular de uma atividade à outra, com os efeitos perversos que isso acarreta:

1. Perda de memória, energia imensa investida para retomar o fio (ou escolha exclusiva de atividades curtas do tipo exercício).
2. Possibilidade, para o aluno, de fingir por um tempo breve, de fazer de conta que participa.
3. Suspensão da atividade no momento em que o aprendiz se choca com verdadeiros obstáculos e quando o verdadeiro trabalho didático poderia começar.
4. Retomada de uma tarefa nova alguns dias mais tarde, recomeço do processo de entrada na tarefa e de encontro dos verdadeiros obstáculos.
5. Possibilidades reduzidas de diferenciação.

Nada obriga a colocar todas as disciplinas em módulos, nem mesmo uma única. Em cada uma delas, certas aprendizagens se dão melhor de maneira lenta, com tempos estagnados, outras são mais eficazes quando há um investimento intensivo, concentrado em um tempo curto, como a maioria dos cursos de línguas estrangeiras destinados aos adultos. Em outros textos (Perrenoud, 1997a,* 1999c, Wandfluh e Perrenoud, 1999), encontra-se uma discussão mais aprofundada dos problemas levantados por uma arquitetura modular do currículo.

---

*N. de R. T. *Pedagogia diferenciada: das intenções à ação.* (Artmed, 2000).

O inventário das configurações de trabalho disponíveis não é exaustivo. Certas escolas organizam periodicamente semanas temáticas em torno, por exemplo, da leitura ou da água. Não são nem módulos, pois essas semanas não visam a objetivos de aprendizagem tão definidos, nem projetos. Outras escolas trabalham certos objetivos por meio das competições, nas aulas de educação física, mas também na área dos jogos de estratégia, até da matemática. Em artes e trabalhos manuais, alguns professores organizam oficinas paralelas, por exemplo, trabalhos em madeira, metal, papelão, tecido. Esse método se estendeu a outras disciplinas. Uma equipe pode ampliá-lo a um conjunto maior de alunos. Pode-se ainda mencionar o sistema dos contratos ou "planos de trabalho", no qual os alunos têm tarefas individuais a cumprir, e os professores funcionam como pessoas-recurso. Todos os alunos de um ciclo podem trabalhar assim durante certos períodos escolares.

O leque dos modos de trabalho disponíveis não está, sem dúvida, completo, e uma equipe pedagógica certamente inventará outros, às vezes, efêmeros, às vezes, destinados a se difundir no estabelecimento e fora dele. A partir de seus modos de trabalho, uma equipe pedagógica responsável por um ciclo de aprendizagem se perguntará: o que trabalhamos em grupos de base? Em grupos de níveis? Em grupos de necessidades? Em grupos de projetos? Em módulos? Em outras configurações ou, ainda, em outras fórmulas?

A questão é cabível em cada disciplina ou cada área. Nada impõe, por exemplo, que se trabalhe todo o conteúdo da matemática em grupos de níveis, as artes em grupos de projetos, a língua materna em grupos de base, as ciências em grupos de necessidades. Têm-se inclusive boas razões para pensar que, em uma disciplina, aprendizagens de tipos diferentes exigem modos apropriados de organização do trabalho.

Qualquer equipe ficará tentada em distribuir o tempo escolar de maneira estável, à maneira de uma grade de horário semanal, mesmo que ela substitua as disciplinas por combinações de conteúdos e de modos de trabalho como, por exemplo, cálculo mental em grupos de base, leitura de mapas em grupos de necessidades, gramática em grupos de níveis, trabalho sobre a eletricidade em grupos de projetos, etc. Será, sem dúvida, necessário ter uma certa flexibilidade, por exemplo, prevendo períodos vagos, que permitirão regulações ao longo do caminho. Também pode acontecer que uma equipe defina ao menos dois tipos de semanas, por exemplo, algumas semanas com grupos de níveis e, outras, sem.

Vê-se também que, em certos momentos, os alunos são distribuídos entre grupos bem-identificados, trabalhando com um professor definido, ao passo que, em outros momentos – plano de trabalho, oficina – os alunos têm tarefas individuais ou circulam entre postos de trabalho em um espaço que reúne todos os locais disponíveis, os professores funcionando como pessoas-recurso.

A resposta a essas questões de engenharia de formação só pode ser provisória e pragmática. No estado atual dos conhecimentos, é impossível dizer com certeza qual a configuração ideal para tal aprendizagem. Aliás, talvez a resposta varie conforme os alunos. Uma equipe pedagógica que se interroga sobre isso estabiliza pouco a pouco respostas que não são inteiramente satisfatórias, que nem sempre repousam em uma argumentação explícita, que resultam de acordos e também de uma forma de cansaço. A equipe perde seu latim revirando todas as possibilidades até que, em um dado momento, toma a decisão, pois afinal é preciso agir.

Pode-se, em compensação, supor que uma equipe pedagógica que funciona bem reordenará seu dispositivo a cada ano, à luz das experiências, constatando que certas aprendizagens teriam de ser feitas em módulos, enquanto outras ganhariam mais se fossem transferidas para o grupo de base, renunciando a certos grupos de níveis em razão de seus efeitos perversos, identificando novas necessidades ou novas maneiras de responder a elas, modificando a amplitude ou o conteúdo dos módulos de matemática.

Seria muito conveniente que as equipes documentassem suas escolhas e os argumentos subjacentes, primeiro, para dispor de uma memória interna e, em segundo lugar, para que circulem entre as equipes diversas fórmulas de organização do trabalho. Não confundir a autonomia com poder absoluto: como nenhuma equipe pode pensar em tudo, cada uma tem de adotar – adaptando-os – modos de agir inventados e testados por outras.

SISTEMA DE DISTRIBUIÇÃO ÓTIMA DOS ALUNOS

A única justificativa de uma organização complexa do trabalho é permitir a consideração das necessidades dos alunos. É inútil criar uma estrutura demasiadamente complexa se isso não permitir otimizar os processos de aprendizagem e a condução dos percursos de formação.

Ora, deve-se renunciar definitivamente à idéia de que se podem definir as necessidades de uma vez por todas, no início de um ano letivo, prescrever um "tratamento" decorrente e se ater a ele. Se os hospitais funcionassem dessa maneira, a mortalidade aumentaria de modo espetacular. A pedagogia diferenciada exige um acompanhamento e uma adaptação, até mesmo uma mudança radical das estratégias em curso se elas não derem os resultados esperados. Essa regulação pode e deve ser feita nos grupos de base, mas também nos grupos de níveis, de necessidades e de projetos e, mais ainda, nos módulos. Entretanto, a razão de ser de um dispositivo que joga com diversos tipos de agrupamentos e tarefas é ampliar as possibilidades de regulação procedendo a uma distribuição ótima dos alunos entre as atividades e entre os grupos que funcionam paralelamente.

Fácil de dizer! Se a trajetória de cada aluno não for fixada de antemão, ela deve ser decidida durante o trajeto, aos poucos. Certas escolas experimentais tentaram consagrar a primeira hora de cada manhã a decidir o emprego do tempo ótimo de cada um para o resto do dia. Essa flexibilidade pode tornar-se cansativa para todos, sem ter as virtudes que justifiquem esse permanente rebuliço. Uma equipe precisa encontrar o ritmo que lhe convém ou, mais exatamente, os ritmos, pois os calendários podem diferir conforme os tipos de grupos. A atribuição a um grupo de base é decidida para todo o ano, salvo acidentes de percurso. Os grupos de níveis podem funcionar, por exemplo, durante seis semanas, seguidas de três semanas sem grupos de níveis, ou serem abertos em alternância em duas disciplinas. A distribuição dos alunos entre os níveis se fará, então, cerca de seis vezes ao ano. Conforme a amplitude dos projetos, um grupo de projetos pode durar uma semana ou o ano inteiro. Os grupos de necessidades são, por definição, efêmeros. Períodos estáveis durante todo o ano podem ser atribuídos ao trabalho por contratos individuais. A distribuição ótima dos alunos não equivale à sua redistribuição permanente, pois a mudança não é um fim em si.

Em um hospital, pode-se dizer que, se o quadro clínico fosse atualizado a cada hora, regulações mais rápidas seriam feitas nos tratamentos em curso. Mas nenhum hospital dispõe dos recursos necessários, exceto nas unidades de tratamento intensivo. Quanto ao resto, cada sujeito encontra um acordo entre o ideal de um ajuste permanente dos tratamentos e as imposições ligadas ao tempo e às energias disponíveis.

Do mesmo modo, em uma equipe de ciclo, a atribuição dos alunos a uma atividade ou a um grupo não pode ser otimizada constantemente. Isso não é um drama, na medida em que certos procedimentos só podem desenvolver-se com o tempo. As atribuições se fazem inevitavelmente, por um lado, em função de indícios insuficientes ou frágeis, até mesmo ao acaso, porque nenhuma equipe pedagógica consegue sempre tomar decisões perfeitamente pertinentes, a não ser que passe a metade da semana recolhendo observações e discutindo-as para decidir o que os alunos farão na outra metade. A função de orientação tem de romper com a tentação de um perfeccionismo esgotante, sem cair no extremo inverso. Atribuir um aluno, de vez em quando, a um grupo no qual ele perde seu tempo não é grave, mas fazer disso uma regra, por falta de critérios, de tempo ou de competência, seria indefensável e justificaria a volta a classes fechadas.

Uma equipe pedagógica tem de, pois, encontrar um *modus vivendi*, instituir tempos e procedimentos de decisão que garantam "globalmente" uma distribuição pertinente dos alunos entre os diversos tipos de atividades e de grupos funcionando em paralelo. Com uma exigência maior para os alunos com dificuldades, pois as decisões inadequadas têm, para eles, maiores conseqüências. Assim como em qualquer procedimento formativo, é legítimo decidir rapidamente a designação de certos alunos e levar mais tempo com outros, recorrer ao bom senso em certos casos, a instrumentos de avaliação mais sofisticados em outros. Importa também que os erros mais gritantes possam ser corrigidos rapidamente.

Essa função de distribuição é banal em muitos setores profissionais, por exemplo, em um dispensário, na emergência dos hospitais, em um serviço social ou em uma unidade de manutenção. No ensino, ela é nova e se complica porque se trata mais de distribuir toda uma população do que um fluxo de recém-chegados. O paralelo mais adequado se estabelece sem dúvida com uma população hospitalizada. Nessa área, sabe-se que, caso se esperem sintomas agudos para modificar um tratamento, aumentam os riscos e a duração da hospitalização. Desenvolveram-se, então, *softwares* de auxílio ao acompanhamento e à decisão, que possibilitam uma revisão mais sistemática do tratamento de todos os pacientes, inclusive para decidir não mudar nada.

A escola deverá inventar seus próprios instrumentos, inclusive *softwares*, para proceder a uma distribuição tão "inteligente" quanto possível dos alunos. Certos professores praticam há muito tempo a pedagogia do contrato ou o trabalho por oficinas ou projetos. Outros organizam grupos de níveis ou de necessidades em sua classe. Eles desenvolveram *savoir-faire* específicos que podem ser parcialmente transpostos a um ciclo de aprendizagem plurianual. Alguns têm "tudo na cabeça", mas podem compartilhar seus raciocínios e suas experiências, outros criaram instrumentos que poderiam ser compartidos em uma equipe pedagógica.

EQÜIDADE NA DIVISÃO DO
TRABALHO ENTRE PROFESSORES

A divisão do trabalho é um assunto sensível no mundo docente, em particular, se for decidida pelos próprios interessados (Perrenoud, 1993c). A força das classes heterogêneas que seguem paralelamente o mesmo programa é

que os professores envolvidos fazem oficialmente o mesmo trabalho. Sabe-se bem que, conforme os estabelecimentos, existem fortes variações e que, em um mesmo prédio, duas classes paralelas podem ter níveis desiguais ou dinâmicas muito diferentes. Nem todos os professores encarregados do mesmo programa fazem exatamente o mesmo trabalho. Dois mecanismos garantem, entretanto, uma certa eqüidade:
- o acaso que, de ano em ano, traz a cada um seu lote de turmas "boas" e "ruins";
- o direito, que vem com a antiguidade, de se afastar das zonas difíceis para ir ensinar em bairros mais tranqüilos, pois na vida, para ter direito à tranqüilidade, é preciso primeiro ter passado pelos períodos mais difíceis.

Seria errôneo, todavia, acreditar que a distribuição das tarefas se faz com toda serenidade em um sistema que confia classes a indivíduos. No mínimo, os professores podem voltar-se contra o "sistema" ou se proteger dos colegas que defendem indevidamente privilégios.

Uma equipe pedagógica cujos membros são solidariamente responsáveis por um ciclo de aprendizagem plurianual e têm autonomia suficiente para repartir as tarefas deverá encontrar seus próprios princípios de justiça. Facilmente se concordará que o número de horas de trabalho deve ser o mesmo para carga de atividade igual. A questão do trabalho de preparação e de concertação complicará as coisas. O que é mais perceptível é o tempo de presença diante dos alunos. O resto é menos visível. Quando cada professor tem o mesmo trabalho a fazer em aula, tanto melhor para ele se precisa de uma hora por dia para prepará-lo, tanto pior se precisa de seis. A questão se apresenta diferentemente quando as tarefas a fazer com os alunos ou os pais forem diferentes. Pode-se então pretender que uma hora de trabalho em um grupo requer, em certos casos, uma preparação de quinze minutos, em outros, de duas horas. Assim, um trabalho intensivo em módulo exige uma preparação didática totalmente diferente da direção de um grupo de projetos, que demanda tempo em contatos, conversas particulares e contribuições do professor para apoiar o projeto. Como comparar?

Independentemente de sua preparação e de seu acompanhamento, essas tarefas enquanto tais são desigualmente gratificantes. É melhor dar aula de matemática para 35 bons alunos ou para 10 com dificuldades? Certos professores têm preferências quanto às disciplinas ou ao modo de trabalho: alguns adoram os módulos, outros se sentem melhor em um grupo de necessidades; alguns gostam de trabalhar com os alunos com dificuldades, outros vivem isso como uma tarefa árdua. Alguns sofrem para deixar suas turmas, enquanto outros são como peixinhos na água quando jogam com diversos tipos de grupos e um número maior de alunos...

Essa diversidade de expectativas e de competências pode simplificar a divisão do trabalho, mas também complicá-la terrivelmente, em particular em uma equipe pedagógica que não pode, como uma administração, ordenar a cada um que faça sem reclamar aquilo pelo qual lhe pagam. Uma verdadeira equipe sabe o que um ou outro teme ou prefere, leva em conta os momentos de cansaço de certos membros e de audácia de outros. Não é fácil encontrar uma divisão equânime do trabalho, dos encargos, dos riscos, das frustrações e dos prazeres (Perrenoud, 1994c). Essa dificuldade explica o retraimento de certos membros da equipe para sua classe, apesar de sua sincera adesão aos princípios de uma pedagogia diferenciada e de um trabalho cooperativo. Esse é um grande desafio de formação.

Conclusão

Este livro não pretendia responder a todas as questões que podem surgir acerca dos ciclos de aprendizagem. Ele desenvolveu uma concepção ambiciosa delas, associando-as constantemente à luta contra o fracasso escolar por meio de uma pedagogia diferenciada, insistindo sobre a ruptura com os recortes em anos, sobre a constituição de equipes responsáveis por um ciclo, sobre a autonomia em reconhecer essas equipes em matéria de organização de seu trabalho, sobre as novas formas de avaliação, sobre a distância a tomar dos programas e da padronização dos percursos.

Seria preciso ser muito otimista para imaginar que os sistemas educacionais vão-se aventurar rapidamente nesse sentido. A observação mostra que eles adotam mais facilmente ciclos de dois anos, não tocam no individualismo dos professores, não mexem na avaliação nem na concepção dos objetivos.

É possível que este livro se acrescente à lista das utopias pedagógicas, mas talvez também delineie um futuro possível para os ciclos de aprendizagem prudentemente implementados no início dos anos 2000. Pode ser que esses ciclos não dêem em nada e que sejam suprimidos pela oscilação habitual nos sistemas educacionais. É possível que eles entrem nos costumes sem mudar nada, o que conviria sem dúvida às administrações e à maioria dos professores.

Mas também pode ser que essa mudança estrutural, por mais tímida e ambígua que seja, inicie um movimento de fundo, porque ele permite entrever uma alternativa à organização do trabalho escolar herdada do século XIX.

A profissionalização do ofício de professor, que se intensificou fortemente nos últimos dez anos (Lessard, Perron e Bélanger, 1993; Perrenoud, 1996c), passa evidentemente por um esclarecimento das competências e dos saberes profissionais dos professores (Gauthier, 1997; Paquay, 1994; Perrenoud, 1996a, 1999a; Tardif e Lessard, 1999), por novos paradigmas de formação inicial (Altet, 1994; Paquay, Altet, Charlier e Perrenoud, 1996; Perrenoud, 1994b), por uma insistência crescente sobre a figura do profissional reflexivo (Paquay e Sirota, 2001; Perrenoud, 2001a) e pelo acompanhamento das reformas (Gather Thurler, 2000a; Lafortune e Deaudelin, 2001).

Entretanto, pode-se estimar que, para transformar verdadeiramente o ofício de professor, será necessária uma modificação estrutural e incisiva da organização do trabalho, da esfera de autonomia dos professores e das responsabilidades que ela engendra, assim como das dimensões cooperativas desse ofício. Não é de surpreender, portanto, que seja contra essas transformações que as resistências mais ativas se organizam, tanto no campo dos professores quanto das autoridades escolares.

Talvez essas resistências consigam paralisar tudo. Mas também pode ser que o corpo docente e o pessoal administrativo escolar estejam, em sua minoria mais dinâmica, cansados de patinar em um impasse, de investir uma energia desmedida em reformas que não atingem o essencial. A criação de ciclos de aprendizagem plurianuais é uma maneira de redistribuir as cartas, de dar novamente vida a certas esperanças decepcionadas.

Também pode ser que as reformas curriculares em curso – competências, objetivos prioritários –, pelo menos se elas derem certo, desestabilizem as práticas de avaliação e de ensino que falharam e avancem para os ciclos de aprendizagem, como acontece na Bélgica e no Quebec.

Referências bibliográficas

ALLAL, L. (1983). «Évaluation formative : entre l'intuition et l'instrumentation, *Mesure et évaluation en éducation», 6(5)*, p. 37-57.
ALLAL, L. (1988). «Vers un élargissement de la pédagogie de maîtrise: processus de régulation interactive, rétroactive et proactive», dans M. Huberman (dir.), *Assurer la réussite des apprentissages scolaires. Les propositions de la pédagogie de maîtrise*, Paris, Delachaux et Niestlé, p. 86-126.
ALLAL, L. (1993a). «Régulations métacognitives : quelle place pour l'élève dans l'évaluation formative», dans L. Allal, D. Bain et Ph. Perrenoud (dir.), *Évaluation formative et didactique du français*, Neuchâtel et Paris, Delachaux et Niestlé, p. 81-98.
ALLAL, L. (1993b). «L'évaluation formative des processus d'apprentissage: le rôle des régulations métacognitives», dans R. Hivon (dir.), *L'évaluation des apprentissages*, Sherbrooke, Éditions du CRP, p. 57-74.
ALLAL, L. (1995). *Un détour peut-il être un raccourci? Quelques conclusions clés des recherches américaines sur les écoles «sans degrés»*, Genève, Faculté de psychologie et des sciences de l'éducation.
ALLAL, L. et L. NTAMAKILIRO (1998). «Échec précoce et maîtrise de l'écrit», dans Ch. Barré-de-Miniac et B. Lété (dir.), *L'illettrisme: de la prévention chez l'enfant à la prise en charge chez l'adulte*, Bruxelles, De Boeck, p. 83-101.
ALLAL, L. et M.-L. SCHUBAUER-LEONI (1992). «Progression scolaire des élèves: le redoublement dans le contexte genevois», *Recherche en éducation: théories et pratiques*, 11-12, p. 41-52.
ALTET, M. (1994). *La formation professionnelle des enseignants*, Paris, Presses universitaires de France.
ASTOLFI, J.-P. (1993). *Placer les élèves en «situations-problèmes»?*, Paris, INRP.
ASTOLFI, J.-P. (1997). *L'erreur, un outil pour enseigner*, Paris, ESF.
ASTOLFI, J.-P. (1998). «L'important, c'est l'obstacle», dans J.-P. Astolfi et R. Pantanella (dir.), *Apprendre, Cahiers pédagogiques*, numéro hors série, p. 33-36. ASTOLFI, J.-P., E. DAROT, Y. GINSBURGER-VOGEL et J. TOUSSAINT (1997). *Mots-clés de la didactique des sciences. Repères, définitions, bibliographies*, Bruxelles, De Boeck.

ASTOLFI, J.-P. et B. PETERFALVI (1997). «Stratégies de travail des obstacles: dispositifs et ressorts», *Aster, 25, p.* 193-216.

BAIN, D. (1988a). «L'évaluation formative fait fausse route», *Mesure et évaluation en éducation,* 10(2), p. 23-32.

BAIN, D. (1988b). «Pour une formation à l'évaluation formative intégrée à la didactique», dans M. Gather Thurler et Ph. Perrenoud (dir.), *Savoir évaluer pour mieux enseigner. Quelle formation des maîtres?,* Genève, Service de la recherche sociologique, *26, p.* 21-37.

BALLION, R. (1982). *Les consommateurs d'école,* Paris, Stock.

BARTH, B.-M. (1993). *Le savoir en construction,* Paris, Retz, p. 154-155.

BASSIS, O. (1998). *Se construire dans le savoir, à l'école, en formation d'adultes,* Paris, ESF.

BAUTIER, É., J. BERBAUM et Ph. MEIRIEU (dir.) (1993). *Individualiser les parcours de formation,* Lyon, Association des enseignants-chercheurs en sciences de l'éducation (AECSE).

BÉLAIR, L. (1984). «Le bulletin descriptif: une expérience concluante», dans *Québec Français, 44, p.* 44-47.

BERTHELOT, J.-M. (1983). *Le piège scolaire,* Paris, Presses universitaires de France.

BETTELHEIM, B. (1975). *Un lieu où renaître. La somme de trente ans d'expérience à l'école orthogénique de Chicago,* Paris, R. Laffont.

BLOOM, B.S. (1972). *Apprendre pour maîtriser,* Lausanne, Payot.

BLOOM, B.S. *et al.* (1975). *Taxonomie des objectifs pédagogiques,* Québec, Presses de l'Université du Québec.

BLOOM, B.S. (1979). *Caractéristiques individuelles et apprentissages scolaires,* Bruxelles, Labor, Paris, Nathan.

BONNICHON, G. et D. MARTINA (1998). *Organiser des parcours diversifiés,* Paris, Magnard.

BOURDIEU, P. (1966). «L'école conservatrice. L'inégalité sociale devant l'école et devant la culture», *Revue française de sociologie, 3, p.* 325-347.

BURDEVET, É. (1998). «Comment les enseignants prennent-ils une décision de redoublement», *Éducateur,* 5, 10 avril, p. 17-18.

BUREAU DE LA VALORISATION DES INNOVATIONS PÉDAGOGIQUES (1998). *L'individualisation des apprentissage et de la formation,* Paris, INRP.

CARDINET, J. (1983a). *Des instruments d'évaluation pour chaque fonction,* Neuchâtel, Institut romand de recherches et de documentation pédagogiques.

CARDINET, J. (1983b). *Évaluer les conditions d'apprentissage des élèves plutôt que leurs résultats,* Neuchâtel, Institut romand de recherches et de documentation pédagogiques.

CARDINET, J. (1986a). *Évaluation scolaire et pratique,* Bruxelles, De Boeck.

CARDINET, J. (1986b). *Pour apprécier le travail des élèves,* Bruxelles, De Boeck.

CHEVALLARD, Y. (1986). «Vers une analyse didactique des faits d'évaluation», dans J.-M. De Ketele (dir.), *L'évaluation: approche descriptive ou prescriptive?,* Bruxelles, De Boeck, p. 31-59.

CHEVALLARD, Y. (1991). *La transposition didactique. Du savoir savant au savoir enseigné*, Grenoble, La Pensée Sauvage (2e édition revue et augmentée, en coll. avec Marie-Alberte Joshua).
CLAPARÈDE, E. (1973). *L'éducation fonctionnelle*, Neuchâtel, Delachaux et Niestlé.
COUSINET, R. (1949). *Une méthode de travail libre par groupe*, Paris, Cerf (1968, 4e éd. revue et augmentée).
CRAHAY, M. (1996). *Peut-on lutter contre l'échec scolaire?*, Bruxelles, De Boeck.
CRAHAY, M. (1997). *Une école de qualité pour tous!*, Bruxelles, Labor, collection Quartier libre.
CRAHAY, M. (1998). «L'échec, un problème de culture pédagogique», *Éducateur*, 5, p. 8-10.
CSIKSZENTMIHAUYI, M. (1990). Flow, *the Psychology of Optimal Experience*, New York, Harper and Row.
FAYOL, M. (1984). «Une approche psycholinguistique de la ponctuation. Étude en production et en compréhension», *Langue française*, 81, p. 21-39.
FRENAY, M., B. NOËL, PH. PARMENTIER et M. ROMAINVILLE (1998). *L'étudiant-apprenant. Grilles de lecture pour l'enseignement universitaire*, Bruxelles, De Boeck.
FRIEDBERc, E. (1993). *Le pouvoir et la règle*, Paris, Seuil.
GATHER THURLER, M. (1994). «Relations professionnelles et culture des établissements scolaires: au-delà du culte de l'individualisme?», *Revue française de pédagogie*, octobre-novembre, 109, p. 19-39.
GATHER THURLER, M. (1996). «Innovation et coopération entre enseignants: liens et limites», dans M. Bonami et M. Garant (dir.), *Systèmes scolaires et pilotage de l'innovation. Émergence et implantation du changement*, Bruxelles, De Boeck, p. 145-168.
GATHER THURLER, M. (2000a). *Innover au coeur de l'établissement scolaire*, Paris, ESF. GATHER THURLER, M. (2000b). «Coopérer dans les équipes de cycles», *Vie pédagogique*, 114, p. 27-30.
GATHER THURLER, M. (2000c). «L'innovation négociée: une porte étroite», *Revue française de pédagogie*, 130, p. 29-43.
GATHER THURLER, M. avec la collaboration de E. BAERISWYL, M.-A. BARTHASSAT, C. CLÉMENT, N. LEU, J. SOTTINI et A. VIEKE (2000d). «Au-delà de l'innovation et de l'évaluation: instaurer un processus de pilotage négocié», dans L. Demailly (dir.), *Évaluer les politiques éducatives. Sens, enjeux, pratiques*, Bruxelles, De Boeck, p. 181-195.
GATHER THURLER, M. (1999). *Quatre ans d'exploration pour construire une réforme sur le terrain*, Genève, Enseignement primaire, Groupe de recherche et d'innovation.
GAUTHIER, C. (dir.) (1997). *Pour une théorie de la pédagogie. Recherches contemporaines sur le savoir des enseignants*, Bruxelles, De Boeck.
GIOLITTO, P. (1983). *Histoire de l'enseignement primaire au XIXI siècle. I. L'organisation pédagogique, II. Les méthodes d'enseignement*, Paris, Nathan.
GOHIER, Ch. et S. LAURIN (dir.) (2001). *Entre culture, compétence et contenu: la formation fondamentale, un espace à redéfinir*, Montréal, Éditions Logiques.
GRANGEAT, M. et Ph. MEIRIEU (1997). *La métacognition, une aide au travail des élèves*, Paris, ESF.

GRISAY, A. (1984). «Les mirages de l'évaluation scolaire. Rendement en français, notes et échecs à l'école primaire», *Revue de la Direction générale de l'organisation des études,* 5, p. 29-42 et 6, p. 9-23.

GROUPE DE PILOTAGE DE LA RÉNOVATION (1998a). *L'évaluation dans les cycles et le passage au C.O.,* Genève, Enseignement primaire.

GROUPE DE PILOTAGE DE LA RÉNOVATION (1998b). *Vers des cycles d'apprentissage dans l'enseignement primaire genevois,* Genève, Département de l'instruction publique.

GROUPE DE PILOTAGE DE LA RÉNOVATION (1999a). *Vers une réforme de l'enseignement primaire genevois. Propositions pour la phase d'extension de la rénovation entreprise en 1994,* Genève, Département de l'instruction publique.

GROUPE DE PILOTAGE DE LA RÉNOVATION (1999b). *La gestion des groupes, du temps et des espaces dans les cycles,* Genève, Département de l'instruction publique, Enseignement primaire.

GROUPE DE PILOTAGE DE LA RÉNOVATION (1999c). *Différenciation de l'enseignement et individualisation des parcours de formation dans les cycles,* Genève, Département de l'instruction publique, Enseignement primaire.

GROUPE DE PILOTAGE DE LA RÉNOVATION (19994). *Les objectifs-noyaux et les situations d'apprentissage,* Genève, Département de l'instruction publique, Enseignement primaire.

GROUPE DE PILOTAGE DE LA RÉNOVATION (1999e). *L'évaluation dans les cycles et le passage au C.O.,* Genève, Département de l'instruction publique, Enseignement primaire.

HAMELINE, D. (1979). *Les objectifs pédagogiques en formation initiale et continue,* Paris, ESF.

HUBERMAN, M. (dir.) (1988). *Maîtriser les processus d'apprentissage. Fondements et perspectives de la pédagogie de maîtrise,* Paris, Delachaux et Niestlé.

HUTIN, R. (1979). *Des chances pour tous... Étude des problèmes relatifs à l'inégalité des chances de réussite scolaire,* Genève, Service de la recherche pédagogique, 18.

HUTMACHER, W. (1990). *L'école dans tous ses états. Des politiques de systèmes aux stratégies d'établissement,* Genève, Service de la recherche sociologique.

HUTMACHER, W. (1993). *Quand la réalité résiste à la lutte contre l'échec scolaire,* Genève, Service de la recherche sociologique, 36.

JONNAERT, Ph. et C. VANDER BORGHT (1999). *Créer des conditions d'apprentissage. Un cadre de référence constructiviste pour une formation didactique des enseignants,* Bruxelles, De Boeck.

LAFORTUNE, L. et C. DEAUDELIN (2001). *Accompagnement socioconstructiviste. Pour s'approprier une réforme en éducation,* Sainte-Foy, Presses de l'Université du Québec.

LAFORTUNE, L. et L. SAINT-PIERRE (1996). *Affectivité et métacognition dans la classe,* Montréal, Éditions Logiques.

LAFORTUNE, L., P. MONGEAu et R. PALLASCIO (dir.) (1998). *Métacognition et compétences réflexives,* Montréal, Éditions Logiques.

LEGRAND, L. (1996). Les différenciations de la pédagogie, Paris, Presses universitaires de France.
LESSARD, C, M. PERRON et P.W. BÉLANGER (dir.) (1993). «La professionnalisation de l'enseignement et de la formation des enseignants», Revue des sciences de l'éducation, XIX(1).
LÉVINE, J. (1996). «La problématique des 40 % du milieu de la classe», dans A. Bentolila (dir.), L'école: diversités et cohérence, Paris, Nathan, p. 51-69. LÉvy, P. (1997). L'intelligence collective. Pour une anthropologie du cyberspace, Paris, La Découverte.
MAISON DES TROIS ESPACES (1993). Apprendre ensemble, apprendre en cycles, Paris, ESF.
MARTINAND, J.-L. (1989). «Des objectifs-capacités aux objectifs-obstacles», dans N. Bednarz et C. Carnier (dir.), Construction des savoirs, obstacles et conflits. Ottawa, Agence d'Arc, p. 217-227.
MARTINAND, J.-L. (1995). «La référence et l'obstacle», Perspectives documentaires en éducation, INRP, 34, p. 7-22.
MEIRIEU, Ph. (1989a). Itinéraires des pédagogies de groupe. Apprendre en groupe?, I, Lyon, Chronique sociale, 3e éd.
MEIRIEU, Ph. (1989b). Outils pour apprendre en groupe. Apprendre en groupe? II, Lyon, Chronique sociale, 3e éd.
MEIRIEU, Ph. (1989c). Apprendre... oui, mais comment?, Paris, ESF, 4e éd.
MEIRIEU, Ph. (1990). L'école, mode d'emploi. Des «méthodes active» à la pédagogie différenciée, Paris, ESF, 5e éd.
MEIRIEU, Ph. (1995). «Différencier, c'est possible et ça peut rapporter gros», dans Vers le changement... espoirs et craintes. Actes du premier forum sur la rénovation de l'enseignement primaire, Genève, Département de l'instruction publique, p. 11-41.
MEIRIEU, Ph. (1996). «La pédagogie différenciée: enfermement ou ouverture», dans A. Bentolila (dir.), L'école: diversités et cohérence, Paris, Nathan, p. 109149.
MORIN, E. (2000). Les sept savoirs nécessaires à l'éducation du futur, Paris, Seuil.
OCDE (2001). *Connaissances et compétences: des atouts pour la vie. Premiers résultats de PISA* 2000, Paris, Organisation de développement et de coopération économiques.
OURY, F. et J. PAIN (1972). *Chronique de l'école-caserne,* Paris, Maspéro.
PAQUAY, L. (1994). «Vers un référentiel des compétences professionnelles de l'enseignant?», *Recherche et Formation,* 16, p. 7-38.
PAQUAY, L., M. ALTET, E. CHARLIER et Ph. PERRENOUD (dir.) (1996). *Former des enseignants professionnels. Quelles stratégies? Quelles compétences?,* Bruxelles, De Boeck, 2e éd. (3e éd. 2000).
PAQUAY, L. et R. SIROTA (dir.) (2001). «Le praticien réflexif. La diffusion d'un modèle de formation», *Recherche et formation,* 36.
PAUL, J.-J. (1996). *Le redoublement: pour ou contre?,* Paris, ESF.
PERRAUDEAU, M. (1997). *Les cycles et la différenciation pédagogique,* Paris, Armand Colin.
PERRENOUD, Ph. (1990). «La formation équilibrée des élèves, chimère ou changement du troisième type?», *C.O. Informations Genève,* novembre, 8, p. 16-41. PERRENOUD, Ph. (1993a). «Organiser l'individualisation des parcours de formation: peurs à dépas-

ser et maîtrises à construire», dans E. Bauthier, J. Berbaum et Ph. Meirieu (dir.), *Individualiser les parcours de formation,* Lyon, Association des enseignants-chercheurs en sciences de l'éducation, p. 145182 (repris dans Ph. Perrenoud, *La pédagogie à l'école des différences,* Paris, ESF, 1995, chapitre V, p. 129-155).

PERRENOUD, Ph. (1993b). «Touche pas à mon évaluation! Pour une approche systémique du changement pédagogique», *Mesure et évaluation en éducation,* 16(1-2), p. 107-132 (repris dans Ph. Perrenoud, *L'évaluation des élèves. De la fabrication de l'excellence à la régulation des apprentissages,* Bruxelles, De Boeck, 1997, chapitre IX, p. 169-186).

PERRENOUD, Ph. (1993c). «La division du travail pédagogique à l'école primaire», dans A. Henriot-Van Zanten, É. Plaisance et R. Sirota (dir.), *Les transformations du système éducatif. Acteurs et politiques,* Paris, L'Harmattan, p. 29-46.

PERRENOUD, Ph. (1994a). *Métier d'élève et sens du travail scolaire,* Paris, ESF (4e éd. 2000).

PERRENOUD, Ph. (1994b). *La formation des enseignants entre théorie et pratique,* Paris, L'Harmattan.

PERRENOUD, Ph. (1994c). «Travailler en équipe pédagogique, c'est partager sa part de folie», *Cahiers pédagogiques,* 325, juin, p. 68-71.

PERRENOUD, Ph. (1995a). *La pédagogie à l'école des différences. Fragments d'une sociologie de l'échec,* Paris, ESF (2e éd. 1996).

PERRENOUD, Ph. (1995b). «Enseigner des savoirs ou développer des compétences l'école entre deux paradigmes», dans A. Bentolila (dir.), *Savoirs et savoirfaire,* Paris, Nathan, p. 73-88.

PERRENOUD, Ph. (1995c). «Des savoirs aux compétences: de quoi parle-t-on en parlant de compétences?», *Pédagogie collégiale, 9(1),* octobre, p. 20-24.

PERRENOUD, Ph. (1995d). Des savoirs aux compétences: les incidences sur le métier d'enseignant et sur le métier d'élève, *Pédagogie collégiale, 9(2),* décembre, p. 6-10.

PERRENOUD, Ph. (1996a). *Enseigner: agir dans l'urgence, décider dans l'incertitude. Savoirs et compétences dans un métier complexe,* Paris, ESF (2e éd. 1999).

PERRENOUD, Ph. (1996b). «Lorsque le sage montre la lune... l'imbécile regarde le doigt. De la critique du redoublement à la lutte contre l'échec scolaire», *Éduquer & Former, Théories et Pratiques,* Bruxelles, juin, 5-6, p. 3-30.

PERRENOUD, Ph. (1996c). «Rendre l'élève actif... c'est vite dit!», *MigrantsFormation,* 104, mars, p. 166-181.

PERRENOUD, Ph. (1996d). «Pouvoir et travail en équipe», dans CHUV, *Travailler ensemble, soigner ensemble,* Lausanne, CHÜV, Direction des soins infirmiers, p. 19-39.

PERRENOUD, Ph. (1996e). «Le métier d'enseignant entre prolétarisation et professionnalisation: deux modèles du changement», *Perspectives,* XXVI(3), septembre, p. 549-570.

PERRENOUD, Ph. (1997a). *Pédagogie différenciée: des intentions à l'action,* Paris, ESF (2e éd. 2000).

PERRENOUD, Ph. (1997b). *Construire des compétences dès l'école,* Paris, ESF (3e éd. 2000).

PERRENOUD, Ph. (1997c). «Gérer la progression des apprentissages. Voyage autour des compétences 2», *Éducateur,* 12, 17 octobre, p. 24-29 (repris dans Ph. Perrenoud, *Dix nouvelles compétences pour enseigner. Invitation au voyage,* Paris, ESF,1999, ch. 2).

PERRENOUD, Ph. (1998a). *L'évaluation des élèves. De la fabrication de l'excellence à la régulation des apprentissages*, Bruxelles, De Boeck.
PERRENOUD, Ph. (1998b). «Le mieux est l'ennemi du bien! Que conseiller aux parents pour faire face aux éventuelles difficultés scolaires de leurs enfants?», *Éducation enfantine*, 3, novembre, p. 71-76.
PERRENOUD, Ph. (1999a). *Dix nouvelles compétences pour enseigner. Invitation au voyage*, Paris, ESF.
PERRENOUD, Ph. (1999b). «Construire des compétences, est-ce tourner le dos aux savoirs?», *Pédagogie collégiale*, 12(3), mars, p. 14-22
PERRENOUD, Ph. (1999c). «De la gestion de classe à l'organisation du travail dans un cycle d'apprentissage», *Revue des sciences de l'éducation*, XXV(3), p. 533-570.
PERRENOUD, Ph. (1999d). «Raisons de savoir», *Vie pédagogique*, 113, novembre-décembre, p. 5-8.
PERRENOUD, Ph. (1999e). «Le pilotage négocié du changement dans les systèmes éducatifs», dans J. Lurin et C. Nidegger (dir.), *Expertise et décisions dans les politiques de l'enseignement*, Genève, Service de la recherche en éducation, 3, p. 88-103.
PERRENOUD, Ph. (1999 f). «Les systèmes éducatifs face aux inégalités et à l'échec scolaire: une impuissance teintée de lassitude», dans D. Hexel (dir.), *Voyage dans un espace multidimensionnel. Textes réunis en l'honneur de Daniel Bain*, Genève, Service de la recherche en éducation, 6, p. 53-69.
PERRENOUD, Ph. (2000a). «D'une métaphore l'autre: transférer ou mobiliser ses connaissances?», dans J. Dolz et E. Ollagnier (dir.), *L'énigme de la compétence en éducation*, Bruxelles, De Boeck, coll. Raisons éducatives, p. 45-60. PERRENOUD, Ph. (2000b). «L'école saisie par les compétences», dans C. Bosman, F.-M. Gerard et X. Roegiers (dir.), *Quel avenir pour les compétences?*, Bruxelles. De Boeck, p. 21-41.
PERRENOUD, Ph. (2000c). «Le rôle de l'école première dans la construction de compétences», *Revue préscolaire*, 38(2), avril, p. 6-11.
PERRENOUD, Ph. (2000d). «L'approche par compétences, une réponse à l'échec scolaire?», dans AQPC, *Réussir au Collégial. Actes du Colloque de l'Association québécoise de pédagogie collégiale*, Montréal.
PERRENOUD, Ph. (2000e). *Du curriculum aux pratiques: question d'adhésion, d'énergie ou de compétence?*, Université de Genève, Faculté de psychologie et des sciences de l'éducation.
PERRENOUD, Ph. (2000f). «Le débat et la raison», dans A. Marsolais et L. Brossard (dir.), *Non-violence et citoyenneté. Un «vivre-ensemble» qui s'apprend*, SainteFoy, Multimondes, p. 181-193.
PERRENOUD, Ph. (2000g). «Trois pour deux: langues étrangères, scolarisation et pensée magique. Vous n'êtes pas bilingue? Devenez trilingue!», *Éducateur*, 13, 24 novembre, p. 31-36.
PERRENOUD, Ph. (2001a). *Développer la pratique réflexive dans le métier d'enseignant. Professionnalisation et raison pédagogique*, Paris, ESF.
PERRENOUD, Ph. (2001b). «Fondements de l'éducation scolaire: enjeux de socialisation et de formation», dans Ch. Gohier et S. Laurin (dir.), *Entre culture, compétence et*

contenu: la formation fondamentale, un espace à redéfinir, Montréal, Éditions Logiques, p. 55-84.
PERRENOUD, Ph. (2001c). «Gérer le temps qui reste: l'organisation du temps scolaire entre persécution et attentisme», dans C. St-Jarre et L. Dupuy-Walker (dir.), *Le temps en éducation. Regards multiples,* Sainte-Foy, Presses de l'Université du Québec, p. 287-315.
PERRENOUD, Ph. (2001 d). «L'établissement scolaire entre mandat et projet: vers une autonomie relative», dans G. Pelletier (dir.), *Autonomie et décentralisation en éducation: entre projet et évaluation,* Montréal, Université de Montréal/AFIDES, p. 39-66.
PERRENOUD, Ph. (2001e). «The Key to Social Fields : Competencies of an Autonomous Actor», dans D. S. Rychen and L. H. Sagalnik (dir.), *Defining and Selecting Key Competencies,* Gottingen, Hogrefe & Huber Publishers, p. 121-149.
PERRENOUD, Ph. (2001f). «Compétences, langage et communication», dans L. Collès, J.-L. Dufays, G. Fabry et C. Maeder (dir.), *Didactique des langues romanes. Le développement de compétences chez l'apprenant,* Bruxelles, De Boeck Duculot.
PERRENOUD, Ph. (2001g). *Voleurs de sens et travail scolaire,* Université de Genève, Faculté de psychologie et des sciences de l'éducation.
PERRENOUD, Ph. (2002a). «Espaces-temps de formation et organisation du travail», dans A. Nóvoa (dir.), *Espaços de Educaçâo, Tempos de formaçâo,* Lisbonne, Fundaçâo Calouste Gulbenkian, p. 201-235.
PERRENOUD, Ph. (2002b). *De qui la «culture générale» est-elle la culture?,* Université de Genève, Faculté de psychologie et des sciences de l'éducation.
PERRENOUD, Ph. (2002c). *Que faire de l'ambiguïté des programmes scolaires orientés vers les compétences?,* Université de Genève, Faculté de psychologie et des sciences de l'éducation.
PERRENOUD, Ph. (2002d). *Dix conditions pour rendre le système éducatif plus efficace,* Université de Genève, Faculté de psychologie et des sciences de l'éducation.
PERRENOUD, Ph. et Cl. MONTANDON (dir.) (1988). Qui *maîtrise l'école? Politiques d'institutions et pratiques des acteurs,* Lausanne, Réalités sociales.
PINI, G. (1991). «Effets et méfaits du discours pédagogique: échec scolaire et redoublement vus pas les enseignants», *Éducation et recherche,* 3, p. 255-272. ROLLER, S. et A. HARAMEIN (1961). *Enquête sur les retards scolaires. Résultats concernant le 6e degré de la scolarité obligatoire,* Genève, Département de l'instruction publique.
ROMAINVILLE, M. (2000). *L'échec dans l'université de masse,* Paris, L'Harmattan.
ROUILLER, J. (1998). «De la lente érosion des degrés à l'émergence des cycles d'apprentissage», *Éducateur,* 11, octobre, p. 24-26.
SCHÖN, D. (1994). *Le praticien réflexif. À la recherche du savoir caché dans l'agir professionnel,* Montréal, Éditions Logiques.
SCHÖN, D. (1996). «À la recherche d'une nouvelle épistémologie de la pratique et de ce qu'elle implique pour l'éducation des adultes», dans J.-M. Barbier (dir.), *Savoirs théoriques et savoirs d'action,* Paris, Presses universitaires de France, p. 201-222.
SCHÖN, D. (dir.) (1996). *Le tournant réflexif. Pratiques éducatives et études de cas,* Montréal, Éditions Logiques.

TARDIF, J. (1992). *Pour un enseignement stratégique,* Montréal, Éditions Logiques.
TARDIF, M. et C. LESSARD (1999). *Le travail enseignant au quotidien. Expérience, interactions humaines et dilemmes professionnels,* Québec, Presses de l'Université Laval et Bruxelles, De Boeck.
VELLAS, E. (1996). «Donner du sens aux savoirs à l'école: pas si simple!», dans Groupe français d'éducation nouvelle, *Construire ses savoirs, Construire sa citoyenneté. De l'école à la cité,* Lyon, Chronique sociale, p. 12-26.
VELLAs, E. (1999). «Autonomie citoyenne et sens des savoirs : deux constructions étroitement liées», dans M. Barbosa (dir.), *Ohlares sobre Educação, Autonomia e Cidadania,* Universidade do Minho, Centro de Estudos em Educação e Psicologia, p. 143-184.
VELLAS, E. (2002). «Une gestion orientée par une conception «autosocioconstructiviste»», dans J. Fijalkow et Th. Nault (dir.), *La gestion de la classe,* Bruxelles, De Boeck, p. 103-128.
VERGNAUD, G. (1980). *L'enfant, la mathématique et la réalité,* Berne, Lang.
VYGOTSKY, L.S. (1985). «Le problème de l'enseignement et du développement mental», dans B. Schneuwly et J.-P. Bronckart (dir.), *Vygotsky aujourd'hui,* Neuchâtel, Delachaux et Niestlé.
VYGOTSKY, W. (1997). *Pensée et langage,* Paris, La Dispute.
WANDFLUH, F. et Ph. PERRENouD (1999). «Travailler en modules à l'école primaire essais et premier bilan», *Éducateur,* 6, 7 mai, p. 28-35.
WOODS, P., B. JEFFREY, G. TROMAN et M. BOYLE (1997). *Restructuring Schools, Reconstructing Teachers,* Buckingham, Open University Press.

Trajetória e desafios dos ciclos escolares no Brasil*

*Elba Siqueira de Sá Barreto e Eleny Mitrulis**

Sonhar com a mudança não basta para fazer com que ela aconteça, mas é uma condição necessária. Este livro terá atingido seu objetivo se conseguir convencer uma parte de seus leitores de que é preciso encarar os problemas de outro modo, não mais dissociar didática e abordagens transversais, pensar as interações didáticas no âmbito da organização do trabalho que as torna possíveis e as limita. Talvez mais e mais professores compreendam que os ciclos, mesmo não sendo uma solução milagrosa, oferecem um enquadramento privilegiado para desenvolver uma prática reflexiva, inovar e tentar uma síntese de todas as aquisições dos movimentos pedagógicos e da pesquisa.

Durante o século XX, a escola básica brasileira passou por profundas transformações e logrou, ainda que apenas no limiar deste milênio, atingir praticamente toda a população em idade de freqüentar o ensino compulsório. Contudo, no que se refere à qualidade do ensino e ao sucesso escolar da maioria, o balanço de seu desempenho é seguramente insatisfatório, tendo persistido o caráter excludente e seletivo do sistema educacional brasileiro no decorrer desse longo período.

Os ciclos escolares, presentes em alguns ensaios de inovação propostos pelos estados, sobretudo a partir da década de 1960, e, em alguns de seus pressupostos, defendidos desde os anos de 1920, correspondem à intenção de regularizar o fluxo de alunos ao longo da escolarização, eliminando ou limitando a repetência. Cada proposta redefiniu o problema à sua maneira, em face da leitura das urgências sociais da época, do ideário pedagógico dominante e do contexto educacional existente. Independentemente das tônicas de cada momento, o desafio essencial permaneceu, e, sobre não ser novo, reafir-

---

* Texto publicado na revista *Estudos Avançados*, São Paulo: IEA/USP, v. 15, n. 32, p. 105-142, 2001.
** Professora Doutora do Pós-Graduação da Faculdade de Educação da USP e pesquisadora Sênior da Fundação Carlos Chagas; professora da Faculdade de Educação da USP, respectivamente.

ma a urgência de passar da universalização das oportunidades de acesso ao provimento de condições de permanência do aluno na escola lhe garantindo aprendizagem efetiva e educação de qualidade.

Os ciclos compreendem períodos de escolarização que ultrapassam as séries anuais, organizados em blocos cuja duração varia, podendo atingir até a totalidade de anos prevista para um determinado nível de ensino. Eles representam uma tentativa de superar a excessiva fragmentação do currículo que decorre do regime seriado durante o processo de escolarização. A ordenação do tempo escolar se faz em torno de unidades maiores e mais flexíveis, de modo a favorecer o trabalho com clientelas de diferentes procedências e estilos de aprendizagem, procurando assegurar que o professor e a escola não percam de vista as exigências de educação postas para o período.

A opção por esse regime vem acompanhada, em geral, de outras proposições relativas a aspectos de organização dos sistemas escolares com os quais se apresenta fortemente articulada: concepção de educação escolar obrigatória, desenho curricular, concepção de conhecimento e teoria de aprendizagem que fundamentam o ciclo, processo de avaliação, reforço e recuperação, composição de turmas, enfim, novas formas de ordenação dos tempos e espaços escolares que envolvem os diferentes atores sociais afetados pelos ciclos. Esses talvez sejam os principais fatores a considerar quando se quer obter melhor compreensão do que ocorre com a proposta de ciclos escolares, que tem ganho crescentes adeptos por parte dos responsáveis pela circulação do ideário pedagógico.

O MOVIMENTO DOS ANOS DE 1950

Durante décadas, as análises realizadas sobre a produção da retenção vêm apontando duas ordens de conseqüências indesejáveis: os prejuízos que causa à organização e ao financiamento do sistema de ensino e os obstáculos que interpõe ao processo de aprendizagem dos educandos e suas nefastas decorrências no plano pessoal, familiar e social.

Em meados do século passado, o Brasil apresentava os índices de retenção mais elevados em relação a outros países da América Latina: 57,4% na passagem da 1ª para a 2ª série do ensino fundamental. Estudos realizados pela Unesco mostravam, à época, que 30% de reprovações acarretavam um acréscimo de 43% no orçamento dos sistemas de ensino.

Dados de 1954, relativos à população de crianças na faixa de 7 a 10 anos e à matrícula escolar nas quatro séries da escola primária, autorizavam afirmar que, na ausência de reprovações, ou seja, se se adotasse a matrícula por idade cronológica, o sistema paulista teria condição de atender a um número muito maior de alunos que quisessem prosseguir os estudos, pois já apresentava uma quantidade de vagas escolares que excedia as necessidades de atendimento à faixa etária para a qual estava previsto o ensino obrigatório. Paralelamente, o fenômeno das perdas ocasionadas pelas recorrentes repetências e pela evasão escolar atingia proporções consideráveis no país: de cada 100 crianças matriculadas na 1ª série, apenas 16 concluíam as quatro séries do ensino primário após os quatro anos propostos para a sua duração.

O tema da promoção na escola primária ganhou maior destaque nacional na Conferência Regional Latino-Americana sobre Educação Primária Gratuita e Obrigatória, promovida pela Unesco em colaboração com a Organização dos Estados Americanos (OEA), e realizada em Lima em 1956. Subsidiou as discussões um estudo sobre o fenômeno das reprovações na escola primária na região, no qual eram divulgadas medidas introduzidas com sucesso por diferentes países para deter a acelerada expansão das reprovações nesse nível de ensino. Essas medidas apontavam para a promoção automática.

Almeida Júnior, presente ao conclave, foi o responsável pela recomendação final relativa ao sistema de promoções. Rezava aquela: "...que se procure solucionar o grave problema da repetência escolar – que constitui prejuízo financeiro importante e retira oportunidades educacionais a considerável massa de crianças em idade escolar, mediante: a) a revisão do sistema de promoções na escola primária, com o fim de torná-lo menos seletivo, b) o estudo, com a participação do pessoal docente das escolas primárias, de um regime de promoção baseado na idade cronológica do educando e outros aspectos de valor pedagógico, eaplicá-lo, com caráter experimental, nos primeiros graus da escola" (Conferência,1956, p. 166).

Recomendação cautelosa, como bem confessara o educador em exposiçãofeita poucos meses depois sobre o tema "Repetência ou promoção automática"? (Almeida Jr., 1957). Entendia ele que nem a "promoção em massa", nem a"promoção por idade", nem tampouco a "promoção automática" convinham de pronto ao caso brasileiro. Impunha-se preparar com antecedência o "espírito"do professorado a fim de obter sua adesão e se precaver adotando medidas preliminares, sem as quais não se lograria avançar em relação ao assunto: modificara concepção vigente de ensino primário, rever programas e critérios de avaliação, aperfeiçoar o professor e aumentar a escolaridade primária para além dos quatro anos, assegurando o cumprimento efetivo da obrigatoriedade escolar.

Isso ocorreu porque a concepção de escola primária vigente, mesmo entre os educadores, era a de instituição seletiva. Os programas escolares mostravam-se alheios às urgências e necessidades sociais e desatentos aos interesses e características da criança. Apresentavam uma surpreendente uniformidade de estado para estado, desde as primeiras décadas do século e prevaleciam acima das contribuições que as chamadas ciências da educação já disponibilizavam, apontando a necessidade premente de reformulações. O Congresso de Lima recomendava que os programas escolares fossem diretamente referidos à vida do aluno, funcionando como elemento de transmissão e unidade cultural. Deveriam também apontar para o reconhecimento e a solução de problemas sociais.

No ideário desenvolvimentista da época, a disseminação da educação era considerada condição indispensável para o avanço tecnológico do país e para a incorporação de grandes contingentes da população, recentemente migrados do campo, à vida social e política, mediante a aquisição de novo *modus vivendi* a escolha dos representantes pelo sufrágio universal. Nesse projeto, não havia, pois, lugar para uma escola fundamental que impusesse obstáculos ao desenvolvimento social e econômico. A partir desse período, tornaram-se mais freqüentes os argumentos de natureza social, política e econômica que advogavam a adoção da promoção automática, ou de alguma forma de flexibilização do percurso escolar.

Educadores e dirigentes da educação, por sua vez, reconheciam também outros inconvenientes da retenção escolar, tão ou mais prejudiciais quanto os prejuízos econômicos que dificultavam a organização de um sistema de ensino primário obrigatório e gratuito para todos. Eles se referiam ao desenvolvimento do educando como pessoa e aos obstáculos à aprendizagem. A formação de classes heterogêneas quanto à idade, a humilhação da criança, o desgosto da família, agiam como fatores de desestímulo à aprendizagem, e se entendia que as reprovações não exerciam nenhuma influência positiva sobre a criança.

O Estado do Rio Grande do Sul, dando os primeiros passos nesse sentido, adotou em 1958 uma modalidade de progressão continuada, criando classes de recuperação, destinadas a alunos com dificuldades, que, quando recuperados, poderiam voltar às suas turmas de origem, ou, caso contrário, continuar a escolarização em seu próprio ritmo (Morais, 1962). Por essa mesma época, periódicos de grande circulação entre os profissionais do magistério paulista divulgavam artigos favoráveis à promoção automática em que se defendia: a modificação dos critérios de contagem de pontos para promoção na carreira do magistério, feita com base no número de alunos promovidos; a eliminação dos exames finais, substituídos por procedimentos de avaliação mais contínuos; a introdução de novas metodologias de ensino. Delegados de ensino, inspetores e diretores escolares sugeriam como medidas para "experimentar a chamada promoção automática", entre outras: adoção em caráter experimental; assistência técnica de pessoal especializado propiciando aprendizagem na própria situação de trabalho; amplo esclarecimento da opinião pública, pais e autoridades; substituição dos exames tradicionais por verificações constantes para efeito de reclassificação dos alunos; organização de processos de ensino em torno de unidades de trabalho; programas de ensino adaptados e flexíveis, ajustados às regiões (Morais, 1962).

Contudo, não eram poucas as vozes discordantes. Temia-se que a adoção do regime de promoção automática sem outras providências complementares, longe de ser um caminho de reconstrução do ensino fundamental do país, pudesse agravar suas deficiências. O jornal *O Estado de S. Paulo* manifestava essas preocupações em artigos publicados entre 1958 e 1960, dois dos quais reproduzidos na *Revista Brasileira de Estudos Pedagógicos*. Um deles, de Renato Jardim Moreira, do Centro Regional de Pesquisas Educacionais, afirmava:

"... não se indaga dos efeitos que pode ter, no funcionamento do sistema educacional, suprimir um dos seus sustentáculos: a reprovação. Não se pergunta, para citar apenas um exemplo, como se conduzirá nesse regime o professor, que, nas condições atuais, leva o ano pensando em sua promoção e tem nela o principal estímulo para a atividade docente" (Moreira, 1960, p. 227).

A solução apontada era a realização de uma política de inovações progressivas, a contar de reformulações nos programas, elaboração de material didático, treinamento de professores, renovação das técnicas pedagógicas testadas em situação experimental e um esforço articulado no sentido de desenvolver no magistério uma atitude receptiva às novas práticas.

Outro dos artigos referidos, do sociólogo Luís Pereira, reforçava esses argumentos considerando que adotar a promoção automática "em futuro próximo" era um esforço de transplantação institucional precoce que, embora pudesse resolver de imediato as altas taxas de repetência escolar, não afetaria de modo direto e profundo os fatores determinantes do problema. Segundo o autor, o fundamento e a função primeira da promoção automática não eram de ordem econômica, mas de ordem pedagógica, de ajustamento das atividades escolares à capacidade e aos ritmos variáveis de aprendizagem dos alunos, razão pela qual sua instituição somente deveria ocorrer em fase adiantada de um longo processo de aperfeiçoamento das condições de ensino (Pereira, 1958, p. 107).

E sobre isso muito tinham a dizer os psicólogos. Dante Moreira Leite, em trabalho publicado em 1959, avançou a análise nessa direção e indagava: como se propõe a questão do aluno reprovado em uma escola que é obrigatória? Por que ela é aceita? Como modificar essa situação? As respostas a essas questões poderiam ser encontradas em dois equívocos presentes na cultura pedagógica dos professores.

O primeiro equívoco era a idéia de que as turmas de alunos deveriam ser homogêneas. Admitia-se que todos poderiam e deveriam ser iguais, e que qualquer diferença merecia ser condenada do ponto de vista moral, pois atender às expectativas e alcançar os resultados esperados era uma questão afeta tão somente à capacidade de esforço de cada um. Contudo, as contribuições da psicologia já possibilitavam compreender que classes homogêneas do ponto de vista acadêmico somente o seriam aparentemente, uma vez que os educandos eram diferentes em relação ao tempo despendido na aprendizagem, ao nível de compreensão alcançado, aos estímulos necessários à motivação. Por outro lado, admitiam-se grandes diferenças de interesses e de tipos de inteligência entre os indivíduos, o que, do ponto de vista das necessidades da sociedade, conviria desenvolver para que se pudesse enfrentar situações novas com novas soluções. Uma segunda idéia equivocada era a de que prêmio e castigo seriam formas de promover e acelerar a aprendizagem. Estudos revelavam, entretanto, que esses procedimentos de ensino, ao contrário, contribuíam para destruir o sentido da escola, desviando a atenção do valor do conhecimento e do estudo para interesses periféricos.

No entender de Moreira Leite, a solução para a repetência seria a organização de um currículo adequado ao nível de desenvolvimento do aluno. A atividade deveria ser estruturada do ponto de vista cognitivo, com objetivos claros para o professor e os alunos, mas ajustada ao que a criança poderia fazer para obter sucesso, auto-estima e aprovação social. Somente a promoção automática poderia permitir um currículo adequado à idade. Alunos de 10 e de 15 anos poderiam ter o mesmo desempenho acadêmico, mas seriam diferentes do ponto de vista de seu desenvolvimento afetivo, social e mesmo intelectual. As classes deveriam ser organizadas por idade e o professor nortearia sua atuação docente pelo princípio da heterogeneidade, respaldado no entendimento de que diferentes grupos dentro das classes trabalhariam em atividades diferentes ou semelhantes, mas sempre com um nível de realização esperado diferente. Isso não significaria uma simplificação do trabalho do professor ou uma diminuição do progresso dos alunos. A reprovação na escola seria mais grave que a reprovação social, uma vez que não permitia o reconhecimento das qualidades positivas da criança além do desempenho escolar e não lhe dava condições de procurar outros grupos para construir sua identidade.

INICIATIVAS DAS DÉCADAS DE 1960 E 1970

Durante os anos de 1960, persistiam, porém, em todo o país, os pontos de estrangulamento do ensino. Altos índices de repetência efetiva e de "repetência branca", camuflada em evasão, impossibilitavam o atendimento pleno de cada coorte populacional ao longo da escolarização. Ao final da década, Pernambuco, São Paulo e Santa Catarina flexibilizaram a organização dos currículos propostos para a escola primária. Minas Gerais também fez uma tentativa nesse sentido.

Pernambuco adotou a organização por níveis em 1968, rompendo com a tradicional organização curricular por anos de escolaridade ou por séries na escola primária. A justificativa era de cunho psicológico com repercussões na metodologia do ensino, baseada no entendimento de que os níveis respondiam de modo mais adequado às necessidades e aos interesses dos alunos, em particular ao desenvolvimento da sua capacidade de pensar. Dos seis níveis propostos, a criança deveria alcançar no mínimo quatro, com a possibilidade de avanço de alguns alunos dentro da mesma classe, em qualquer época do ano. O professor deveria realizar trabalho diversificado em pequenos grupos a partir de temas centrais de sua livre escolha. A proposta de Pernambuco vinha fundamentada nos princípios do *core curriculum*, movimento curricular em evidência nos Estados Unidos na época (Britto, 1993).

No mesmo ano, o Estado de São Paulo promoveu a reorganização do currículo da escola primária em dois ciclos: o nível I, constituído pelas 1ª e 2ª séries, e o nível II, pelas 3ª e 4ª séries, com o exame de promoção somente na passagem do 1º para o 2º nível e ao final deste. As notas deveriam ter caráter exclusivamente classificatório para fins de reagrupamento dos alunos em classes no ano seguinte. A promoção de um nível para outro far-se-ia mediante o alcance de mínimos pré-fixados, sendo os alunos reprovados reunidos em classes especiais de aceleração (São Paulo, 1969). Os professores eram subsidiados com um programa mínimo para cada nível, que poderiam aprofundar em amplitude e escopo, de acordo com suas possibilidades, e desenvolver segundo metodologias que julgassem as mais apropriadas. O pressuposto da mudança era o compromisso político com a democratização do ensino e a implantação de reformas estruturais que dessem ao magistério as condições necessárias para buscar caminhos possíveis. Na recusa de um modelo único para a implantação dos ciclos, conclamava-se o professor para, autonomamente, construir seu próprio modelo. Setores conservadores da sociedade e do próprio ensino reagiram de forma negativa e contundente a tais medidas, de tal sorte que a proposta de reorganização do ensino primário terminou por não ser efetivamente implantada nos anos de 1970.

Em Minas Gerais, a Secretaria Estadual de Educação intentou a implantação gradativa de um sistema de avanços progressivos, em caráter experimental, em Juiz de Fora. Após três anos, ao se encerrar a experiência, em 1973, as escolas haviam atendido uma geração de alunos do ensino primário tendo apresentado menor repetência e evasão, bem como maior rendimento (Grunwaldt e Silva,1980).

Santa Catarina foi certamente o Estado brasileiro onde a experiência de progressão continuada se deu de modo mais expressivo, abrangente e duradouro, embora pouco conhecido e divulgado no país. Em atenção aos dispositivos constitucionais de 1967, que ampliavam de quatro para oito os anos de escolaridade obrigatória, o Plano Estadual de Educação de 1969 instituiu oito anos de escolaridade contínua e obrigatória na rede estadual, abrangendo o então ensino primário e médio (primeiro ciclo), o que antecipava a Lei da Reforma do Ensino de Primeiro e Segundo Graus.

Além de extinguir os exames de admissão, que durante muitos anos constituíram obstáculo à continuidade dos estudos, a implantação do novo sistema, que teve início em 1970, em toda a rede catarinense de escolas estaduais, estabeleceu os avanços progressivos como forma de avaliação contínua dos alunos, abolindo a reprovação ao longo das quatro primeiras e das quatro últimas séries do que viria a se chamar ensino de primeiro grau. Ao final das 4ªs e das 8ªs séries, foram implantadas classes de recuperação para aqueles que não logravam o desenvolvimento adequado no processo de aprendizagem, sendo que a escola deveria ajustar o ensino à capacidade e ao ritmo próprio do aluno, procurando obter de cada um o rendimento de acordo com suas possibilidades, ao mesmo tempo em que deveria conduzi-lo à iniciação no trabalho e à criação de hábitos de estudo.

Em acréscimo às justificativas de caráter psicopedagógico, o plano agregava argumentos de ordem econômica evocando os altos custos causados pela repetência à rede de ensino e previa ampla divulgação do sistema de avanços progressivos às famílias e às escolas. Deveria ainda ser ancorado em cursos de reciclagem e atualização de professores e diretores, tendo como suporte a implantação e o funcionamento do Serviço de Supervisão Escolar e de Orientação Educacional junto aos estabelecimentos de ensino.

Estudos realizados em 1983 sobre o sistema de avanços progressivos do estado foram extremamente severos em relação à experiência (Sena e Medeiros,1983; Pereira, s/d). Centraram os argumentos no fato de que ela teria provocado o aligeiramento do ensino para as camadas populares em decorrência do preparo insuficiente dos professores, das classes numerosas, da falta de materiais didáticos que permitissem abordagens mais individualizadas no ensino e da ausência de um eficiente serviço de apoio pedagógico às escolas, que nunca foi oferecido nas condições e dimensões necessárias. A elaboração de um guia curricular sem demarcações por séries teria contribuído também para aumentar a insegurança dos docentes quanto aos procedimentos a serem adotados, que – ao que indicam os textos – teriam sido freqüentemente acompanhados de muita hesitação por parte de professores e dos próprios técnicos.

Embora sem uma análise mais abrangente das coortes de alunos antes e depois da introdução dos avanços progressivos, os estudos apontavam para o estrangulamento de matrículas após as quatro séries iniciais do primeiro grau e provavelmente contribuíram para a extinção do regime de ciclos, que aconteceu ainda na primeira metade dos anos 1980. Isso ocorreu justamente na ocasião em que a mobilização intensa de amplos segmentos da população em prol da abertura democrática do país criava a necessidade de os sistemas de ensino colocarem em pauta alternativas capazes de imprimir maior flexibilidade ao processo de escolarização.

As iniciativas de adoção do regime de ciclos escolares ensaiadas até esse período tiveram como referência, mais próxima ou distante, o sistema de avanços progressivos adotado nas escolas básicas dos Estados Unidos e da Inglaterra. Nesses países, a progressão escolar nos grupos de idade homogênea foi historicamente considerada, antes de tudo, como uma progressão social a que todos os indivíduos, indiscriminadamente, tinham direito mediante a freqüência às aulas, independentemente das diferenças de aproveitamento que apresentassem. Nessa concepção, a função social da escola sobreleva a sua função escolar propriamente dita.

As escolas de origem anglo-saxônica se caracterizaram por ser muito mais tolerantes em relação às diferenças de aprendizagem manifestas pelos alunos, do que as escolas de tradição latina das quais derivou o nosso sistema educacional. Nas redes de ensino que se inserem na tradição inglesa, é possível distinguir vários níveis de aprendizagem que podem ser alcançados por alunos no mesmo ou em diferentes estágios de escolarização e em tempos diversos, o que se viabiliza mediante atendimento diversificado em sala de aula. Assim, na Inglaterra, os alunos podem receber o certificado de conclusão do ensino obrigatório aos 16 anos tendo apresentado o nível "x" de desempenho escolar – que corresponde, por exemplo, àquele em que se encontra a maioria de alunos numa equivalente sétima série brasileira –, ou o nível "z", a que chegam boa parte dos que foram aprovados no nível que corresponde ao nosso ensino médio.

O que se ignora de modo geral, no Brasil, é que os sistemas de avanços progressivos, embora inspirados, na sua origem, em uma concepção mais democrática de educação do que a que se funda na cultura da repetência, encontram também dispositivos sutis de aliar a seleção social dos alunos aos meandros da sua trajetória escolar diferenciada. Dependendo dos níveis de desempenho alcançados, é comum que a escola subestime a capacidade do aluno de progredir intelectualmente, oferecendo-lhe oportunidades educacionais menos desafiadoras que não lhe permitem passar para níveis mais adiantados. Isso ocorre com maior freqüência nas escolas que atendem clientela de origem popular e grupos étnicos cuja língua materna não é o inglês. Essa prática tem-se tornado mais prematura após a implantação do currículo nacional e do sistema de avaliação externa nos anos de 1990 na Inglaterra, sendo que, desse modo, o aluno pode ser relegado, pelo próprio aparato institucional, a um ensino mais pobre, que lhe cerceia posteriormente o acesso a uma trajetória escolar de maior prestígio escolar e social.

Fato semelhante ocorre em algumas redes escolares norte-americanas, onde uma valoração diferencial das disciplinas do currículo pode determinar restrições às opções a serem feitas pelo aluno ao longo da escolarização, quando sua escolha ou o seu melhor desempenho incidem sobre as disciplinas práticas e não sobre aquelas de caráter científico ou acadêmico, que gozam de maior reconhecimento social.

Quanto aos marcos referenciais do currículo subjacentes às primeiras experiências brasileiras com o regime de ciclos, tal como no exterior, eles sofreram fortes influências comportamentalistas. Buscavam escapar à rigidez da programação seriada evocando a necessidade de assegurar ao aluno o direito de progredir no ritmo próprio, mas a partir de uma concepção linear e cumulativa do conhecimento. Tratava-se, antes de tudo, de flexibilizar o tempo de aprendizagem, considerado como variável crucial de acordo com o princípio de que todos eram capazes de aprender. Também por vezes se fragmentava o currículo em etapas menores de dificuldades crescentes, a exemplo do que fez Juiz de Fora, procurando evitar as sucessivas revisões e repetições do regime seriado.

OS CICLOS DE ALFABETIZAÇÃO NA TRANSIÇÃO DEMOCRÁTICA

No período de transição do regime autoritário para o estado de direito, que transcorreu ao longo da década de 1980, diversos governos estaduais das regiões Sudeste e Sul, eleitos por partidos de oposição, nomeadamente o Partido Democrático Brasileiro (PMDB) e o Partido Democrático Trabalhista

(PDT), empenhados em resgatar a dívida pública com as grandes massas da população impedidas de usufruírem dos benefícios do desenvolvimento econômico pelo regime militar, incorporaram às políticas educacionais medidas de reestruturação dos sistemas escolares tendo em vista a sua redemocratização.

A motivação política levava à ênfase na função social da escola, mais do que a uma formulação original do conceito de ciclo. Ela ajudava também a descartar, no âmbito dessas administrações, a idéia de que a introdução dos ciclos era uma medida passível de experimentação, tão cara ao pensamento pedagógico de períodos anteriores, o qual concebia as mudanças como inovações de caráter eminentemente técnico, que apenas deveriam ser generalizadas uma vez comprovado o seu sucesso em situação de controle.

Os estados de São Paulo, Minas Gerais e Paraná, a começar pelo primeiro, instituíram o ciclo básico, que reestruturava, num *continuum*, as antigas 1as e 2as séries do 1º grau. Tratava-se de medida inicial no sentido da reorganização da escola pública, com o objetivo de diminuir a distância entre o desempenho dos alunos das diferentes camadas da população, assegurando a todos o direito à escolaridade. Em vez de tentar a desseriação do ensino de 1º grau como um todo, a proposta foi mais modesta, procurando encontrar, de pronto, um modo de funcionar da escola que contribuísse para resolver o grande estrangulamento das matrículas nas séries iniciais.

A iniciativa, que se justificava por motivos políticos e educacionais, tinha implicações administrativas, organizacionais e pedagógicas, vindo a eliminar a avaliação com fins de promoção ou retenção ao final do primeiro ano e procurando assegurar a flexibilidade no tratamento curricular. Os mesmos argumentos das décadas anteriores povoavam a proposta. Buscava-se com isso proporcionar um atendimento mais adequado a clientelas grandemente diversificadas do ponto de vista social, cultural e econômico. Questionava-se a segmentação artificial do currículo em séries tratadas de modo estanque e se procurava assegurar a progressão dos alunos que, tendo avançado no processo de alfabetização ao longo da 1ª série, eram, até então, obrigados a retornar à estaca zero com a repetência, em um flagrante desrespeito da escola pelo que já haviam aprendido. Tendo sido uma medida originária da administração, a proposta era que houvesse um grande envolvimento dos agentes educacionais na sua implementação.

De modo geral, entre nós, a idéia de ciclos não tem esposado claramente a possibilidade de aceitação de desempenhos escolares grandemente diferenciados ao final da escolaridade básica. Ao contrário dos sistemas em que os avanços dos alunos não sofrem solução de continuidade durante toda a escolarização, o regime de ciclos introduzido no Brasil tende a ser uma medida intermediária entre o regime seriado e o de progressão contínua. Ao final de cada ciclo, via de regra, o que se continua a esperar, não só no imaginário dos docentes como nos próprios dispositivos institucionais que vêm sendo utilizados para regular as diferentes experiências, é que todos os alunos manifestem certas atitudes, adquiram habilidades e dominem conhecimentos básicos em nível semelhante.

Isso parece ter ficado claro quando da introdução do ciclo básico no período, visto que as reformas não pretendiam ser menos exigentes em relação ao domínio dos conteúdos prescritos; apenas se propunham a flexibilizar o tempo e a organização da escola para que, ao final de cada ciclo, o conjunto dos alunos tivesse tido oportunidades adequadas de aprender as mesmas coisas.

Paulatinamente, no decorrer dessa década, as tradições piagetianas, que conviveram com orientações comportamentalistas nas escolas brasileiras em décadas anteriores, passaram a ter hegemonia nas propostas curriculares, enriquecidas pelas contribuições da sociolingüística, psicolingüística e do sociointeracionismo vygotskiano, as primeiras trazidas sobretudo pelos estudos de Emília Ferreiro e Ana Teberosky sobre a alfabetização. Elas imprimiram novo rumo à abordagem da leitura e da escrita e foram a tal ponto endossadas pelas propostas de ciclo básico, que passaram a ser com ele identificadas. Sobre serem consideradas "politicamente corretas", pelo fato de levarem em conta alguns determinantes culturais da aprendizagem da língua escrita, e de se mostrarem interessadas no sucesso escolar das camadas populares, as orientações genericamente chamadas construtivistas deslocaram contudo o eixo sociopolítico que motivara a criação do ciclo básico nos estados, transportando-o para o terreno preponderantemente cognitivo e da interação entre os indivíduos. Assim, de certo modo, terminaram por deixar em segundo plano a influência dos fatores que afetavam a vida do coletivo e que não se resolviam no âmbito das relações interpessoais, para adotar, na prática, uma percepção um tanto reducionista das possibilidades da escola.

A introdução do ciclo básico desencadeou um debate amplo sobre a avaliação nas redes de ensino que o adotaram. Se, na década de 1970, predominou a avaliação do rendimento centrada na dimensão isolada do aluno, nos anos 1980, a ênfase se deslocou decididamente para a consideração das variáveis presentes no contexto escolar que estariam afetando o seu desempenho.

No bojo da orientação construtivista, a concepção diagnóstica e formativa da avaliação, advogada pelos sistemas que adotaram o regime de ciclos, encontrou guarida. A idéia da avaliação reduzida à medida de rendimento, tão fortemente associada aos resultados da aprendizagem e largamente explorada pelas vertentes comportamentalistas, cedeu espaço a uma atenção especial aos processos educativos e deu lugar a um enfoque mais descritivo sobre o modo como operavam os mecanismos de aprendizagem e a construção de conhecimentos pelo aluno.

Incorporando proposições provenientes de vários outros campos do conhecimento, e em especial dos estudos que dirigiam o foco de análise para a instituição escolar enquanto tal, a avaliação deslocou o seu eixo para as condições em que era oferecido o ensino, reforçando os argumentos que procuravam aliar os esforços da instituição como um todo no sentido de buscar soluções conjuntas para assegurar a aprendizagem e o sucesso do aluno. Se a mudança do eixo da avaliação não foi apanágio do regime de ciclos, a reorganização da escola, imbricada na introdução dessa modalidade de organização, criou um substrato mais favorável à prática da avaliação formativa nas diferentes redes escolares, posto que a idéia de ciclos encarecia a idéia de continuidade da aprendizagem.

Nesse sentido, uma série de iniciativas deram mostras da capacidade criadora das escolas e dos professores. Elas levaram, por exemplo, à abolição de notas e conceitos proposta pelos professores, a qual serviu como orientação para o estabelecimento da sistemática de avaliação do ciclo básico na rede estadual paulista em 1986, que passou a se basear meramente em ficha descritiva. Passaram também, em algumas redes, pela introdução de professores itinerantes que percorriam as classes regulares para atender de modo mais individualizado os alunos com maiores dificuldades em cada uma delas. Entretanto, passado o impacto da introdução do ciclo básico, certos procedimentos criados pelas escolas se transformaram em rotinas burocráticas terminando por constituir um registro muito pobre das efetivas avaliações dos alunos feitas pelos professores no cotidiano.

Não obstante, os percalços da implementação, pela consistência de suas formulações e pela oportunidade das medidas que propunha, o ciclo básico foi uma medida que não só prevaleceu nas redes estaduais que o implantaram na década de 1980, a despeito das mudanças de governo e de partidos políticos no poder, como se expandiu, com algumas variações, para novos estados.

O BLOCO ÚNICO NO RIO DE JANEIRO

O programa de governo do Estado do Rio de Janeiro teve como carro-chefe a criação de escolas de tempo integral para o ensino fundamental. Tinha por objetivo assegurar melhor atendimento às crianças das camadas majoritárias mediante um projeto educacional audacioso, cujo currículo, voltado para um processo mais abrangente de socialização, preocupava-se com o resgate da cultura popular da qual os alunos eram portadores e com o atendimento às necessidades básicas da população.

Pretendendo sintetizar e consolidar um conjunto de medidas encaminhadas pelo sistema público do Rio de Janeiro, o bloco único, já presente na formulação da proposta curricular do município da capital, publicada em 1991-1992, foi incorporado pela do estado em 1994. Ele apresentava propósitos semelhantes aos do ciclo básico quanto à flexibilização do tempo de aprender na escola, embora tenha sido bem mais ousado quanto à sua reordenação. Trabalhava com uma concepção menos estruturada de escolaridade fundamental e tentava vinculá-la ao processo natural de construção de aprendizagens de cada criança. Nesse sentido, rompeu com o intervalo de 7 a 14 anos, consolidado pela Lei 5.692 como a faixa da escolarização obrigatória, para incorporar as crianças de seis anos freqüentando classes de alfabetização.

Primeiro segmento da escolarização regular, o bloco único tinha cinco anos de duração, incluindo as classes de alfabetização, que acolhiam crianças de seis anos, e os alunos dos quatro anos iniciais do ensino fundamental. Estava previsto para ser desenvolvido em dois momentos: o primeiro, correspondente aos três anos iniciais, quando a criança adquiria certos conceitos fundamentais; o segundo, correspondente aos dois anos seguintes, implicando aprofundamento e ampliação de conceitos.

Buscava-se fundamentar com argumentos de caráter psicológico a distinção entre momentos de aprendizagem que corresponderiam às características específicas do desenvolvimento da criança. Em cada um dos segmentos, pretendia-se que os momentos fossem trabalhados tendo os conceitos-chave que permeavam os componentes curriculares como estruturantes dos conteúdos do ensino. Abolidas as séries, recomendava-se que as crianças fossem avaliadas em razão dos objetivos propostos, mas não era permitida a retenção. Apenas ao final do bloco, o aluno poderia ser submetido a um ano de estudos complementares, tendo em vista o alcance de objetivos essenciais.

O fim das séries como unidades fechadas abalou a pedagogia da reprovação, como nos ciclos. Aqui prevalecia, porém, a influência de Vygotsky, pela insistência na necessidade de avaliar não apenas o que a criança já aprendera, mas também o que ela seria capaz de fazer com os conhecimentos que adquirira. Assim a avaliação deveria não só identificar o nível em que os objetivos propostos teriam sido alcançados, como expressar a capacidade subjetiva da criança diante desses objetivos. Ou seja, a criança deveria ser avaliada não só em razão do seu desenvolvimento real, mas dos progressos que manifestara na direção dos objetivos propostos, indicadores do seu nível de desenvolvimento potencial.

O bloco único terminou por não se manter como forma de organização da escola. Ele despertou grande resistência entre os docentes, sobretudo por implicar um intervalo de tempo escolar muito extenso, que dificultava a manutenção de referências claras acerca dos procedimentos a serem adotados pelos diferentes professores que assumiam as classes sucessivamente. A proposta serviu, todavia, como inspiração para outras iniciativas.

OS CICLOS NAS PROPOSTAS POLÍTICO-PEDAGÓGICAS AUTODENOMINADAS RADICAIS

Nos anos de 1990, chegaram mais perto da escola brasileira os ecos da crise de paradigmas que emerge das profundas transformações sociais, políticas e tecnológicas das últimas décadas e que se expressa pelo questionamento das visões de mundo, da natureza da ciência e das concepções de conhecimento, da incapacidade demonstrada pelas grandes narrativas de costurar o fio da realidade com direção explícita e amplo consenso. Ao mesmo tempo que o fenômeno da globalização dilui fronteiras e padroniza condutas e modos de vida e de consumo, dá margem a novos pleitos de cidadania que reivindicam direitos e responsabilidades não apenas em relação à esfera central do poder público, mas aos poderes constituídos no âmbito econômico, na esfera sociocultural, nas relações de gênero, no nível regional e local, nos meios de comunicação (Garreton,1997). Quando as fontes de informação se multiplicam rapidamente em tempos de mudança acelerada e passa a prevalecer nas sociedades contemporâneas a idéia do conhecimento em rede, a escola deixa de ter papel tão marcado na pura transmissão do conhecimento, devendo transformar-se em uma facilitadora do manejo de informações pelos alunos. Ao mesmo tempo, passa a ser entendida como espaço privilegiado de construção de identidades, do cultivo da cidadania e dos valores de convivência que aspiram à melhoria da qualidade de vida.

No campo da aprendizagem se reiterou a evidência de que o sujeito aprende em todos os momentos da vida e não apenas na escola, onde permanece por um período limitado de tempo. Caiu assim por terra a organização do currículo que tomava o domínio de cada matéria como requisito para a mobilidade dentro do sistema de ensino, que era, com freqüência, no dizer de Santomé (1998), a verdadeira e única meta educacional. A concepção do conhecimento em rede contribuiu para subverter a hierarquia dos tempos escolares, que havia servido de álibi para a reprovação, e pretendeu inaugurar um período de grande liberdade da escola e dos professores para construir e desconstruir o currículo.

Essa nova ótica de pensar as atividades escolares foi mais claramente explicitada nas experiências educacionais formuladas pelo Partido dos Trabalhadores em alguns municípios de capitais ou de grande porte. Nesse sentido, as prefeituras de São Paulo e de Belo Horizonte ensaiaram, no início da década, mudanças de caráter mais radical no ensino de 1º grau, que terminaram tendo repercussões amplas no âmbito nacional. Seu currículo foi repensado a partir de princípios ordenadores, que não as disciplinas escolares, objetivando a construção de uma escola de corte popular e democrático. Pretendia-se que a integração dos conteúdos fosse feita com base nas experiências socioculturais dos alunos, e as séries foram substituídas por ciclos que abrangiam todo o ensino fundamental em busca de um novo modo de operar da escola, capaz de romper a lógica da exclusão social e cultural dos alunos. Calcadas no trabalho coletivo, as propostas demandavam que os docentes dela se apropriassem, participando ativamente da sua própria construção e implementação.

Em 1992, o regimento comum das escolas municipais paulistanas reorganizou todo o ensino fundamental em três ciclos: o inicial passava a compreender os três primeiros anos letivos; o intermediário, os três seguintes e o ciclo final, as antigas 7ªs e 8ªs séries. Visando a enfrentar o fracasso escolar dentro de uma concepção assumida como construtivista, os ciclos contemplaram, de um lado, o trabalho com as especificidades de cada aluno e, de outro, permitiram organizar com maior coerência a continuidade da aprendizagem a partir de uma perspectiva interdisciplinar, bem como integrar os professores que neles atuavam. Os argumentos sobre a adequação às faixas de idade e às características de aprendizagem dos alunos foram os conhecidos. O currículo foi reinventado em cada escola, uma vez que não havia prescrições oficiais a serem seguidas. Assim como nas demais propostas, o foco da avaliação foi deslocado para o diagnóstico. Maior ênfase foi atribuída aos processos de ensino propriamente ditos do que aos produtos da aprendizagem.

Se na experiência do ciclo básico das redes estaduais não houve problema em relação à freqüência dos alunos porque se tratava de crianças menores, ainda pouco ou não acostumadas às rotinas tradicionais da escola, a abolição das séries em todo o ensino fundamental no município de São Paulo, tendo envolvido alunos mais velhos, habituados a estudar para "passar de ano", trouxe o problema de falta às aulas, uma vez que não se sentiam mais pressionados pela ameaça de retenção ao final do ano letivo. Na gestão que se seguiu àquela que implantou o regime de ciclos, os alunos passaram a ser reprovados por não terem cumprido a exigência de freqüência feita pela LDB e um sem-número de vezes esse recurso foi também utilizado para camuflar a retenção por rendimento insatisfatório, inclusive com a anuência dos pais. Para corrigir essa distorção, foram feitas maiores exigências quanto à compensação de ausências.

Na proposta da "Escola Plural" de Belo Horizonte, publicada em 1994, a escolarização regular foi antecipada, como no Rio de Janeiro, admitindo as crianças de seis anos de idade que freqüentavam a pré-escola. Foram estabelecidos três ciclos, de três anos, para o ensino fundamental. Além disso, a fundamentação do projeto educacional ganhou novos contornos e se tornou bem mais complexa, ao incorporar mais amplamente à tradição e ao pensamento pedagógico brasileiros uma série de propostas contemporâneas, tendo em conta as especificidades de desenvolvimento dos nossos sistemas escolares.

Os ciclos de formação, como chamados, agregavam grupos de alunos da mesma faixa etária, tinham como eixo a vivência sociocultural de cada idade e compreendiam o período característico da infância, da puberdade e da adolescência. A lógica do ensino-aprendizagem não foi esquecida, mas condicionada à lógica mais global que buscava uma visão integrada do aluno, atentando para a sua auto-estima e para a construção de sua identidade nos grupos de socialização. O aluno deveria prosseguir nos estudos com o mesmo grupo de idade, sem rupturas provocadas pelas repetências. Ao final de cada ciclo, se não conseguisse o desenvolvimento equilibrado em todas as dimensões, poderia permanecer, ou não, mais um ano no ciclo, mas, em princípio, não deveria distanciar-se de seus pares. Sobre essa questão, a "Escola Plural" apontou claros limites à possibilidade de reprovar indefinidamente o aluno, avançando em relação às experiências em que a retenção tendia a se acumular no final do ciclo, o que dava margem à multirrepetência. Naqueles casos, o represamento de um considerável número de alunos no último ano do ciclo possibilitava a afirmação de que a repetência não era solucionada, apenas postergada na organização por ciclos.

A concepção do regime de ciclos em uma perspectiva que privilegiava a função social da escola e a socialização do educando, como a que era expressa de modo mais sintético no modelo da "Escola Plural", teve conseqüências nos planos político, cultural e social. No primeiro, tal como em outras iniciativas, a adoção dos ciclos se justificava por favorecer um processo educativo mais aberto à heterogeneidade da população e, portanto, mais propício à democratização do ensino. Se, no período de expansão da escolaridade, a questão da democracia foi entendida primordialmente pela ênfase à igualdade básica, traduzida na oferta da mesma educação para todos, quando se tratava de melhorar a qualidade do ensino daqueles que já estavam dentro da escola, alterava-se a tônica do discurso. Aspirava-se agora a uma escola aberta e multirreferenciada, em que o democrático era caracterizado sobretudo pelo respeito à diversidade e pelo direito à individualização, o que assegurava a eqüidade no tratamento de todos. A flexibilidade implícita na organização por ciclos procurava, pois, superar a tradicional e hegemônica padronização do processo educativo, herança de uma lógica científico-racionalista, apontada como responsável pelos persistentes índices de perda, em termos de evasão e repetência, dos sistemas de ensino.

No plano cultural, a organização por ciclos veio associada à concepção da escola como pólo de valorização, produção, divulgação e fruição da cultura. Por esse ângulo, a escola pretendia ser um espaço de comunicação entre a cultura sistematizada e as formas de expressão das culturas locais, dos grupos minoritários secularmente silenciados nos currículos oficiais; um ponto de encontro dos diferentes saberes fundados em formas distintas de validação, favorecendo o desenvolvimento de sujeitos que, ao conviverem mais ampla e respeitosamente com as variadas formas de manifestação do outro, encontrariam espaço para afirmar a própria identidade.

No que se refere à dimensão pedagógica, o regime de ciclos trouxe como pressuposto uma nova concepção de qualidade de ensino que tinha profundas repercussões no currículo. Perdia espaço a lógica de organização centrada nos conteúdos, em que predominavam as preocupações com a seleção de conceitos, princípios, leis, informações, que, por sua extensão, prestigiavam o papel central das disciplinas no processo de escolarização, independentemente de considerações mais afinadas com os contextos particulares de cada unidade escolar no que se referia ao aluno, aos recursos humanos e materiais disponíveis, e às necessidades e peculiaridades locais.

Propugnava-se, em contraposição, uma outra lógica de organização curricular, centrada no aluno enquanto ser social em formação, atenta ao princípio de desenvolvimento pleno do educando. À dimensão cognitiva se agregaram a social, a afetiva e a atitudinal, permitindo-se que a história de vida e os percursos particulares de cada aluno fossem levados em conta no trato pedagógico. A lógica dos conteúdos cedeu lugar a uma lógica de formação do aluno a partir de experiências educativas em que se articulavam conhecimentos já adquiridos por vivências pessoais, conhecimentos provenientes dos diferentes campos do saber e temas de relevância social, em um processo de contextualização e integração que visava ao desenvolvimento de individualidades capazes de pensamento crítico e autonomia intelectual.

A essas dimensões tem sido agregada, mais recentemente, a perspectiva que atribui maior ênfase às etapas de desenvolvimento biopsicossocial do aluno, voltada para operar uma ressignificação da escola como espaço em que o processo de aprendizagem se define a partir de uma atenção especial a tais etapas. Não se trata apenas de ampliar os tempos de aprendizagem como um recurso pedagógico para atender alunos com maiores dificuldades e como uma medida para acabar com a repetência, mas também de flexibilizar, isto é, adequar o tempo às características de todo e qualquer aluno (Dalben, 2000).

Esse ideário tem inspirado mais diretamente a orientação assumida por várias redes escolares, a maioria das quais de prefeituras de capitais ou de cidades importantes em seus respectivos estados, geridas por grupos ideologicamente afinados, que incorporaram o regime de ciclos escolares às suas propostas político pedagógicas.

Tal é o caso da prefeitura de Belém do Pará que, tendo adotado em 1992 e 1993 a organização do ensino em ciclos nos primeiros quatro anos do ensino fundamental, retomou a proposta em 1997, na gestão petista, e iniciou a sua ampliação para as 5as e 8as séries de forma gradual, introduzindo-a em nove escolas municipais (Belém, 1999). Do mesmo modo, a "Escola Cidadã", de Porto Alegre, desde 1997 (Porto Alegre, 1996), e a "Escola sem Fronteiras", de Blumenau, assim denominada na gestão 1997-2000 (Bachmann e Weidgenant, 1999), incorporaram as experiências que pretendiam abordar com outra lógica o problema da exclusão escolar, além da "Escola Candanga", de Brasília, que, seguindo orientações similares, não optou pelos ciclos.

O PANORAMA ATUAL DAS ESCOLAS SOB O REGIME DE CICLOS

Embora já fosse admitido a título de experiência pedagógica durante os anos de 1960 e estivesse previsto na Lei 5.692/71, o regime de ciclos manifesta tendência crescente de expansão, especialmente a partir da nova Lei de Diretrizes e Bases da Educação Nacional. Ao flexibilizar a organização do ensino básico, a Lei 9.394/96 reitera os ciclos como uma das formas alternativas de organização da escola (art. 23), ao mesmo tempo que dá suporte à orientação das políticas da área nessa direção. Os Parâmetros Curriculares Nacionais incidem também sobre a questão, adotando a organização em ciclos para o ensino fundamental sob o argumento de que ele torna possível a distribuição mais adequada dos conteúdos em relação à natureza do processo de aprendizagem.

No âmbito nacional, cuja tônica é a modernização da sociedade, e em que o eixo da educação gira em torno do aumento da competitividade e da cidadania, as justificativas que sustentam as iniciativas de adoção de ciclos escolares mais uma vez recorrem aos conhecidos argumentos marcados por determinantes econômicos e demográficos, que têm forte papel indutor nas políticas públicas dirigidas à expansão e melhoria da educação básica do país.

Os ciclos passam a ser muito valorizados como um tipo de resposta ao fracasso e à exclusão escolar, visto que, na perspectiva das sociedades do conhecimento que permeia a orientação das reformas na área, é fundamental que amplos contingentes da população tenham condições de desenvolver habilidades intelectuais mais complexas, sejam capazes de processar múltiplas informações e de se organizar nas relações sociais e de trabalho de modo cooperativo e mais autônomo. A alternativa dos ciclos escolares é fortalecida com a aprovação do Plano Nacional de Educação, Lei Federal 10.172, de janeiro de 2001, que, entre seus objetivos, propõe a elevação geral do nível de escolaridade da população e a redução das desigualdades sociais e regionais no que se refere ao acesso e à permanência, com sucesso, nas escolas.

Embora os indicadores educacionais revelem que o atendimento das crianças de 7 a 14 anos no ensino fundamental está quase universalizado, ao apresentar uma taxa de 97% de escolaridade, e sinalizem para uma melhoria dos índices de desempenho, evasão e repetência, tais conquistas ainda convivem com um elevado índice de atraso escolar. De acordo com o Censo Escolar de 1999, são 44% os alunos do ensino fundamental que apresentam distorção idade-série. Isso significa que as vagas utilizadas nesse nível de ensino são superiores às necessárias ao atendimento das diferentes coortes de idade na faixa de escolaridade obrigatória e que a correção dessa distorção abriria a possibilidade de se adotar medidas de alto interesse para a melhoria da qualidade do ensino. Entre tais medidas, figurariam: aumento da jornada diária para tempo integral; ampliação dos insumos pedagógicos necessários, como livros escolares, equipamentos para laboratórios, computadores e demais recursos didáticos, capacitação de professores, ou ainda, a ampliação do ensino obrigatório de oito para nove séries, tal como ocorre nos demais países da América Latina.

Constatar que perfazem quase 8,5 milhões os alunos que cursam o ensino fundamental regular com mais de 14 anos, aos quais devem agregar-se mais três milhões que freqüentam cursos para jovens e adultos, significa admitir que aos desafios desse nível de ensino, decorrentes da natural diversidade da composição sociocultural da clientela, vêm juntar-se outros. São esses resultantes dos percursos escolares acidentados, estendidos por evasões e/ou reprovações repetidas e fruto das conseqüentes transformações nas experiências de vida individuais, uma vez que se trata de alunos já em processo de construção de identidade como adultos, mais autônomos em relação às suas famílias, à produção e ao consumo da cultura, ao exercício da cidadania política, à inserção no mundo do trabalho e à subsistência pessoal.

Outro aspecto a considerar é que o projeto político de universalização gradual do ensino médio, de grande interesse como fator de formação para a cidadania, na perspectiva de compreensão e intervenção social, e de qualificação para a inserção produtiva, terá sua realização muito mais lenta do que a esperada em face das barreiras impostas pelas irregularidades de fluxo escolar verificadas no ensino fundamental. Segundo dados do Censo Escolar de 1999, cerca de 5,5milhões de alunos de 15 a 17 anos cursavam o ensino fundamental, enquanto apenas 3,4 milhões nessa faixa etária estavam freqüentando o nível médio.

No total, dos 43,8 milhões de alunos no ensino fundamental e médio, 12,8 milhões estavam atrasados em relação à faixa etária correspondente a cada curso, sem contar os atrasos nas séries dentro de cada coorte. Forte argumento para a adoção de medidas de correção de fluxo.

Valorizada no nível nacional, a proposta do regime de ciclos, ao se difundir mais amplamente no bojo das reformas educacionais, tem levado muitas administrações a retomarem e reelaborarem propostas experimentadas em outras gestões, de diferente cor política ou extração partidária, multiplicando iniciativas com características e ênfases semelhantes nas redes escolares de estados e municípios. A organização do ensino em ciclos tem vindo ancorada em projetos políticos que, em princípio, devem estar mais atentos: à autonomia das unidades escolares para formularem suas propostas educativas de modo contextualizado e de acordo com o perfil do aluno; a um currículo concebido de forma mais dinâmica e articulado às práticas sociais e ao mundo do trabalho; à formação continuada de professores; a um tempo regulamentar de trabalho coletivo na escola e à flexibilização das rotinas escolares.

Dados divulgados pelo INEP, relativos ao Censo Educacional do ano 2000, revelam que o regime de ciclos está sendo adotado por 18% do total das escolas de ensino fundamental existentes no país, o que representa uma proporção ainda muito modesta. Pouco menos da metade das escolas estaduais possuem ciclos (45,5%), ao passo que um percentual bem menor de escolas com esse regime se encontra nas redes municipais (13,2%), ainda que, em números absolutos, haja mais escolas municipais com ciclos do que escolas estaduais. Nos estabelecimentos de ensino privado, o regime ainda não se expandiu de forma expressiva (3,3%). A rede federal de ensino fundamental é muito pequena, assim como insignificante o percentual de estabelecimentos dessa dependência administrativa que funciona sob o regime de ciclos. Consultar a tabela anexa na página 230.

O número de escolas não é, porém, proporcional à quantidade de matrículas em cada estabelecimento de ensino, porque o tamanho das unidades escolares é muito variado, como se pode verificar cotejando os dados da tabela. As escolas municipais são, por exemplo, quase quatro vezes mais numerosas do que as estaduais, entretanto o total de matrículas nas redes municipais é apenas ligeiramente superior ao das redes estaduais, pois entre as escolas das prefeituras há muitas que são muito pequenas ou ainda unidocentes.

De qualquer modo, não se dispõe de informação mais precisa sobre a quantidade de alunos no regime de ciclos, visto que o número de matrículas é coletado independentemente do tipo de organização da escola. Além disso, a mesma escola pode adotar mais de um tipo de organização, sendo freqüente que apresente ciclos nos anos iniciais e mantenha a seriação nas turmas mais avançadas, seja por ter optado pela implantação gradativa dos ciclos, seja por ter decidido não estendê-los a todas as séries. Desse modo, a consideração dos dados disponíveis permite uma idéia apenas grosseiramente aproximada do contingente de alunos sob tal regime.

Além de serem as redes estaduais as que proporcionalmente mais aderiram aos ciclos, o fato de possuírem escolas de tamanho médio, bem maiores do que as mantidas pelas prefeituras, permite que acolham o maior número de matrículas do ensino fundamental sob esse regime. Essas evidências nos autorizam a supor que a quantidade de alunos que estudam nos ciclos não é tão pequena como se afigura à primeira vista.

Dentre as regiões, a Sudeste é a que se mostra mais inclinada a implantar os ciclos e também a que possui a maior população escolar. De suas redes escolares, 54,4% os adotaram e, dentre elas, quase 90% das escolas estaduais, responsáveis por metade das matrículas do ensino fundamental, situam-se nesse caso. Engrossam esses números os alunos de 48,6% das escolas municipais, algumas das quais pertencentes a redes populosas como as de São Paulo e Rio de Janeiro, ainda que esta última apresente uma organização mista. Tal fato significa ser nessa região que se encontra a maior concentração de alunos passando atualmente pela experiência de ciclos no país.

Enquanto nas regiões Sudeste, Centro-Oeste e Nordeste são da rede estadual a maioria das escolas que adotam ciclos (respectivamente 89,1, 26,6 e 33%), na região Sul são as escolas municipais que apresentam um maior percentual de adesão (15,9%), enquanto na região Norte, as escolas particulares (10%).

Quanto aos estados, com exceção de Acre, Roraima e Maranhão, os demais apresentam, nas diferentes redes que compõem seus sistemas de ensino, algum percentual de escolas com ciclos embora bastante diversificado.

Considerando-se apenas as redes estaduais de ensino, São Paulo é o único Estado da federação em que todas as escolas estão organizadas sob esse regime. Com quase quatro milhões de alunos, constitui não só a maior experiência, como a que maior impacto poderá vir a produzir na trajetória da população escolar.

São Paulo vem seguido, em termos percentuais, por Mato Grosso do Sul, 96,9%, Espírito Santo, 93,4%, Rio Grande do Norte, 88,1%, Rio de Janeiro, 78,7%, e Minas Gerais, 73,6%, embora – não é demais repetir – esses índices devam ser considerados com cautela, por conta dos sistemas mistos. Como representantes de uma tendência inversa, Pará, Pernambuco, Alagoas, Rio Grande do Sul e Goiás apresentam percentuais de escolas estaduais com ciclos próximos ou inferiores a 5%, e Paraíba e Sergipe não abrigam esse tipo de organização em suas redes estaduais. Tampouco o Estado de Santa Catarina se animou a retornar ao regime de ciclos depois da experiência de décadas passadas.

O estado de Minas Gerais, que adotara para a sua rede o regime de ciclos entre 1995 e 1998, opta, na gestão política que se segue, pela flexibilização da medida, remetendo às unidades escolares a decisão de manter ou não os ciclos, apoiada em seus conselhos de escola e nas diretrizes do projeto pedagógico de cada uma. Os dados do Censo Escolar de 2000 indicam, contudo, que o nível de adesão tem sido grande, como se pode constatar pelos percentuais apresentados.

A par dos dados quantitativos, há duas orientações gerais, de ordem pedagógica, relativas ao currículo e à avaliação, que vale a pena registrar. Do ponto de vista curricular, as redes que adotam ciclos se reportam a referências oficiais, sejam elas provenientes do Estado, nacionais ou locais, ou, como nas municipalidades mencionadas, deixam em aberto a questão, encarregando os professores e a comunidade escolar de pautarem o próprio currículo posto em prática pelas escolas.

Ao lado da avaliação continuada do processo de aprendizagem, com o desempenho dos alunos das redes escolares passando a ser monitorado por sistemas padronizados de aferição do rendimento da população escolar em larga escala, tais como o Sistema Nacional de Avaliação da Educação Básica (SAEB) e seus congêneres em alguns estados como Minas Gerais e São Paulo, criados na década de 1990, o regime de ciclos começa a ter também um outro referencial de avaliação, agora externo, desconhecido das experiências brasileiras anteriores.

AS PROPOSTAS EM CURSO NOS ESTADOS DE SÃO PAULO E DO CEARÁ

No caso de São Paulo e do Ceará, o acesso à documentação referente à medida permite aclarar os argumentos evocados para introduzi-la, bem como delinear o projeto de sua implantação.

Em 1997, o Conselho Estadual de Educação de São Paulo institui, para o seu sistema escolar, o regime de progressão continuada no ensino fundamental, com duração de oito anos, facultando-lhe a organização em um ou mais ciclos. Uma de suas premissas é a de que toda criança é capaz de aprender se lhe forem oferecidas condições para tanto, o que consagra o preceito da escola inclusiva. No plano político, a adoção dos ciclos se justifica por ser propícia ao cumprimento da obrigação legal de formação geral básica para todos, respondendo mais adequadamente ao princípio de igualdade de direitos expresso na Constituição de 1988 e na LDB. O CEE propõe também a colaboração dos Conselhos Tutelares no sentido de velar pela freqüência dos alunos à escola.

Com base nessas orientações, a Secretaria Estadual de Educação de São Paulo implanta, em todas as suas escolas de ensino fundamental no ano de 1998, ciclos de aprendizagem, organizados em dois blocos, da 1ª à 4ª série e da 5ª à 8ª série. Dada a resistência histórica à idéia de se eliminar a reprovação como instrumento de controle e estímulo ao estudo e à aprendizagem, essa Secretaria, ao lado dos fundamentos de ordem político-social, fortalece seus argumentos na dimensão psicopedagógica. Como em outras propostas, entende que os avanços sociais, afetivos e cognitivos não seguem um percurso linear, não representam a soma de sucessivas aquisições nem resultam de conquistas pontuais e específicas, mas são parte de um único processo de desenvolvimento global que decorre da inter-relação de múltiplas aprendizagens. Outro aspecto destacado é a ênfase no princípio da heterogeneidade, contrapondo-se ao secular modelo de organização do ensino centrado em tarefas uniformes, dirigidas a uma clientela pretensamente homogênea em seus interesses, necessidades e possibilidades.

O Estado do Ceará passa a adotar a organização em ciclos se inspirando em grande parte na concepção e nas justificativas do projeto político-pedagógico da "Escola Plural", ao mesmo tempo que absorve orientações da Unesco e uma fundamentação vygotskyana (Ceará, 1997). Tal como em outras experiências, a rede estadual abre caminho ao ensino fundamental de nove anos, incorporando no primeiro ciclo, de três anos de duração, as crianças de seis anos de idade. Em continuidade, são propostos ainda mais três ciclos, com a duração de dois anos cada, atingindo os alunos até a faixa dos 14 anos.

O currículo é estruturado a partir de eixos norteadores, especificados por áreas de conhecimento que se pautam por uma perspectiva integradora. Um coletivo de professores para cada ciclo é constituído, sendo que dele também fazem parte o professor de apoio e os das classes de aceleração. Os docentes que receberam referenciais curriculares básicos de acordo com os Parâmetros Curriculares Nacionais devem planejar coletivamente o curso e se revezar na docência das turmas (Nunes, 2001). A implantação proposta é gradativa. Previa-se inicialmente a adoção dos dois primeiros ciclos em 40% das escolas, em 1998; no ano seguinte, os ciclos iniciais seriam estendidos a mais 40% dos estabelecimentos, sendo que a introdução dos quatro ciclos no conjunto da rede seria consumada no ano 2000 (Ceará, 1997a). Dados do Censo Escolar desse ano revelam, contudo, que a organização em ciclos ainda abrange apenas cerca de 60% das escolas estaduais cearenses.

O PONTO DE VISTA DOS INTELECTUAIS CONTEMPORÂNEOS

Os sistemas de progressão continuada e o regime de ciclos escolares têm encontrado, nas universidades brasileiras, muito mais adeptos do que opositores no que diz respeito à sua fundamentação. O ideário que lhes dá suporte parece à academia de todo defensável, sendo poucas as vozes, nos dias atuais, que se opõem às medidas dessa forma de organização da escola.

Em levantamento realizado sobre a Avaliação na Educação Básica nos anos de 1990 (Barretto e Pinto, 2000), encontra-se apenas um autor que se insurge abertamente contra a progressão continuada, levantando, como no passado, argumentos de cautela, em função das dificuldades constatadas na implantação dos ciclos.

Demo (1998) discute os riscos da atual tendência oficial de introduzir a progressão continuada na escola básica, na medida em que ela escamoteia a falta de aprendizagem, levando a escola pública a ser considerada "coisa pobre para os pobres". O autor não advoga a repetência pura e simples, mas acredita que a consideração de que o aluno deva aprender sem repetir é diferente de camuflar a aprendizagem para que ele possa avançar sem aprender. Sugere, como alternativas, a centralização do processo pedagógico na aprendizagem do aluno envolvendo toda a escola; a capacitação continuada dos docentes; a organização de processos avaliativos conseqüentes submetendo a escola à heteroavaliação; a busca do apoio dos pais e da comunidade em geral; a organização de laboratórios de aprendizagem e a promoção de eventos motivadores.

O curioso é que outros autores que acorrem em defesa dos ciclos e da progressão continuada, como Firme (1994) e Oliveira (1998), acabam propondo medidas semelhantes às sugeridas por Demo para assegurar a qualidade do ensino dentro do regime seriado, o que indica serem as preocupações básicas, no fundo, as mesmas.

A propósito dos textos que vêm subsidiando teoricamente as reformas pautadas nos moldes da "Escola Plural", em que pese a sua contemporaneidade, observa-se, em ensaios recentes, uma polarização das interpretações sobre as diferentes iniciativas de expansão do regime de ciclos no país. Por um lado, tendem a considerar como verdadeiramente democráticas apenas as experiências que recebem a chancela dos grupos políticos envolvidos com esse modelo específico, como se fossem as representantes ou herdeiras exclusivas de um ideário que, no entanto, é mais amplo e para o qual contribuíram reflexões e iniciativas nacionais e internacionais das mais variadas. Por outro, desqualificam concomitantemente as demais iniciativas, como se estas não pudessem traduzir aspirações igualmente legítimas de mudanças na educação e na sociedade, faltando com a perspectiva histórica que tece o fio das transformações de maneira bem mais complexa e menos maniqueísta.

Ainda no âmbito acadêmico, as posições mostram, no entanto, bastante reserva quanto aos procedimentos de implantação e às condições de implementação dos ciclos. De sua parte, contudo, a universidade não tem enfrentado a contento o desafio de propiciar uma formação inicial e de apontar alternativas de formação continuada dos professores mais adequadas ao novo modelo que se propugna.

A VERSÃO DOS PROFESSORES, PAIS E ALUNOS

Acerca das questões de implementação do regime, seria necessário fazer um rastreamento dos estudos realizados, particularmente nas duas últimas décadas. Na falta de um levantamento sistemático dessas publicações no país, limitar-nos-emos a comentar dados e reflexões provenientes de algumas delas, com o intuito de trazer maiores subsídios para a análise do fenômeno tal como se manifesta particularmente nos dias de hoje.

Adotando diferentes abordagens e possuindo distinta abrangência, recentes estudos a respeito da implementação do regime de ciclos nas redes estaduais de São Paulo e do Ceará e nas redes dos municípios de Belo Horizonte e São Paulo,* oferecem elementos para que se intente uma primeira síntese da percepção dos atores sociais envolvidos com essas inovações. Eles se reportam a lugares e a circunstâncias diversas e focalizam os problemas e desafios colocados pelos ciclos. Nas duas redes estaduais, a proposta de ciclos teve assegurada a sua continuidade em virtude da reeleição do Partido da Social Democracia Brasileira (PSDB), que a propôs inicialmente. Na capital mineira, mesmo com a mudança partidária decorrente das eleições de 1996, procurou-se manter os ciclos com concepções semelhantes às que inspiraram a proposta original, mas foi eliminada por completo a possibilidade de retenção em qualquer fase da escolarização. A rede paulistana passou por gestões de orientação política muito diversa, mas deu continuidade ao regime de ciclos.

O processo de implantação

Embora o discurso oficial invariavelmente afirme que a mudança almejada com o regime de ciclos precisa do apoio da comunidade educacional, incluindo a formulação de projeto estruturado com a sua participação, e preconize o esclarecimento da população em geral, os professores tendem a interpretar a medida como de iniciativa exclusiva dos gestores do sistema, como mais fortemente se observa no caso dos estados de São Paulo e do Ceará. Sentem-se assim alijados de decisões que pretendem alterar profundamente a cara da escola, o que os leva a terem dificuldade de se apropriar efetivamente da reforma subjacente à criação dos ciclos e de se considerar parte integrante e interessada. É freqüente que atribuam à administração maior empenho em cortar gastos públicos mediante a introdução da progressão continuada do que em utilizar bem os recursos econômicos. Daí, segundo esse ponto de vista, decorreriam políticas fundadas em uma racionalidade economicista, que provocam simplesmente melhoria de indicadores estatísticos, sem implicar, de fato, a modificação de condições de ensino capazes de garantir a aprendizagem bem-sucedida. Os argumentos se repetem, portanto, como em décadas passadas.

Essa dificuldade de se identificarem como co-participantes da organização da escola em ciclos é reforçada entre os educadores, agora com um agravante: a convicção de que políticas de correção do fluxo escolar como essa,

---

*N. de R. Respectivamente: Freitas (2000), Nunes (2001), Dalben (2000 e 2000a), Paro (2000).

que recebem o aval e o incentivo dos organismos multilaterais, ao darem ênfase à autonomia da escola, tendem a considerar a instituição e, por conseguinte, os seus professores, como os principais responsáveis pelo sucesso ou fracasso dos alunos dentro dos cânones preconizados. Isentam assim as demais instâncias do sistema de se comprometerem com mudanças mais profundas na estrutura e no funcionamento do ensino e deixam de promover a reorganização curricular capaz de possibilitar a alteração do caráter seletivo da educação, limitando-se, na maioria das vezes, a mudanças formais que não logram transformar as rotinas da escola.

Mesmo quando se sai das extensas redes estaduais, cujas formas de comunicação entre os atores escolares são mais difíceis, porque mediadas por estruturas mais fortemente burocratizadas e freqüentemente eivadas de ranço autoritário, e se passa a focalizar municípios em que a participação e o envolvimento dos agentes educacionais têm sido maior, como Belo Horizonte, a maioria dos docentes também considera como imposição legal a implantação do programa. Para os professores da "Escola Plural", tal imposição teria cerceado a tradição, corrente entre as escolas, de construírem projetos pedagógicos próprios e provocado a desestabilização da prática docente diante de propostas radicais que não estavam muito claras para eles. O modelo é, por isso, tido como extremamente polêmico e, como nas outras redes, o nível de adesão dos professores varia muito, havendo escolas que funcionam em moldes tradicionais, enquanto outras ensaiam mudanças na direção preconizada.

Condições de implementação

Com relação à rede estadual paulista, o desencontro de expectativas entre a administração e as escolas a respeito da progressão continuada tem provocado acusações recíprocas e dá mostras de que há grande insatisfação por parte da rede no que tange às medidas ou ao modo como vêm sendo implementadas. A Secretaria da Educação tem-se pronunciado afirmando que as condições básicas para a implementação da organização escolar já estão asseguradas. Dentre elas, destacam-se escolas diferenciadas para crianças e jovens; extensão da jornada escolar; ampliação da equipe técnica das escolas com a presença de professor coordenador em todos os estabelecimentos de ensino; horas de trabalho pedagógico coletivo; abertura para fazer face às dificuldades dos alunos mediante mecanismos de reforço e recuperação; distribuição de equipamentos e materiais pedagógicos; descentralização de recursos financeiros diretamente às escolas.

Para os professores, contudo, as condições de trabalho existentes na rede estadual são insuficientes para garantir uma aprendizagem efetiva de todos devido: ao grande número de alunos por classe, que dificulta o acompanhamento mais individualizado; à falta de estrutura física e de pessoal para esse acompanhamento e à falta de capacitação docente, conforme assinala Freitas (2000). Questiona-se também a duração de quatro anos dos ciclos paulistas porque eles incidem sobre a tradicional divisão do ensino fundamental, recrudescida pelas medidas de reorganização das escolas, que resultaram na separação física dos alunos menores dos mais velhos. Tais medidas estariam em contraposição às propostas que introduzem ciclos intermediários buscando facilitar, para o aluno, a transição do sistema de professor único para o de professores especialistas e contribuir para a efetiva integração da escola de oito anos (Arroyo, 1999; Freitas, 2000).

No tocante à "Escola Plural", as críticas sobre as práticas de educação continuada adotadas pela Secretaria de Educação não obscurecem, entretanto, a demonstração de uma expressiva satisfação dos docentes quanto à gestão escolar. O clima da escola teria mudado favoravelmente em decorrência do padrão democrático de colaboração entre direção, coordenação pedagógica e professores existente na maior parte da rede; do tempo de trabalho remunerado na escola para estudo, pesquisa, reuniões de planejamento e avaliação das atividades; da grande flexibilidade para desenvolver projetos de trabalho com grupos específicos de alunos e para propor formas de atendimento e recuperação daqueles com dificuldades, a partir de diferentes arranjos de pessoal.

A propósito, é preciso registrar que a Secretaria de Educação de Belo Horizonte possui um quadro de pessoal privilegiado em relação à maioria das redes escolares públicas. Ela contrata três professores para cada duas turmas, sendo previsto, em princípio, um professor de referência para cada classe e um de apoio, que transita nas duas; o coordenador pedagógico é eleito entre os pares. Com base no quadro do magistério, a escola se organiza segundo suas conveniências, decidindo se o coordenador pedagógico passa a professor para facilitar o atendimento àqueles alunos com dificuldades, se haverá divisão entre os professores de referência, de apoio, de projetos, ou outros. Com todas essas vantagens, os professores se queixam, porém, da falta de condições para atenção individualizada aos alunos que mais necessitam dela.

A falta de capacitação constitui, por sua vez, uma queixa mais geral entre os professores que trabalham sob o regime de ciclos, de vez que a pretendida mudança dos referenciais de organização da escola que pautava o seu trabalho faz com que se sintam muito inseguros em relação ao modo de atuar. Daí a insistência em uma preparação prévia para enfrentarem os novos desafios.

Contudo, o caráter antecipatório da capacitação docente parece não ter mais lugar na concepção de reforma educacional que vem inspirando as grandes transformações em curso nas políticas públicas da área. A idéia é que os desafios atuais de uma educação inclusiva requerem práticas docentes formuladas e exercidas mais como hipóteses de trabalho do que como procedimentos fundados em modelos previamente testados.

Nesse sentido, vale a pena recuperar o que argumenta Perrenoud ao se referir à introdução dos ciclos escolares nos países europeus de fala francesa em anos recentes, que tanto se assemelha à situação por nós enfrentada no Brasil e indica que os problemas de fundo são comuns. Sobre o assunto, diz o autor:

> ... nenhum desses sistemas educacionais... conseguiu implantar em larga escala uma escola sem séries que promova apenas ciclos de aprendizagem... O que se observa por ora é principalmente uma vontade [de] acabar com as barreiras das séries adjacentes, de tornar as progressões mais fluidas, abolindo ou limitando a repetência, de levar os professores a gerir um ciclo de maneira solidária, mediante um trabalho de equipe, se possível, no interior de um projeto da escola. Enfim,... os ciclos são por enquanto apenas uma intuição; não somos capazes de concebê-los e de fazê-los funcionar promovendo uma ruptura... com a segmentação do curso em anos letivos com programas definidos... Encontramo-nos, pois, em uma dinâmica de inovação bastante particular: é necessário desenvolver o sistema educacional em larga escala, em uma direção determinada, mas sem dispor de um modelo preciso de referência em direção ao qual possamos caminhar em etapas. A inovação... toma então a forma de uma "pesquisa-ação", envolvendo todos os atores do sistema em vez da difusão de um modelo completo, já testado no interior de uma experiência piloto (Perrenoud, 1999, p. 8).

Parece, contudo, que muitos dos principais envolvidos com a implantação do regime de ciclos não têm explorado devidamente seu papel indutor de novas estratégias de formação continuada exigidas para o momento.

Algumas questões relativas à avaliação

Grande número de professores vem convencendo-se, ao longo da implantação dos ciclos, dos méritos da avaliação contínua e diagnóstica. Eles manifestam, porém, muita perplexidade em relação à eliminação da possibilidade de reprovar os alunos. Os questionamentos das redes de ensino estaduais e municipais, consideradas nesse trabalho, revelam que esse aspecto continua extremamente problemático. Os professores, tal como predizem as muitas análises sobre o papel da avaliação na escola, sentem que perdem poder e controle da situação de ensino, sendo que o manejo da classe se torna bem mais difícil na nova forma de organização.

Segundo os docentes da "Escola Plural", não se estaria levando em conta os dados da própria avaliação diagnóstica, quando estes indicam que o aluno não tem condições de prosseguir os estudos da maneira como estes vêm ocorrendo no regime de progressão continuada. O argumento se inverte em relação às justificativas evocadas pelos gestores para a adoção dos ciclos, visto que, para os professores, a retenção não foi sempre considerada apenas uma arma contra os estudantes, mas também uma nova oportunidade de aprender que lhe está agora sendo sonegada! Além disso, perguntam: o desinteresse entre os alunos não deveria ser considerado como um sintoma de que algo não está bem?

Há que se destacar, aqui, certa distinção entre os professores das primeiras e os das últimas séries do ensino fundamental. Tal distinção se dá no plano da formação profissional, do regime de trabalho, das teorias adotadas para fundamentar as práticas e da visão da função social da escola. Enquanto os primeiros, de formação polivalente, passaram nas, últimas décadas, por um processo mais intenso de iniciação a teorias que fortalecem uma concepção de educação mais integradora presente nos ciclos, os professores das 5as às 8as séries, especialistas nas diferentes áreas do conhecimento, embora comunguem o mesmo ideário de educação democrática e função social da escola, mantêm um forte compromisso com o conteúdo de suas disciplinas. Eles costumam resistir mais ao que supõem ser um risco de degradação dos padrões de qualidade de ensino e freqüentemente encontram muita dificuldade de trabalhar com uma concepção de educação que leve em conta o aluno na sua totalidade, a qual se viabiliza particularmente em condições de trabalho coletivo.

Não somente os educadores, mas também os pais se dividem quanto ao tema da retenção. Há os que acreditam que sua supressão possibilita que os alunos prossigam os estudos sem as tensões e os desgastes provocados pelo regime seriado. Outros, porém, inquietam-se em relação ao destino dos que avançam, no seu entender, sem condições, e julgam que alguma forma de retenção daria mais suporte às atividades de apoio aos alunos. Esse constitui um dos pontos mais críticos na introdução dos ciclos nas diversas redes, explicitado em Belo Horizonte nos seguintes termos:

> A prática escolar ainda não consegue garantir o ritmo de aprendizagem daquele aluno que está na escola e não quer aprender, daquele aluno que sabe que, estu-

dando ou não, irá para o próximo ciclo e, independentemente de seus resultados escolares, jamais será retido (Dalben, 2000a, p.90).

Os pais de alunos da "Escola Plural", de modo geral, não entendem a linguagem da avaliação e não conseguem interpretar os dados da ficha descritiva do aluno, que oferece uma apreciação essencialmente qualitativa do seu desenvolvimento. Isso faz lembrar as reflexões de Bernstein (1977) sobre a chamada por ele "pedagogia invisível", que se baseia em teorias complexas sobre o desenvolvimento interior das crianças e prevê processos de avaliação muito difusos e pouco sujeitos a medidas precisas. Essa pedagogia, incorporada às propostas educacionais contemporâneas, teria como resultado o aumento da distância entre a maneira mais comum de educar os filhos nas camadas majoritárias da população e o que está sendo proposto como educação para suas crianças na escola. Daí a dificuldade dos pais para entender em função de que critérios os alunos estão sendo avaliados, visto desconhecerem as elaborações teóricas que as fundamentam e não se identificarem com muitos dos valores a elas subjacentes.

Mas a questão parece não ser apenas de classe ou origem social, dado que os professores, em princípio mais afinados com os valores da classe média, produtora e consumidora da pedagogia invisível, mostram também profundo desconforto com o fato de que há alunos praticamente não-alfabetizados ao final do último ciclo. Considerar a sua opinião sobre a falta de controle da situação de ensino gerada nos ciclos como mera resistência à mudança e conservadorismo parece, contudo, simplificador demais, visto que os aparatos estatais de educação continuam, via de regra, funcionando de modo bastante rígido e resistente a novas medidas, e que as novas propostas não acenam com alternativas acabadas para o enfrentamento das situações criadas.

Quanto aos alunos, em todas as redes que implantam ciclos, há indícios de que a abolição da possibilidade de reprovar vem suscitando uma falta de motivação para os estudos, com a qual a escola e os próprios pais não estão sabendo lidar. A falta de notas e a eliminação da possibilidade de retenção têm levado muitos adolescentes ao absenteísmo, sendo que o recurso aos conselhos tutelares e os comunicados e apelos à colaboração das famílias nem sempre vêm sendo capazes de contornar essas dificuldades. Isso ocorre sobretudo com aqueles alunos mais velhos, que já freqüentaram a escola nos moldes convencionais. Há indícios de que os alunos socializados desde cedo na nova filosofia mostram menor tendência a faltar indevidamente às aulas do que os mais antigos, surpreendidos pela mudança de regime no meio do percurso escolar.

Na rede estadual paulista, atualmente a compensação apressada de faltas é percebida, pelos professores que trabalharam com afinco na recuperação dos demais alunos, como uma desvalorização do seu trabalho, do mesmo modo que os alunos aplicados sentem o seu esforço depreciado à medida que todos, mesmo aqueles que faltaram muito às aulas durante o ano, terminam sendo promovidos para o ano seguinte.

O problema básico é que a estimulação para estudar tende a continuar externa à curiosidade pelo conhecimento, seja passando pelos constrangimentos historicamente criados pela própria escola, seja pela sua ligação com as exigências mais amplas da sociedade e do mercado de trabalho. No modo de ver dos alunos, e também dos pais e professores, que só tiveram como vivência a escola tradicional, a motivação para os estudos é fortemente influenciada pela nota, pela competição pela nota, pelo medo da reprovação. Quando a nota e os exames desaparecem... o esforço para aprender na escola será capaz de ser plenamente compensado apenas com o apelo a motivações ligadas a interesses e necessidades? Afinal de contas, estudar não é uma atividade simplesmente "natural", posto que implica um trabalho árduo de aquisição de competências, conhecimentos sistematizados e de outros elementos da cultura durante o largo período de anos que crianças e adolescentes devem permanecer na instituição.

Aventa-se também, como explicação para o desinteresse pelos estudos, o fato de que, para os alunos mais velhos, as oportunidades de trabalho, nas quais o que conta é o conhecimento adquirido efetivamente, e não o mero certificado de conclusão de curso, parecem não se afigurar ainda para muitos como possibilidades. A própria falta de perspectiva quanto à probabilidade de vir a ter uma ocupação regular seria supostamente desencorajadora dos estudos para alguns, ainda que a associação entre a possibilidade de ascensão social e a melhor colocação no mercado de trabalho em função de um maior tempo de estudos seja muito presente na sociedade brasileira. Em grupos mais restritos, em especial entre aqueles alunos provenientes dos estratos médios, a expectativa de uma trajetória educacional de longo prazo marca, porém, desde cedo, a preocupação com uma aprendizagem de qualidade tal que permita o acesso às universidades mais conceituadas.

Mas, na análise da motivação para estudar ou para freqüentar a escola, não só a origem social dos alunos, como também o contexto escolar pode ter influência significativa, devendo ser levadas em conta as possibilidades abertas pela proposta curricular e pelas experiências de aprendizagem propiciadas pela instituição. Além disso, com ou sem o regime de ciclos, muitos estudantes, especialmente os adolescentes e jovens, ainda quando não mostram interesse acentuado para estudar, manifestam interesse de freqüentar a escola, atraídos pelas oportunidades de convívio social que esta lhes oferece e pela sensação de pertencerem a grupos de referência reputados por eles como importantes. Eis um novo desafio às pedagogias.

A referência às séries, a certificação e a tensão entre processo e produto

Se a nova maneira de ser da escola, embutida nos ciclos, deve ser produzida de modo compartilhado, é preciso que a autonomia, ao ser conquistada, permita-se o espaço do ensaio e o tempo de reflexão sobre os erros e acertos, a troca mais constante de experiências e a construção e desconstrução das novas amarras institucionais. Certamente uma dessas amarras é a referência às séries; outra, a questão da certificação.

Na rede estadual paulista, o ciclo é entendido como um conjunto de graus ou séries consecutivas entre as quais não há reprovação, mas cujos conteúdos de ensino se reportam ao grau ou série oferecendo balizas ao trabalho pedagógico dos professores. Nessa modalidade, ganham importância os processos de avaliação interna e externa e a introdução de mecanismos de apoio pedagógico como forma de garantir a aprendizagem prevista para cada etapa do processo. Espera-se que os alunos assimilem a mesma cultura básica, mediante percursos individualizados em termos de ritmos, trajetórias e procedimentos.

Mesmo nas redes em que se trabalham os ciclos de maneira mais integrada, a referência às séries permanece de maneira tácita ou explícita. Profissionais da rede municipal de São Paulo, por exemplo, avaliam que a expressão mais clara dos problemas de implantação dos ciclos está no predomínio de práticas pedagógicas que têm a organização seriada como princípio ordenador. A duração longa dos ciclos – três a quatro anos –, aliada à dificuldade de responsabilização coletiva pelo desempenho de cada aluno, que decorre, de um lado, de uma tradição cultural de trabalho solitário e parcelado e, de outro, de fatores como reduzido número de aulas por professor, alta rotatividade da equipe docente e técnica, inviabilizam a formulação de projetos pedagógicos que agasalhem a diversidade de necessidades e interesses dos alunos e confiram, ao mesmo tempo, uma unidade à intenção formadora da escola.

À medida que muitas das atuais experiências com o regime de ciclos se consolidem, que os reclamos da escola inclusiva se façam mais veementes e que a difusão da idéia da pedagogia diferenciada encontre suporte em práticas escolares capazes de admitirem diferentes percursos de formação na trajetória escolar, como propõe Perrenoud (2000), provavelmente a expectativa quanto ao desempenho relativamente homogêneo dos alunos tenderá a sofrer alterações significativas. Nesse caso, ainda que a legislação nacional prescreva um conhecimento básico comum a todos os cidadãos brasileiros, condição de exercício pleno da cidadania, é possível que a escola se torne internamente bastante segmentada para atender a nichos de interesses e aspirações de clientelas diversas, com conseqüentes desdobramentos em torno do significado social dessa segmentação. Novas questões quanto à certificação também poderão surgir.

Por sua vez, nos últimos anos, os professores vêm recebendo, em algumas redes escolares, apelos constantes para apoiarem dois modelos de avaliação que se fundam em pressupostos radicalmente distintos. Um deles, reforçado justamente pela expansão dos ciclos, reporta-se essencialmente à avaliação qualitativa, valoriza o processo de aprendizagem, concentra-se na avaliação feita no interior da escola pelos atores educacionais e tende a considerar o indivíduo em suas múltiplas dimensões. O outro modelo se propõe a oferecer indicadores da qualidade do ensino, volta-se para a apreciação de resultados padronizados, valoriza o produto da aprendizagem, utiliza amplamente recursos quantitativos e tecnologia de ponta e recorre à avaliação externa do rendimento escolar. Assenta-se na apreciação restrita de alguns aspectos cognitivos do currículo, deixando de lado dimensões da formação do educando, às quais as escolas estão tentando atribuir maior atenção.

Mesmo se admitindo que os dois modelos possam chegar a uma série de procedimentos comuns ou complementares no processo da sua reapropriação pelas redes de ensino, eles partem de matrizes teóricas que não se conciliam, tendo assim suscitado questionamentos, os quais ficam sem resposta entre os educadores. Além disso, aqueles docentes que estão convivendo, de um lado, com as ansiedades que a introdução do modelo de avaliação externa vem causando, dada a sua forte ênfase na função reguladora do aparato governamental, têm também se defrontado, de outro, com a insuficiência de propostas metodológicas próprias, que permitam ensaiar novas práticas avaliativas de caráter formador na direção chamada emancipatória.

Nas experiências que acentuam sobremaneira a função social da escola e cuja ênfase é colocada no desenvolvimento global do aluno, há maior preocupação de proporcionar ao educando atividades sob a forma de projetos educativos mais adequados à aquisição de competências e habilidades sociais, que ganham prioridade em relação aos conteúdos ministrados sob a forma de conceitos escolares. Na "Escola Plural", os professores consideram essa concepção de currículo um avanço no que tange às abordagens tradicionais. Entretanto, a ausência de referenciais curriculares básicos provoca muita incerteza no que se refere ao desenvolvimento das atividades pedagógicas, sendo que as decisões a esse respeito são tomadas de modo desarticulado no âmbito de cada escola ou de cada grupo de professores. Nesses termos, faltam também parâmetros compartilhados para a avaliação do aluno, que contemplem a questão do conhecimento e seu uso social. Desse modo, não só a perplexidade dos pais pode ser entendida em parte por essa circunstância, como também a dos próprios professores.

Segundo os avaliadores da "Escola Plural", a construção de referenciais curriculares próprios – que vá além da apresentação de linhas gerais atualmente existente – e, conseqüentemente, a formulação de um sistema de avaliação para os ciclos poderá trazer maior tranqüilidade à comunidade e acabar com resistências que se apoiam em argumentos segundo os quais os alunos estão terminando o curso malpreparados e sem o domínio dos conteúdos escolares básicos.

Sobre essa questão, há uma espécie de intuição generalizada entre professores e pais das diferentes redes escolares de que a introdução dos ciclos leva a um rebaixamento do nível geral do ensino. A preocupação nesse sentido é mais acentuada sobretudo entre aquelas famílias de classe média, que aspiram em relação à escola pública, aos padrões de desempenho apresentados pelas boas escolas de elite.

As informações que têm vindo a público, oriundas dos sistemas de aferição do rendimento escolar em larga escala, não são conclusivas, de sorte que não há elementos suficientes para corroborar essa idéia. É provável, porém, que o compromisso de assegurar efetivamente a todos uma trajetória escolar sem interrupções, implique, sobretudo nas fases iniciais de implementação dos ciclos, um padrão de desempenho geral dos alunos um pouco abaixo do apresentado pelo regime seriado, no qual quase a metade da população escolar era retida em algum momento do fluxo escolar, geralmente sem obter maiores benefícios. Assim, o ganho social e mesmo educacional parece indubitavelmente maior para o conjunto dos alunos no regime de ciclos.

Não há, porém, como fugir a outras indagações sobre os resultados da formação assegurada sob o regime de ciclos, ou sob uma escola que, de modo geral, se propõe a não ser excludente, quando se leva em conta o mercado de trabalho, o acesso aos outros níveis de ensino e as mais diversas circunstâncias da vida fora da escola, que envolvem mecanismos de participação e preparo altamente competitivos. Em especial, no caso das experiências que dão grande ênfase à função socializadora da escola, será que o fato de optarem por um modelo de educação não-pautado pelas regras do mercado autoriza os gestores dos sistemas educacionais a simplesmente ignorá-las na formação que preconizam?

CONSIDERAÇÕES FINAIS

No decorrer de tantas décadas e de tantas modificações, seja no âmbito social mais amplo, seja no seio dos sistemas educativos, impressiona a constância dos argumentos evocados para a adoção dos ciclos e a permanência do seu substrato comum. Tais argumentos são alimentados pelos intelectuais da área e parecem ter o condão de sensibilizar sobretudo os gestores dos sistemas escolares, a quem tem cabido invariavelmente a iniciativa de adoção dos ciclos. Por sua vez, se em meados do século as iniciativas de introdução desse regime poderiam ser consideradas como mais apropriadas a países em desenvolvimento, atualmente as propostas de ciclos passam também a ser esposadas por muitos países de primeiro mundo, em que os problemas educacionais aparentemente são menos agudos que os nossos.

Ainda que as experiências brasileiras sejam bastante variadas e numerosas, observa-se ter havido muitos processos de implementação interrompidos, por vezes abruptamente, e que há uma expressiva quantidade de iniciativas ainda muito recentes, de sorte que os ciclos ainda não conseguiram consolidar-se enquanto estruturas e práticas inovadoras. Apenas em relação aos ciclos de alfabetização parece haver um relativo consenso de que eles são irreversíveis nas redes em que estão instalados há mais tempo, embora estejam ainda longe de ter concretizado um modelo verdadeiramente novo de operar da escola.

Chama atenção também o fato de que basicamente as mesmas condições para a implementação bem-sucedida dos ciclos são propostas, experiência após experiência, mas elas continuam não sendo asseguradas na maioria das vezes, ou pelo menos não o são de um modo satisfatório, para aqueles diretamente envolvidos com as mudanças. É de se supor que várias dessas condições talvez não sejam de fato exeqüíveis em face da natureza da transformação que se anuncia.

Pairam grandes controvérsias sobre as medidas que acompanham os ciclos, particularmente porque elas abalam o iodk de funcionar da escola, forjado há séculos, sem que tenham delineado com relativa clareza como será a sua nova maneira de ser.

O grau de satisfação dos atores envolvidos é um elemento determinante no que diz respeito à probabilidade de sucesso na implementação e no enraizamento de programas nas áreas sociais. No caso dos ciclos, sua adesão apenas parcial ao regime e os questionamentos que fazem às políticas que buscam implementá-los são compreensíveis e até esperados, visto que se trata menos de uma mudança nos detalhes formais da estrutura da escola do que na sua cultura. O grande desafio é exatamente o de fazer emergir o novo em meio a um aparato escolar que tem grande poder de regulação e que funciona a partir de princípios contraditórios. Tudo indica, pois, que os ciclos demandarão muito tempo ainda para serem consolidados, já que o tempo de mudar no papel é muito diferente do tempo de transformar corações e mentes, e daquele requerido para moldar a nova face da escola.

Referências bibliográficas

ALMEIDA Jr., A. F. Repetência ou promoção automática? *Revista Brasileira de Estudos Pedagógicos*. Brasília, v. 27, n. 65, p. 3-15, jan./mar. 1957.

ARROYO, M.G. Ciclos de desenvolvimento humano e formação de educadores. *Educação & Sociedade*. Campinas, v. XX, n. 68, p. 143-162, 1999.

BACHMANN, J. & WEIDGENANT, M. Escola sem fronteiras: construindo cidadania pela educação. In: CONGRESSO NACIONAL DE REORIENTAÇÃO CURRICULAR, I. *Anais*. Blumenau, Secretaria Municipal de Educação de Blumenau; Universidade Regional de Blumenau, 1999.

BARRETTO, E.S. de S. & PINTO, R.P. (coords.) *Estado da arte. Avaliação na educação básica*. Brasília, INEP/Comped. São Paulo, Fundação Carlos Chagas, 2000.

BARRETTO, E.S. de S. & MITRULIS, E. Os ciclos escolares: elementos de uma trajetória. *Cadernos de Pesquisa*. São Paulo, n. 108, p. 27-48, nov. 1999.

BELÉM. Secretaria da Educação Básica. *O sucesso e o fracasso na educação básica*. Belém,1999.

BERNSTEIN, B. Class and pedagogies: visible and invisible. *In*: KARABEL, J. & HALSEY,A.H. (eds.) *Power and ideology on education*. New York, University Press, 1977.

BRASIL. Lei de Diretrizes e Bases da Educação Nacional, n. 9394 de 20/12/1996.

BRASIL. Ministério da Educação e Cultura. INEP. *Censo Escolar 1999*. Brasília, 2000. Disponível em: <www.inep.gov.br>._____. *Censo Escolar 2000*. Disponível em: <www.inep.gov.br>.

BRASIL. Secretaria de Educação Fundamental. *Escola plural*: proposta político pedagógica. Brasília, 1994. BRASIL. Plano Nacional de Educação. Lei n. 10 172, de 9/1/2001.

BRITTO, M.L.A. Propostas e programas de ensino da Secretaria de Educação de Pernambuco de 1923 a 1992. *Tópicos Educacionais*. Recife, v. 11, n. 1-2, p. 20-33,1993.

CEARÁ (estado). *Organização do ensino em ciclos*: proposta político-pedagógica, v. 3 Fortaleza, SEB. Coordenadoria do Desenvolvimento Técnico-Pedagógico, 1997._____. Secretaria da Educação Básica. *Organização do ensino em ciclos*: projeto de (re)qualificação dos educadores, v. 3. Fortaleza, SEB, 1997a.

CONFERÊNCIA REGIONAL LATINO-AMERICANA SOBRE EDUCAÇÃO PRIMÁRIA GRATUITA E OBRIGATÓRIA. Recomendações. *Revista Brasileira de Estudos Pedagógicos*. Brasília, v. 26, n. 63, p. 158-78, jul./set. 1956.

DALBEN, A. (coord.). *Avaliação da implementação do projeto político-pedagógico Escola Plural*. Belo Horizonte, UFMG/FAE/GAME, 2000.

DALBEN, A. (org.) *Singular ou plural?* Eis a escola em questão. Belo Horizonte, UFMG/FAE/GAME, 2000a.

DEMO, P. Promoção automática e capitulação da escola. *Ensaio*. Rio de Janeiro, v. 6, n. 19, p. 159-90, abr./jun. 1998.

FIBGE. *Anuário Estatístico do Brasil*, 1977. FIRME. T.P Mitos na avaliação: diz-se que... *Ensaio* Rio de Janeiro, v. 2, n. 1, p. 57-62, out./dez. 1994.

FREITAS, J.C. de. *Cultura e currículo*: uma relação negada na política do sistema de progressão continuada no estado de São Paulo. São Paulo, 2000. Tese (doutorado) Pontifícia Universidade Católica.

GARRETON, M.A. Pontos fortes e fracos dos novos consensos sobre educação. *Cadernos de Pesquisa*. São Paulo, n. 101, p. 128-140, jul. 1997.

GRUNWALDT, I.S. & SILVA, M.V. *Avanços progressivos*. Brasília, MEC/SEPS, 1980.

LEITE, D.M. Promoção automática e adequação do currículo ao desenvolvimento do aluno. *Pesquisa e Planejamento*. São Paulo, Centro Regional de Pesquisas Educacionais, v. 3, n. 3, p. 15-34, jun. 1959.

MITRULIS, E. *"Os Últimos baluartes"*: uma contribuição ao estudo da escola primária. São Paulo, 1993. Tese (doutorado). Faculdade de Educação da USP.

MORAIS, C. Como experimentar a promoção automática na situação atual. *Revista do professor.* São Paulo, p. 19-20, jun./jul. 1962.

MOREIRA, R.J. O ensino primário paulista. *Revista Brasileira de Estudos Pedagógicos*. Brasília, v. 34, n. 80, p. 219-231, out./dez. 1960.

NUNES, J.B.C. O impacto da política educacional sobre a socialização profissional docente: elementos para se repensar as reformas na educação. Braga, Universidadedo Minho, comunicação apresentada no CONGRESSO LUSO-BRASILEIRO SOBRE POLÍTICA E ADMINISTRAÇÃO DA EDUCAÇÃO, 2, 2001.

OLIVEIRA, Z.M.R. de. Avaliação da aprendizagem e progressão continuada: bases para a construção de uma nova escola. *Estudos em Avaliação Educacional*. São Paulo, n. 18, p. 7-11, jul./dez. 1998.PARO, V. *O pedagógico como questão administrativa*: os efeitos da resistência à promoção de estudantes sobre a produtividade da escola fundamental. São Paulo, Faculdadede Educação da USP, 2000 [Relatório de pesquisa].

PEREIRA, L.A. Promoção automática na escola primária. *Revista Brasileira de Estudos Pedagógicos*. Brasília, v. 30, n. 72, p. 105-107, out./dez. 1958.

PEREIRA, L.A. (coord.); DUTRA, A.H. & AURAS, M. *O avanço progressivo*: uma proposta pedagógica de avaliação do rendimento escolar distintiva da reorganização do ensino em Santa Catarina. Florianópolis, UFSC, Centro das Ciências da Educação [mimeo., Relatório de pesquisa apresentado ao CNPq], s/d.

PERRENOUD, P. *Pedagogia diferenciada*. *Das intenções à ação*. Porto Alegre, Artmed, 2000.

_____. Profissionalização do professor e desenvolvimento de ciclos de aprendizagem. *Cadernos de Pesquisa*. São Paulo, n. 108, p. 7-26, nov. 1999.

PORTO ALEGRE. Secretaria Municipal de Educação. Ciclos de formação: proposta político pedagógica da Escola Cidadã. *Caderno de Porto Alegre*. Porto Alegre, n. 9, dez. 1996.

RIO DE JANEIRO (município). Secretaria da Educação. *Bloco único*: 1º segmento do 1º grau, escolas públicas do município do Rio de Janeiro. Rio de Janeiro, 1992.

SANTOMÉ, J. T. *Globalização e interdisciplinaridade. O currículo integrado*. Porto Alegre, Artmed, 1998.

SÃO PAULO (estado). Conselho Estadual de Educação. *Deliberação CEE n. 9/97*: institui, no sistema de ensino do estado de São Paulo, o regime de progressão continuada no ensino fundamental, 1997.

_____. Secretaria da Educação e Cultura. *Programa de escola primária do estado de São Paulo*: nível I e II. São Paulo, 1969.

_____. Secretaria da Educação. Progressão continuada. *Planejamento 98*, Escola de Cara Nova, 1998.SÃO PAULO (município). Secretaria de Educação. *Regimento comum das escolas municipais de São Paulo*. São Paulo, SME, ago. 1992.

_____. Secretaria de Educação. *Cadernos de Formação*. São Paulo, SME/DOT, n. 1-3, 1990-91 [Série: Ação Pedagógica da escola pela via da interdisciplinaridade].

SÃO PAULO (município). *Ciclo*: um caminho em construção. São Paulo, SME/DOT, 1997.

_____. *Organização do processo ensino aprendizagem em ciclos*. São Paulo, SME/DOT, 1996.

SENA, G.O. & MEDEIROS, N.R.L. *O sistema de avanços progressivos e suas conseqüências no estado de Santa Catarina*. Florianópolis, UFSC, Centro de Ciências da Educação, 1983.

ANEXO
Escolas sob o regime de ciclos no país
Matrículas, escolas e ciclos, segundo a região e a dependência administrativa
Censo Escolar 2000

Região	Dependências administrativa	Número de matrículas		Ensino fundamental no ano 2000				
				Número de escolas				
		N	%C	Total		Regime de Ciclos		
				N	%C	N	%C	%L
Brasil	Estadual	15806726	44,3	33.678	18,6	15.307	46,3	45,5
	Federal	27810	0,1	47	0,0	1	0,0	2,1
	Municipal	16694171	46,7	129.643	71,4	17.171	51,9	13,2
	Particular	3189241	8,9	18.136	10,0	605	1,8	3,3
	Total	35717948	100,0	181.504	100,0	33.084	100,0	18,2
Norte	Estadual	1406278	43,0	4138	16,3	343	57,8	8,3
	Federal	4748	0,1	5	0,0	0	0,0	0,0
	Municipal	1719612	52,5	20477	80,5	168	28,3	0,8
	Particular	143055	4,4	817	3,2	82	13,8	10,0
	Total	3273693	100,0	25437	100,0	593	100,0	2,3
Nordeste	Estadual	3968439	31,7	8.353	9,6	2.754	36,3	33,0
	Federal	4060	0,0	15	0,0	0	0,0	0,0
	Municipal	7561512	60,4	71.370	81,8	4.786	63,0	6,7
	Particular	975115	7,8	7.529	8,6	57	0,8	0,8
	Total	12509126	100,0	87.267	100,0	7.597	100,0	8,7
Centro-Oeste	Estadual	1478138	57,2	2.631	28,3	699	43,3	26,6
	Federal	2530	0,1	3	0,0	0	0,0	0,0
	Municipal	879204	34,0	5.255	56,6	910	56,3	17,3
	Particular	222416	8,6	1.392	15,0	6	0,4	0,4
	Total	2582288	100,0	9.281	100,0	1.615	100,0	17,4
Sudeste	Estadual	6751814	52,2	12.575	33,0	11.202	54,1	89,1
	Federal	14221	0,1	19	0,0	1	0,0	5,3
	Municipal	4675423	36,1	18.551	48,7	9.007	43,5	48,6
	Particular	1494855	11,6	6.965	18,3	515	2,5	7,4
	Total	12936313	100,0	38.110	100,0	20.725	100,0	54,4
Sul	Estadual	2202057	49,9	5.981	27,9	309	12,1	5,2
	Federal	2251	0,1	5	0,0	0	0,0	0,0
	Municipal	1858420	42,1	13.990	65,3	2.224	87,1	15,9
	Particular	353800	8,0	1.433	6,7	21	0,8	1,5
	Total	4416528	100,0	21.409	100,0	2.554	100,0	11,9

Fonte: MEC/INEP/SEEC
Nota: % C, porcentagem calculada sobre total da coluna e % L, cálculo sobre o total linha.